刑法の判例

■ 総論 ■

松原芳博 編

成文堂

はしがき

　本書は，刑法の重要判例を厳選し，やや詳細な検討を加えた解説書である。法科大学院や法学部での演習教材や参考書として利用されることを予定しているが，研究者や実務家にも参照していただければ幸いである。
　判例を学ぶ意義は，第1に，各裁判例を判例として分析し検討することにある。特に最高裁の判断は，一定の射程を有する規範的な法命題として機能するから，この判例法理を抽出し，その射程を明らかにすることが重要となる。しばしば，最高裁は，この判例法理を明示せず，事実から直接結論を導くという体裁をとる。そこから，直感的に常識的な結論を導き出すことが「実務感覚」であるかのような誤解も生じる。しかし，最高裁が法命題の明示を避けるのは，三権分立の制約や想定外の事案に適用される危険を考慮したためであって，その判断の過程で先例や学説との関係を含めた精緻な検討がなされていることは，担当調査官の解説に示されるとおりである。一方，判例の重要性に対する認識が高まるにつれて，判例を批判してはならないという風潮も広まっている。しかし，現在の判例は，過去の判例に変更を加えつつ形成されてきたものであり，将来のさらなる変更に対しても開かれているはずである。今後の判例法理の継続的な発展・形成にとっても，研究者や実務家の批判精神は不可欠であろう。本書では，判例の客観的な「説明」にとどまらず，各解説者による立ち入った「論評」をも展開できるよう各判例の解説の紙幅を多くとることとした。
　判例を学ぶ意義は，第2に，各裁判例を事例として検討し，その適切な解決を探究することにある。現実の事案である裁判例は，法的な問題点を抽出し，事案解決の道筋を見出すための格好の素材となる。そこで，本書では，複数の論点を含んでいる事案については，表題となっていない論点にも必要な限度で言及し，論点相互間の関係とともに当該事案の解決の道筋を示すよ

うに心がけた。

　本書の執筆陣は，第一線で活躍されている中堅・若手の研究者である。研究・教育に多忙な中，以上の趣旨を汲んで意欲的な解説を寄稿してくださった。また，共著者の一人である杉本一敏准教授には，企画段階で判例の選定等について貴重な意見をいただき，同じく萩野貴史助教ならびに小野上真也助教には校正段階で全体に目を通して表現等について意見をいただいた。また，早稲田大学大学院博士後期課程の野村健太郎氏ならびに鈴木一永氏には，全体の表記・体裁の統一・調整，判例索引の作成をしていただいた。

　本書は，2009年10月に日中刑事法シンポジウムで訪れた北京空港で，成文堂の本郷三好編集部長からお話をいただいたことを契機としている。本郷部長は，企画段階・編集段階でもきめ細かい配慮で本書を完成に導いてくださった。

　これらの方々に，この場を借りて心より御礼を申し上げたい。

　　2011年8月

　　　　　　　　　　　　　　　　　　　　　　　　　松原　芳博

目　次

はしがき
凡　例

1　相当因果関係──高速道路進入事件──
　　　最決平成15年7月16日刑集57巻7号950頁………（杉本一敏）… *1*

2　不作為犯──シャクティパット事件──
　　　最決平成17年7月4日刑集59巻6号403頁………（渡邊卓也）… *24*

3　被害者の同意──保険金詐取目的の同意傷害──
　　　最決昭和55年11月13日刑集34巻6号396頁……（佐藤陽子）… *40*

4　正当防衛──自招侵害──
　　　最決平成20年5月20日刑集62巻6号1786頁……（岡本昌子）… *55*

5　量的過剰防衛──灰皿投げつけ事件──
　　　最決平成20年6月25日刑集62巻6号1859頁……（井上宜裕）… *75*

6　誤想過剰防衛──勘違い騎士道事件──
　　　最決昭和62年3月26日刑集41巻2号182頁……（森永真綱）… *90*

7　抽象的事実の錯誤──薬物所持事件──
　　　最決昭和61年6月9日刑集40巻4号269頁……（一原亜貴子）…*107*

8 違法性の錯誤——百円紙幣模造サービス券作成事件——
　　最決昭和62年7月16日刑集41巻5号237頁……（專田泰孝）…*120*

9 過失犯——薬害エイズ・厚生省ルート事件——
　　最決平成20年3月3日刑集62巻4号567頁………（古川伸彦）…*138*

10 原因において自由な行為——限定責任能力に陥った場合——
　　最決昭和43年2月27日刑集22巻2号67頁………（南　由介）…*158*

11 実行の着手と早すぎた構成要件の実現——クロロホルム事件——
　　最決平成16年3月22日刑集58巻3号187頁………（松原芳博）…*172*

12 不能犯——都市ガス心中事件——
　　岐阜地判昭和62年10月15日判タ654号261頁……（佐藤拓磨）…*191*

13 中止犯——中止行為および任意性——
　　東京高判昭和51年7月14日判時834号106頁………（和田俊憲）…*207*

14 正犯と共犯——母子強盗事件——
　　最決平成13年10月25日刑集55巻6号519頁………（内海朋子）…*224*

15 共謀共同正犯——スワット事件——
　　最決平成15年5月1日刑集57巻5号507頁…………（岡部雅人）…*240*

16 承継的共犯——暴行・恐喝への途中関与——
　　大阪高判昭和62年7月10日高刑集40巻3号720頁
　　………………………………………………………（亀井源太郎）…*255*

17 **共犯からの離脱**――おれ帰る事件――
　　最決平成元年6月26日刑集43巻6号567頁………（照沼亮介）…268

18 **不作為による共犯**――せっかん死事件――
　　札幌高判平成12年3月16日判時1711号170頁……（齊藤彰子）…288

　　判例索引………………………………………………………… 305

凡　例

〔教科書〕

アクチュアル	伊藤渉＝小林憲太郎＝鎮目征樹＝成瀬幸典＝安田拓人・アクチュアル刑法総論（2005年，弘文堂）
浅田	浅田和茂・刑法総論（補正版，2007年，成文堂）
井田	井田良・講義刑法学・総論（2008年，有斐閣）
板倉	板倉宏・刑法総論（補訂版，2007年，勁草書房）
伊東	伊東研祐・刑法講義総論（2010年，日本評論社）
今井ほか	今井猛嘉＝小林憲太郎＝島田聡一郎＝橋爪隆・刑法総論（2009年，有斐閣）
内田	内田文昭・改訂 刑法Ⅰ（総論）（補正版，1997年，青林書院）
内田・概要（上）（中）	同・刑法概要（（上）＝1995年，（中）＝1999年，青林書院）
大越	大越義久・刑法総論（第4版，2007年，有斐閣）
大塚	大塚仁・刑法概説（総論）（第4版，2008年，有斐閣）
大谷	大谷實・刑法講義総論（新版第3版，2009年，成文堂）
岡野	岡野光雄・刑法要説総論（第2版，2009年，成文堂）
香川	香川達夫・刑法講義（総論）（第3版，1995年，成文堂）
川端	川端博・刑法総論講義（第2版，2006年，成文堂）
斎藤	斎藤信治・刑法総論（第6版，2008年，有斐閣）
齋野	齋野彦弥・刑法総論（2007年，新世社）
佐伯	佐伯千仭・刑法講義（総論）（4訂版，1981年，有斐閣）
佐久間	佐久間修・刑法総論（2009年，成文堂）
鈴木	鈴木茂嗣・刑法総論〔犯罪論〕（第2版，2011年，成文堂）
曽根	曽根威彦・刑法総論（第4版，2008年，弘文堂）
高橋	高橋則夫・刑法総論（2010年，成文堂）
団藤	団藤重光・刑法綱要総論（第3版，1990年，創文社）
内藤（上）（中） 　　（下）Ⅰ（下）Ⅱ	内藤謙・刑法講義総論（（上）＝1983年，（中）＝1986年，（下）Ⅰ＝1991年，（下）Ⅱ＝2002年，有斐閣）
中野	中野次雄・刑法総論概要（第3版補訂版，1997年，成文堂）
中山	中山研一・刑法総論（1982年，成文堂）
西田	西田典之・刑法総論（第2版，2010年，弘文堂）

西原（上）（下）	西原春夫・刑法総論（改訂版（上巻）・改訂準備版（下巻），1993年，成文堂）
野村	野村稔・刑法総論（補訂版，1998年，成文堂）
林	林幹人・刑法総論（第2版，2008年，東京大学出版会）
平野Ⅰ・Ⅱ	平野龍一・刑法総論Ⅰ・Ⅱ（Ⅰ＝1972年，Ⅱ＝1975年，有斐閣）
平野・概説	平野龍一・刑法概説（1977年，東京大学出版会）
福田	福田平・全訂刑法総論（第4版，2004年，有斐閣）
藤木	藤木英雄・刑法講義総論（1975年，弘文堂）
堀内	堀内捷三・刑法総論（第2版，2004年，有斐閣）
前田	前田雅英・刑法総論講義（第5版，2011年，東京大学出版会）
町野	町野朔・刑法総論講義案Ⅰ（第2版，1995年，信山社）
松宮	松宮孝明・刑法総論講義（第4版，2009年，成文堂）
山口	山口厚・刑法総論（第2版，2007年，有斐閣）
山中	山中敬一・刑法総論（第2版，2008年，成文堂）

〔参考書〕

井田・理論構造	井田良・刑法総論の理論構造（2005年，成文堂）
基本講座（1）―（4）	阿部純二＝板倉宏＝内田文昭＝香川達夫＝川端博＝曽根威彦編・刑法基本講座第1巻-第4巻（1992-1994年，法学書院）
クローズアップ総論	山口厚編著・クローズアップ 刑法総論（2003年，成文堂）
刑法講座（1）―（4）	日本刑法学会編・刑法講座第1巻-第4巻（1963年，有斐閣）
現代講座（1）―（5）	中山研一＝西原春夫＝藤木英雄＝宮澤浩一編・現代刑法講座第1巻-第5巻（1977-1982年，成文堂）
最前線	山口厚＝井田良＝佐伯仁志・理論刑法学の最前線（2001年，岩波書店）
最判解	最高裁判所判例解説刑事篇（法曹会）
重判解	重要判例解説（有斐閣）
争点	西田典之＝山口厚＝佐伯仁志編・新・法律学の争点シリーズ2・刑法の争点（2007年，有斐閣）
曽根・重要問題	曽根威彦・刑法の重要問題〔総論〕（第2版，2005年，

大コンメ (1)―(13)	大塚仁＝河上和雄＝佐藤文哉＝古田佑紀編・大コンメンタール刑法第1巻-第13巻（第2版，1999-2006年，青林書院）
注釈刑法 (1)	西田典之＝山口厚＝佐伯仁志編・注釈刑法第1巻（2010，有斐閣）
展開総論Ⅰ・Ⅱ	芝原邦爾＝堀内捷三＝町野朔＝西田典之編・刑法理論の現代的展開 総論Ⅰ・Ⅱ（Ⅰ＝1988年，Ⅱ＝1990年，日本評論社）
判刑研 (1)―(4)	西原春夫＝宮澤浩一＝阿部純二＝板倉宏＝大谷實＝芝原邦爾編・判例刑法研究第1巻-第4巻（1980-1981年，有斐閣）
百選6版	西田典之＝山口厚＝佐伯仁志編・刑法判例百選Ⅰ総論（第6版，2008年，有斐閣）
	※同書の第5版以前も，「百選5版」といった形で略記。
プラクティス	成瀬幸典＝安田拓人編・判例プラクティス刑法Ⅰ総論（2010年，信山社）
前田・基礎	前田雅英・刑法の基礎 総論（1993年，有斐閣）
山口・新判例	山口厚・新判例から見た刑法（第2版，2008年，有斐閣）
山口・探究総論	山口厚・問題探究・刑法総論（1998年，有斐閣）

〔記念論文集〕

渥美古稀	渥美東洋先生古稀記念・犯罪の多角的検討（2006年，有斐閣）
阿部古稀	阿部純二先生古稀祝賀論文集・刑事法学の現代的課題（2004年，第一法規）
板倉古稀	板倉宏博士古稀祝賀論文集・現代社会型犯罪の諸問題（2004年，勁草書房）
井戸田古稀	井戸田侃先生古稀祝賀論文集・転換期の刑事法学（1999年，現代人文社）
井上追悼	法学博士井上正治先生追悼論集・刑事実体法と裁判手続（2003年，九州大学出版会）
内田古稀	内田文昭先生古稀祝賀論文集（2002年，青林書院）
大野古稀	大野眞義先生古稀祝賀・刑事法学の潮流と展望（2000年，

	世界思想社)
岡野古稀	岡野光雄先生古稀記念・交通刑事法の現代的課題(2007, 成文堂)
小田中古稀(上)(下)	小田中聰樹先生古稀記念論文集・民主主義法学・刑事法学の展望上巻・下巻(2005年,日本評論社)
香川古稀	香川達夫博士古稀祝賀・刑事法学の課題と展望(1996年,成文堂)
神山古稀(1)(2)	神山敏雄先生古稀祝賀論文集第1巻・第2巻(2006年,成文堂)
河上古稀	河上和雄先生古稀祝賀論文集(2003年,青林書院)
吉川古稀	吉川経夫先生古稀祝賀論文集・刑事法学の歴史と課題(1994年,法律文化社)
小林=佐藤古稀(上)(下)	小林充先生=佐藤文哉先生古稀祝賀・刑事裁判論集上巻・下巻(2006年,判例タイムズ社)
小暮古稀	小暮得雄先生古稀記念論文集・罪と罰・非情にして人間的なるもの(2005年,信山社)
齊藤古稀	齊藤誠二先生古稀記念・刑事法学の現実と展開(2003年,信山社)
佐々木喜寿	佐々木史朗先生喜寿祝賀・刑事法の理論と実践(2002年,第一法規出版)
佐藤古稀(上)(下)	佐藤司先生古稀祝賀・日本刑事法の理論と展望上巻・下巻(2002年,信山社)
下村古稀(上)(下)	下村康正先生古稀祝賀・刑事法学の新動向上巻・下巻(1995年,成文堂)
鈴木古稀(上)(下)	鈴木茂嗣先生古稀祝賀論文集上巻・下巻(2007年,成文堂)
立石古稀	立石二六先生古稀祝賀論文集(2010年,成文堂)
田宮追悼(上)(下)	田宮裕博士追悼論集(上巻=2001年,下巻=2003年,信山社)
団藤古稀(1)—(5)	団藤重光博士古稀祝賀論文集第1巻-第5巻(1983-1985年,有斐閣)
内藤古稀	内藤謙先生古稀祝賀・刑事法学の現代的状況(1994年,有斐閣)
中古稀	中義勝先生古稀祝賀・刑法理論の探究(1992年,成文堂)
中山古稀(1)—(5)	中山研一先生古稀祝賀論文集第1巻-第5巻(1997年,

	成文堂)
西原古稀（1）―（5）	西原春夫先生古稀祝賀論文集第 1 巻–第 5 巻（1998 年，成文堂）
平野古稀（上）（下）	平野龍一先生古稀祝賀論文集（上巻＝1990 年，下巻＝1991 年，有斐閣）
平場還暦（上）（下）	平場安治博士還暦祝賀・現代の刑事法学上巻・下巻（1977 年，有斐閣）
福田＝大塚古稀（上）（下）	福田平博士＝大塚仁博士古稀祝賀・刑事法学の総合的検討上巻・下巻（1993 年，有斐閣）
松尾古稀（上）（下）	松尾浩也先生古稀祝賀論文集上巻・下巻（1998 年，有斐閣）
三原古稀	三原憲三先生古稀祝賀論文集（2002 年，成文堂）
宮澤古稀（1）―（3）	宮澤浩一先生古稀祝賀論文集第 1 巻–第 3 巻（2000 年，成文堂）
森下古稀（上）（下）	森下忠先生古稀祝賀・上巻（変動期の刑事法学）・下巻（変動期の刑事政策）（1995 年，成文堂）
八木古稀（上）（下）	八木國之先生古稀祝賀論文集・刑事法学の現代的展開上巻・下巻（1992 年，法学書院）

〔判例集〕

刑集	大審院・最高裁判所刑事判例集
刑録	大審院刑事判決録
集刑	最高裁判所裁判集刑事
高刑集	高等裁判所刑事判例集
判特	高等裁判所刑事判決特報
高刑特	高等裁判所刑事裁判特報
下刑集	下級裁判所刑事裁判例集
刑月	刑事裁判月報

〔定期刊行物〕

刑法	刑法雑誌
警研	警察研究
刑ジャ	刑事法ジャーナル

現刑	現代刑事法
ジュリ	ジュリスト
曹時	法曹時報
法時	法律時報
法協	法学協会雑誌
法教	法学教室
法セ	法学セミナー
判時	判例時報
判タ	判例タイムズ

＊その他，大学紀要類を含めた雑誌については法律編集者懇話会の略語または広く使われている略語を用いる。

1

相当因果関係
―高速道路進入事件―

- 最高裁判所平成15年7月16日第二小法廷決定
- 平成15年（あ）第35号 傷害致死被告事件
- 刑集57巻7号950頁／判時1837号159頁／判タ1134号183頁

I 事　案

　Xは，同じ工場で働くAとの間に確執があり，5人を誘ってAに暴行を加えることを企てた。Xら6人は，花火や飲酒を一緒にすると装って，残業を終えたAを公園に連れて行き（第1現場），平成12年8月25日午後11時50分頃から翌26日午前2時頃まで，Aに対し多数回にわたりその顔面・腹部等を手拳で殴打し，胸部・腹部等を足蹴にする等の暴行を加え，更に場所を移し，同日午前3時頃から3時45分頃までマンションの一室において（第2現場），Aの頭を木製いすで小突き，平手ではたいたり膝蹴りにする等の暴行を加えて，Aに顔面打撲傷等の傷害を負わせた。その後Aは，隣人が騒音に苦情を言いに来てXらが玄関の戸を開け対応した隙に，靴下履きのまま室外に逃走し，非常階段を下りて高速道路側道を走って逃げた。XらはAが警察に通報することを恐れ，Aを追って高速道路側道に下り，約65m前方を逃走するAを認めたが，その後Aを見失い，徒歩や自動車で近くの高速道路インターチェンジ周囲を回ったり，高速道路側道と高速道路との間の金網フェンスを乗り越え高速道路敷地に入るなどして探したものの，Aを発見できなかった。Aは，逃走開始から約10分後に高速道路内（第2現場のマンションからは経路如何によって約763mないし810mの距離がある。）に入り込み，そこで自動車に衝突・轢過されて，同日病院で死亡するに至った。Xらは傷害致死

罪で起訴された。

　第１審の長野地裁松本支部平成14年４月10日判決（刑集57巻７号973頁参照）は，周囲に料金所や人家・店舗が存在していた等の状況に基づき，Ａには逃走経路の「選択の余地は多々あり，そういう中で…本件高速道路本線上へ進入するしかない…といえるような事情は見出せず」，Ａの高速道路上での事故は「本件第１・第２現場での暴行から予期しうる範囲外の事態であって，当該暴行の危険性が形をかえて現実化したものであるとは到底いえ」ない，として暴行と致死結果との間の因果関係を否定し，Ｘらを傷害罪の限度で有罪とした。

　これに対し，検察官の控訴を受けた第２審の東京高裁平成14年11月14日判決（高刑集55巻３号４頁）は，「Ａの逃走行為は被告人らの執ようにして激しい暴行から逃れるための必死のものであったと認められ」，第２現場と本件事故現場までの距離，逃走開始から事故までの時間の短さ，ＡがＸらに対し極度の恐怖心を抱いていたものと認められる点からすると，「Ａは被告人らの追跡を逃れる最も安全な方法として本件高速道路への立ち入りを即座に選択したと認めるのが相当」であり，Ａのこの選択は「やむにやまれないものとして通常人の目からも異常なものと評することはでき」ないし，Ａには「選択の余地が多々ある」とした第１審の判示は「Ａに冷静な判断を求めることが期待できることを前提とする見解」であって「Ａのおかれた状況を等閑視」しており賛同できない，として因果関係を肯定し，傷害致死罪の成立を認めた。

　そこで弁護人が上告し，Ａの高速道路上への進入は通常人の目から見て予見不可能な異常行動である，などとして因果関係の不存在を主張した。

II　決定要旨

上告棄却

　最高裁は上告を棄却し，以下のような職権判断を示した。「…以上の事実関

係の下においては，被害者が逃走しようとして高速道路に進入したことは，それ自体極めて危険な行為であるというほかないが，被害者は，被告人から長時間激しく執ような暴行を受け，被告人らに対し極度の恐怖感を抱き，必死に逃走を図る過程で，とっさにそのような行動を選択したものと認められ，その行動が，被告人らの暴行から逃れる方法として，著しく不自然，不相当であったとはいえない。そうすると…被告人らの暴行と被害者の死亡との間の因果関係を肯定した原判決は，正当として是認することができる。」

III 解 説

1 因果関係と判例

　刑法上の「因果関係」が問題となるのは，行為者の実行行為から結果発生に至るまでの経緯を，結果犯規定の定める所為（例えば，殺人罪規定の「人を殺した」）に含めてよいか否か，について争いが生じる場合である。判例は，因果関係が問われるすべての場合に全く同じように適用される一般理論（条件説や相当因果関係説）を定立し，そこから演繹的に結論を導き出す，という方法論をとっていない。因果関係論に関する限り，判例は「具体的事例を通じてその考え方を示していくという態度を堅持して」[1]おり，当該事件の「具体的な事実関係を離れて，判例が因果関係論につきどのような考え方をとっているかを抽象的に論じることは，余り意味がない」[2]との評価が確立している。因果関係の判例は，安易に「一般化」できないのである。

　その原因は，因果関係という論点の性格にある。ふつう上級審の判例であれば，それが「先例」となって同種事件の解決にあたる後の裁判所に「事実上の拘束力」を及ぼす限り，一回的解決を超えた一般命題としての意義・射程をもち，判決・決定からその事件だけに関わる重要でない事実を除去して

---

[1]　大谷直人「判解」最判解平成2年度238頁。
[2]　小田健司「判解」最判解昭和49年度48-9頁，また田尾勇「判解」最判解昭和46年度116頁。

「○○の事実が存する場合には、××の法的効果が帰結する。」という一般命題が得られる場合、これが「判例」として同種の事件でも引用され、同種の結論が導かれることになる。しかし、一回きりの事件状況に大幅に依存する形で結論が導き出されている判決・決定からは、ほかの事件にも直接適用できるような一般命題を取り出すことが難しい。その事件だけに関わる要素を除くと、ほとんど何も残らないからである。このような判例は「事例判例」[3]と呼ばれるが、因果関係に関する平成以降の最高裁判例は、当該事件の事実関係を詳細に判示し、それを受けて「右事実関係の下においては」との留保を付したうえであとは非常に簡潔な説明だけで結論を下しており、まさに事例判例というべき判示形式をとっている。なぜ、因果関係が問われる事例では「行為のほかに○○という事情が介在して結果が生じた場合には、因果関係が認められる（認められない）。」といった明快な一般命題が成立しにくいのか。それは、「○○」に入る事情（例えば「第三者の故意行為の介入」）が複数の事件において同じように見られたとしても、個々の事件における行為者の行為がどんな種類のものかによって、因果関係判断の中でその介在事情の方にどんな意味が与えられるべきかも、そのつど変わってしまうからなのである（例えば後述の**判例1**と**判例2**を参照。いずれも行為後に「第三者の予測外の故意行為」が介入した事例だが、最高裁は因果関係判断の結論を異にし、しかも両判例の結論は当該事件の解決としては不当と思われない）。

だが、今回の一回的な事件解決としてだけみてその結論が特段不当でなければ、因果関係に関する判断の内容や論理は何でもよい、ということではない。厳密な意味で「判例違反」が問題となることはないとしても[4]、より大きな文脈で、諸判例の「理論的一貫性」が検証されなければならない[5]。その因

---

[3] 事例判例は、当該事件の事実関係にきわめて密着した内容をもつので、それがそのまま適用できるような「同種の事案」はめったに起こらず、ほとんどの事件は「事案が異なる」から判例の射程外だと評価され、そこで異なった解決をしても「判例違反」はないことになる。

[4] 同種の事案で結論が異なったものになっても、そのたびに「事案が異なる」として射程のきわめて狭い事例判例を無数に定立すれば、形式的な「判例違反」を免れ、判例相互の整合性を表面的に説明することはできる。

[5] 松宮孝明「『判例』について」井戸田古稀695頁。

果関係の諸判例を整合的に説明できる理屈（判例理論）は「行為の危険の現実化」という論理である，という理解が現在一般化しつつある。しかし後述するように（2 (2)），この論理は，かつて因果関係論の判例理論だと主張された条件説や相当因果関係説とは異なり，それを特定の事例に適用することによって特定の結論が一義的に導き出されるような「強い」理論ではない[6]。むしろそれ自体は，検察官・弁護人・裁判所が因果関係の存否について何らかの主張・判断をする際に，各々がどんな結論を求める場合であっても踏まえるべき「思考方法」「枠組」であり，いわば議論のための共通の「土俵」とでもいうべきものにすぎないのである。

以下，「判例理論」と目されている「行為の危険の現実化」という論理について，米兵轢き逃げ事件以降の判例の展開をもとに，その成り立ちと実情とを確認する (2)。その後で，本決定の事案のような「被害者の逃走行為の介入事例」において，「行為の危険の現実化」の判断がどのようになされるかを検討する (3)。

2　因果関係の「判例理論」：「行為の危険の現実化」

(1) 相当因果関係説とその「発展的解消」

最高裁判例は，(いわゆる「宿痾事例」の場合は別として)，以前からたびたび「相当因果関係説」を思わせる判示をしてきた[7]。しかし，最高裁が真の意味で相当因果関係説を採用したのではないかといわれたのは，結論として実際に因果関係を否定してみせた米兵轢き逃げ事件においてだった。しかし，この決定は同時に，相当因果関係とはどういう判断なのかについて，実はコンセンサスが存在していないことを露呈させた。

---

6)　小林（憲）⑫246頁参照。
7)　最判昭和23年3月30日刑集2巻3号273頁（燃料用アルコールを飲用として販売したらそれが更に転売されて最終飲用者が死亡した事案につき，買い手が転売しそれを「譲受けて飲用する者のあるべきことは，一般的に観て当然予想し得られる」として因果関係を肯定），交通事故後に放置された被害者を後続車・対向車が轢過した事案につき，最決昭和47年4月21日判時666号93頁（相当説的判示をした原審を維持）等。

Xが運転中にOをはね飛ばし（第1行為），OをX車の屋根の上にはね上げたまま，それに気づかず走行を継続したところ，助手席の同乗者YがOの存在に気づき，Oを路上に引きずり降ろした結果（第2行為），Oが脳内出血で死亡したが，死因が第1・第2のいずれの行為にあるか判明しなかった。この事案で，最高裁昭和42年10月24日決定（刑集21巻8号1116頁＝**判例1**）は，「被告人〔X〕の自動車の衝突による叙上の如き衝撃が被害者〔O〕の死を招来することのあるべきは経験則上当然予想し得られる」として因果関係を肯定した原審（東京高判昭和41年10月26日刑集21巻8号1123頁参照）と判断を異にし，「同乗者〔Y〕が進行中の自動車の屋根の上から被害者をさかさまに引きずり降ろし，アスファルト舗装道路上に転落させるというがごときは，経験上，普通，予想しえられるところではな」いから，「被告人の前記過失行為から被害者の前記死の結果の発生することが，われわれの経験則上当然予想しえられるところであるとは到底いえない」として因果関係を否定した。本件では，高裁と最高裁が共に相当因果関係説的な基準（「経験上の予想可能性」）を採用しながら，その結論が反対になったので，相当因果関係の判断構造をめぐって議論を招いたのである。

かつての相当因果関係説は，相当性判断とは「行為時に立った，今後の展開の予測判断」であると解し，一定の事情の存在（「判断基底」）を前提にして考えた場合に，行為から問題の「構成要件的結果」（殺人罪・過失致死罪ならば「死」の結果）が発生することが通常予想されるか否か，が因果関係の問題だと考えた。例えば，被害者が血友病体質だったため軽度の暴行で死亡したという場合には，被害者が「血友病であった事実を〔行為時に立った予測判断に際して〕判断基底に組み入れるか否かによって，相当性判断に相違が出てくる」とされ，例えば「行為時に立った一般人に認識可能な事情，および行為者が特に認識していた現実の事情」を判断基底とする「折衷説」からは，「〔行為者〕Aが〔被害者〕Bの病気を知っていたばあいには，Bは血友病患者として扱われ相当性がみとめられて因果関係が肯定されるが，知らないばあいにはBは通常の健康者として扱われるので相当性が否定されて，因果関係はみとめられない」との説明がなされた。この判断方法からすれば，「行為者が血友

病体質者に対し刃物を投げつけたところ，幸い身体の枢要部に命中せず軽傷で済んだが，被害者は血友病体質が相まって死亡するに至った」という場合には，血友病という事情が判断基底に入らなくても，「人に刃物を投げつける」行為それ自体から相手がおよそ「死亡する」経緯が十分予測されるので，因果関係は肯定されるだろう。そうすると，この立場は，事後的にみて結果発生に対し重大な寄与をした現実事情（「血友病体質」）が仮に無かったとしても，それでもなお，当該行為からおよそ構成要件的結果（致死結果）へと至るような「非現実の因果経過」がもっともな経緯として想像されるか，を問題としていることになる。この判断方法を**判例1**の事案に用いた場合，上の東京高裁の論理になる。[9] 現実に結果発生に寄与した可能性の高い事情である「Yの第2行為」が，行為時に一般に認識不可能として判断基底から取り除かれたとしても，第1行為の強い衝撃だけでもOが死亡する，またはYに「ひきずりおろされなくても，落ちて頭を打って死ぬ」といった「非現実の致死経緯」[10]が，それ自体もっともな経緯として想像可能だからである。しかしこの論理によると，行為時に立った事前判断において，行為それ自体におよそ構成要件的結果（死亡結果）に至る危険性が認められる限り，裁判時に立つ事後判断において認定されたその後の現実経緯がたとえどんなものであっても，行為と致死結果との間の因果関係が否定される余地は無いことになってしまう。[11]
判例1の最高裁の「経験的通常性」判断は，この従来型の相当因果関係の判断方法とは異なる。

---

8) 川端153頁。また西原（上）112頁，同「行為後の介入事情と相当因果関係」研修400号（1981年）9頁，平野龍一『犯罪論の諸問題（上）』（1981年）42頁，井田126頁注30等も参照。
9) 井上祐司『行為無価値と過失犯論』（1973年）169頁以下，梅崎進哉「行為後の介入事情と因果関係の認定」立石古稀96頁等参照。
10) 平野Ⅰ146頁。小林充「刑法における因果関係論の方向」白山法学創刊号（2005年）24頁も。
11) 海老原震一「判解」最判解昭和42年度286頁。これに対し小坂⑦39頁は，およそ構成要件的結果へと至ることの予測可能性でもって因果関係を肯定するこの立場を「錯誤に関する法定的符合説的な思考と軌を一にするものであって正当な一面を持っている」と評し，小林（充）・前掲注(10)15頁も（場合を限定しつつも）この「法定的符合説的な思考」を支持する。

そこで，最高裁決定を支持する相当因果関係説の論者は，その結論を次のように説明した。Yの第2行為がない場合のOの死亡可能性を論ずることは，「現実に存在しない因果的経過を仮定しての議論であって，相当因果関係の有無の判断とは異な」るのであり，「仮定の因果的経過を問題にしても，意味がない」。一般人に予測可能な事情を判断基底とする折衷説からすれば，Yの第2行為という介在事情が行為時において予見不可能である以上，相当因果関係が否定されるのは当然である，と。この立場においては，一定の判断基底を設定し，それをもとに行為から「およそ構成要件的結果」へと至ることが予測可能かを判断する（Yの第2行為が判断基底に入らなくても，行為から「およそ死亡」に至った可能性が高いかを判断する），といった判断方法はとられていない。「事後的に判明した現実の致死経緯」そのものが行為時に予測可能なものだったといえるか，が問題とされているのである。この立場は，最初に裁判時の観点に立ち，現実経緯の中から，実際に結果に重大な寄与をした「中間項」をなしている事情（Yの第2行為）をまず選び出している。その後で，行為時に立つ事前判断へと立ち戻り，その現実事情の介在が行為時に「予測可能だったか」を問題としているのである。この発想はもはや「判断基底を人工的に設定し，それをもとに被害者がおよそ死亡しうる可能性を判定する」といった判断構造とは全く異なっており，これを従来型の相当因果関係説の論理に乗せて説明することは混乱を招く。それではこの，「事後的に判明した現実の因果経緯」が予測可能かを問う，という判断は一体どういう構造をもつのか。これは，行為時に立って行為から展開することが予想・危惧された諸々の経緯群の中の一つに，事後的に判明した現実の因果経緯も含まれるものだった，ということの確認・照合判断にほかならない。現実経緯から一定の事情を消し去ったうえで，架空の経緯の予測可能性を問うのではなくて，現

---

12) 福田平＝大塚仁『対談刑法総論（上）』（1986年）76-7頁〔大塚発言〕。
13) この見解が，Yの第2行為が「判断基底に入るか否か」という判断だけ行って，そこから直ちに相当因果関係の存否の結論を出してしまっているようにみえるのはそのためである。井上祐司「行為後の事情と相当性説」法政51巻1号（1984年）5-7頁，篠田公穂「過失犯と相当因果関係」福田＝大塚古稀（上）92-3頁参照。

実のありのままの発生経緯が,「当該行為から生ずるであろうと想定された結果〔＝経緯群〕との対比において」その「枠内」に収まっていると評価できるか,を問うのである。

その後,同じく第三者の故意行為（第2行為）が介入し,被害者が死亡した事件において（大阪南港事件）,第1行為と結果との間の因果関係を肯定する最高裁平成2年11月20日決定（刑集44巻8号1116頁＝**判例2**）が出された。この事件では,**判例1**の事案と異なり,行為者の第1行為によって被害者の死因（脳橋出血）が形成され,第2行為は脳出血を拡大させ幾分か死期を早める影響を与えたにすぎなかった,との事実が判明した。第2行為の寄与が僅かだったのだから最高裁の結論は妥当だと感じられるが,「現実経緯が行為から予測可能な枠内に含まれるか」という先の判断基準に照らしてこの結論が説明可能かについては,疑問も提起された。死因に僅かな寄与しか無くても,およそ「第三者の故意の暴行が介入する」という経緯は,行為時に予測可能な範囲を超えたものだからである。そこで,結果発生に対する「寄与度」という要素を考慮に入れ,予測不可能な介在事情（第2行為）が「判断基底」から外されるとしても,第1行為の寄与度が大きく第2行為の寄与度が小さい場合には,死亡の結果は第1行為だけからでも十分予測可能であるから,相当因果関係が認められる,とする説明も試みられた。しかしこの論理は,「判断基底を人工的に設定したうえで非現実の因果経過の可能性を問う」という,かつての判断枠組になおとらわれている。**判例2**の発想を端的に表現するならば,「死因を形成したのは,主として第1行為が及ぼした物理的・生体的影響力だ」ということであろう。第1行為のもつ身体への侵害力（致死結果に至る危険性）が,今回の致死結果を実現したのである。**判例2**においては,ほか

---

14) 曽根⑨19頁,井上（祐）・前掲注（9）185-6頁,曽根威彦＝松原芳博編『重点課題刑法総論』（2008年）27頁〔杉本一敏〕参照。
15) 鈴木左斗志「刑法における結果帰責判断の構造」学習院38巻1号（2002年）277頁,小林（充）・前掲注（11）12頁,浅田148頁等参照。
16) 曽根75頁,同「相当因果関係説の立場から」刑法37巻3号（1998年）93-4頁,林⑩16-7頁。
17) 大谷・前掲注（1）241-2頁参照。

の行為が介在して致死へと至った現実経緯が「行為から予測された展開経緯の枠内に含まれるか」ではなく，医学的観点からみた現実の死に方が「行為から危惧された生体的影響（死因）の範疇になお含まれるものだったか（なお同一の死因として説明されうる範囲内におさまっていたか）」，という点に焦点が合わせられたのである[18]。

(2) 「行為の危険の現実化」

判例2は，「その後の経緯の予測可能性」だけを基準とする相当因果関係説の論理では帰責の感覚を十分に説明できない場合があることを明らかにし，**判例1**で示唆された判断枠組を拡張させた。これらの判例により「行為の危険の現実化」の論理がほぼ準備されたといえる。因果関係が認められるのは，①行為時に立つ事前判断において，行為から結果発生へと至る一定の経緯群が予測・危惧され，かつ，②認定された現実経緯が，①で想定された経緯群の中にその一つとして含まれていた場合である。①にいう，「そこから結果発生が予測・危惧される」という行為の属性とは，すなわち行為が結果発生の「危険性」をもつことの認定であり[19]，②は，①において（行為の性格だけをみて）すでに予測・危惧されえた危険が，今回の結果発生として正に現実のものになったという，事後的な確認・評価である。

重要なのは，①にいう「行為の危険性」（行為から典型的に予測・危惧される展開経緯群）は，1つの事例において1通りに決まるものではなく，その行為のどの側面に着目するかによって様々な捉え方がありうる，ということである（それと同時に，事件経緯のどこまでを「行為」と捉えるかも変わる）。そしてこのように，何をもって「その行為の危険」とみなすかにより，同じ事案でも因果関係の判断は違ったものとなる。裁判所は，一個の同じ事例において複数ありうるそれらの因果関係判断の中で，当該事案の実態を最もよく表していると認め

---

18) 井田良『犯罪論の現在と目的的行為論』（1995年）92頁は，**判例2**を手がかりに，現実の死因が行為から典型的に危惧された「死因」の範囲内に含まれるときに因果関係が肯定される，との論理を提起した。

19) したがって多くの場合は，「行為から展開することが予測可能な範囲」と表現しても，「行為の危険性の範囲」と表現しても，その表す実体は同じである（永井敏雄「判解」最判解昭和63年度275頁，林⑩12-4頁参照）。

られるものに従って，結論を下すことになるのである．以下，「行為の危険の現実化」判断の具体例を大づかみに類型化してみよう．

　1）物理的・医学的観点からみて，結果に対する問題の行為の影響力が決定的だったとみられる事例では，端的に「当該行為が物理的・医学的にみて結果発生へと至る高度の可能性を有していること」を「行為の危険」と捉えて因果関係を認める論理を採用することが，当該事例の実態を的確に評価していると考えられる場合が多い．この場合，当該行為から「物理的に展開することが典型的に予測・危惧された経緯群」，または「医学的にみて典型的に予測・危惧された致死的経緯（すなわち死因）」の中に，現実の発生経緯がその一つとして含まれることが確認されれば，因果関係は肯定される．**判例2**はこの一例である．

　傷害を受けた被害者が，一般に予測されない不注意な「自己危殆化行為」に出た場合でも，行為者の与えた当初の傷害が医学的にみて重篤で一定の致死的経緯を危惧させる限り，同様の論理で因果関係が肯定される．行為者により左後頸部刺傷を受け静脈を損傷して多量出血し，緊急手術を受けて一旦容態が安定した被害者が，管を抜いて暴れた後で容態が急変し「頭部循環障害に基づく脳機能障害」で死亡した事案につき，最高裁平成16年2月17日決定（刑集58巻2号169頁）は，経験上普通予想し得ない被害者行動が介入したという弁護側の主張を退けて因果関係を肯定した．これは，現実の致死経緯が，当初の外傷から危惧される致死的経緯群（死因）の範囲を逸脱していない，との判断によるものだろう[20]．

　2）次に，物理的・医学的観点からみて，行為者の行為以外の事情が決定的影響力をもっていた事例では，「物理的・医学的にみて，当該行為がもつ結果発生の可能性」に着目しても，死亡結果に至る典型的な経緯がそこから想定されず，因果関係は否定される．この種の場合になお因果関係が肯定される余地があるのは，（ア）行為者の行為が「物理的・医学的な影響力の大きい

---

[20]　前田巖「判解」最判解平成16年度148頁，山口（厚）⑧13頁，杉本一敏「判批」プラクティス67頁等参照．

ほかの事情の介入を招来することが典型的に予測・危惧される」場合（行為者の行為に，介入事情に対する積極的な誘発作用がある場合）か，（イ）行為者が「物理的・医学的な影響力の大きいほかの事情の介入に備えて負っている一定の監視・監督義務を怠った」場合（行為者が，介入事情の阻止義務を果たさないという意味で，介入事情に対し消極的な誘発作用を及ぼした場合）である。これらの場合，「ほかの事情を介した結果発生」自体が，正に「行為者の行為から典型的に予測・危惧された」経緯といえるのである。これに対し，行為に（ア），（イ）の類の危険を見出せない場合は，因果関係が否定されることになる（**判例1**）。

（ア）の例として，トランク追突死事件（最決平成18年3月27日刑集60巻3号382頁）が挙げられる。被害者を自動車のトランクに監禁したところ，第三者の運転する自動車が過失により追突しトランク内の被害者が死亡した事案につき，最高裁は監禁行為と致死結果との因果関係を肯定した。この致死結果の主たる物理的・医学的原因は，第三者の追突行為にある。しかし，トランクに監禁する行為は，後方から自動車が追突しそうな勢いで接近したとき，およそ脱出したり最低限の防御姿勢をとったりすることを完全に不可能にし，金属で囲われた閉所内で直に衝撃を受けることで人が致死的結果に至るという高度の危険性をもつ。従って，追突事故は一定頻度で生じうるということを前提に考えるならば，トランク監禁行為は，追突による死亡結果を招く危険の創出にほかならない。そして本件では，正にこの危険が現実のものとなったのである。[21]

（イ）の例としては，夜間潜水事件（最決平成4年12月17日刑集46巻9号683頁）が挙げられよう。本件は，潜水指導者である被告人が，夜間潜水の実習中，夜間潜水の初心者である被害者らと不注意にはぐれた間に，被害者らがアクアラングの空気を使い果たして恐慌状態に陥り溺死した事件である。最高裁は，①被告人の行為は，「指導者からの適切な指示，誘導がなければ事態に適応した措置を講ずることができないおそれがあった被害者をして，海中で空気を使い果たし，ひいては適切な措置を講ずることができないままに，

---

[21] 山口66頁，安達光治「判批」速報判例解説 vol.1（2007年）216頁等参照。

でき死させる結果を引き起こしかねない危険性を持つ」と認定した（行為の危険）。被告人の行為は，物理的・医学的観点からみれば，それ自体が結果発生を危惧させるような危険行動ではない。しかし，被害者自身の手によって生命に関わる危険行動がとられる事態を容易に誘発するか，または，そのような被害者自身の危険行動を防止する義務を負っているにも拘わらずそれを怠る態度であって，被告人の行為の危険は「他者の危険行動の誘発」または「その防止懈怠」の点に見出されうるのである。そうすると，②被害者が被告人の助力を得られず恐慌状態に陥って死亡した本件経緯は，正に，①で想定されたとおりの危険が実現したものと評価できるのである（行為の危険の現実化）。[22]

3　被害者の逃走と「行為の危険の現実化」

それでは，本件のように，行為者から暴行等を受けた被害者が危険な逃走を試みて死亡・負傷したという事例において，因果関係判断はどのようなものになるか。この種の事例でも，判例の立場は「行為の危険の現実化」という判断枠組に則るものとして説明される。行為者の因果関係を肯定するには，まず，①行為者の行為に「被害者による危険な逃走方法の選択」を典型的に予測・危惧させるような性格が認められなければならない（「被害者の自己危殆的行動を招来・誘発する」という行為の危険）。そして，②被害者が現に，①で誘発されることが予測・危惧されたような種類の危険な逃走行為に出て，致死的経緯をたどった場合には，①の行為の危険が致死結果に現実化したと評価できることになる。

(1) 因果関係を認める2つの論拠：被害者の「パニック的反応」と「合理的選択」

本決定・原審の判示を含め，この種の事例に関する諸判例やその解説文献をみると，次の2種類の要素が，因果関係を肯定する理由として挙げられることが多い。

---

[22]　井上弘通「判解」最判解平成4年度234頁，杉本一敏「判批」プラクティス65，72頁等参照。

第1に，被害者が行為者の暴行等によって冷静な判断のできない心理状態に陥っていたという事情である。本決定は，被害者の高速道路進入は「極度の恐怖感を抱き，必死に逃走を図る過程で，とっさに」選択した行動だから，逃走方法として「著しく不自然，不相当であったとはいえない」と判示するが，これは「恐怖や切迫感により冷静さが失われた状態でなされた」被害者の行動選択は「任意性」(自由な意思決定)を欠き，もっぱら行為者の影響に起因するものである，との趣旨を表したものと解されている。

　過去の判例でも，行為者が瓦の破片を投げつけ，鍬をふり上げて追いかける気勢を示した結果，被害者が逃走して鉄棒につまずき負傷した事件で，最高裁昭和25年11月9日判決(刑集4巻11号2239頁＝**判例3**)は，本件転倒は被害者が「驚いて…夢中で逃げ出し走り続ける中におこったこと」だと判示し，また，被告人の不注意でホームに転落させられた被害者が，二番線に進入してきた電車を避けて隣の三番線内へと退避し，そこに進入してきた電車に轢かれて死亡した(その間僅か数秒間だった)という事案につき，東京地裁昭和56年3月11日判決(刑月13巻3号188頁＝**判例4**)は，被害者は「気も動転し狼狽していたであろうから，冷静，的確に状況を把握して二番線と三番線との中間にうずくまる…などの処置に出ることを期待することは困難であ」るとして，行為者の因果関係を認めた。また，広島高裁昭和47年12月20日判決(刑月4巻12号1995頁＝**判例5**)は，遠洋船上で飲酒中，立腹した行為者にナイフで突きかかられ，周囲の者が制止しても執拗かつ緊迫した形で船内を追い回された被害者が，行為者をやり過ごそうとして船体外にぶら下がり，海中に転落死した事案につき，「かかる行為が最も合理的な逃走方法とは言えぬまでも，…被告人が執拗に相当高度の暴行を繰り返したうえさらに追跡に出た事実，〔被害者〕の畏怖の程度および追跡の間隔などの諸事実ならびに〔被害者〕が当時相当飲酒しており必ずしも合理的判断を期待しえぬ状態にあったことなどを考えると同人としては誠に止むを得ぬ逃走方法であった」として因果関係を肯定する。これらの判例では，行為者からの暴行・危害に現にさらさ

---

23) 辰井⑥189頁，同⑪138頁，また山口（厚）⑧12-3頁。

れている被害者は「往々にして一種のパニック状態に陥りやす」く，自己侵害につながる異常で不合理な反応をとっさに示してしまう傾向がある，との事情が，行為者の「行為の危険の現実化」を認める理由となっているように思われる。

第2に，被害者のとった逃走方法が，当該状況下での被害者の「選択」として「合理性」をもつ，との事情が挙げられることがある。本件の原審は，被害者は「被告人らの追跡を逃れる最も安全な方法として」高速道路への進入を「選択した」のであるから，この選択は「被害者の現に置かれた状況からみて，やむにやまれないものとして通常人の目からも異常なものと評することはでき」ないとする。これは，高速道路進入という逃走方法が「危険であるがゆえに，追跡する側にとっても追跡を断念せざるをえず，逃走手段として合理性を有する」という趣旨の判示であって，原審は，被害者が当該逃走方法を「自らの計算で（被害者自身の判断としては合理的として），選択した」ことを重視したのだと解説されている。

また，東京高裁平成16年12月1日判決（東高刑時報55巻1〜12号107頁=**判例6**）も，自動車の運転中，行為者車両に執拗に追跡され進路妨害を受けて停車させられた被害者が，停車後も行為者に自車の屋根に上られ，上からドアガラスを蹴られる等の激烈な攻撃を受け続けたため，車を降りて逃走したが，後ろを振り返って疾走中，前方の欄干に気づかないまま段差につまずいて欄干を飛び越え，約11.5m下のアスファルト地面に転落死したという事件で，被害者が行為者の一瞬の隙をみて逃走することは「当然の機転であり，むしろ合理的な行動」であって，本件具体的状況からみて被害者が「やみくもに疾走したことが不合理な判断であるなどとはいえない」から，本件逃走が「著しく不自然であるとか不相当であるとはいえ」ない，と判示する。

さて，ここにみた第1と第2の点は，一見したところ正反対の論拠を掲げるもののようにみえる。一方は「被害者はパニック状態でおよそ合理的判断

[24) 小林憲太郎『刑法的帰責』（2007年）216頁。
25) 深町①149頁，松原久利「判批」受新638号（2004年）15頁。
26) 村木③370頁。

ができないから」との理由で，他方は逆に「被害者の合理的な選択判断に基づく行動だから」との理由で，それぞれ行為者の因果関係を肯定しているからである。これでは，被害者の逃走方法が合理的だろうと逆に不合理だろうと，逃走中に生じた致死結果は「全て」行為者に帰責するのが判例理論だという理解に行き着いてしまう。しかし，本決定や**判例6**は，少なくとも被害者の逃走が「著しく不自然，不相当」といえる場合には因果関係の否定を予定しているのだから，「常に因果関係を肯定する」というのは判例の理解として正しくない[27]。第1，第2の論拠を用いて行為者の因果関係が肯定されるのは，それぞれ，一定の限られた場合なのである。

(2) 第1論拠の妥当する場合

それでは，第1，第2の論拠が，それぞれどのような事例において「行為の危険の現実化」を基礎づけることができるのかを細かくみていこう。

行為者の暴行等に対する恐怖・驚愕のため，被害者がほとんど反射的な反応といえるような動作に出て致死傷結果に至った場合には[28]，このような身体の動作は，被害者の陥ったパニック的心理状態からほとんど自動的・機械的に生ずる反応といえるから，行為者の行為から予測可能な範囲内の経緯だと評価できる(第1の論拠によって因果関係が認められる場合)。行為者の暴行に驚き，これを回避しようとしてとっさに身を翻した被害者が，例えばバランスを崩して階段から転落する，車道に倒れて自動車に轢かれる，などした場合がその典型である。**判例4**の被害者が，目前に迫った電車に驚き隣の路線にとっさに逃げ込んだ動作も，このパニック的心理状態に起因するとっさの反射的反応とみることができる。

また，被害者が必死の逃走中に，全く認識していなかった障害物によって転倒・転落し，致死傷結果に至った場合も同じである。この場合の致死傷結果の原因は，疾走中の被害者の身体が当該障害物に接触したことにあり，「その場所の客観的状況からみて，当該障害物につき自覚のない被害者が疾走途

---

27) 佐伯仁志「因果関係 (2)」法教287号 (2004年) 54頁，山口 (雅) ⑤417, 428頁参照。
28) 村木③369頁のいう「反射運動」も同旨であろう。

中でその障害物にぶつかることが，予測可能な経緯に含まれるか」が問われることになろう。行為者の暴行が一定以上の強度をもち，そのため被害者が周囲の状況を十分注視しないまま疾走して逃げるという経緯が典型的に予測される場合に，その近くに危険な当該障害物が存在していたならば，因果関係は肯定されることになる。最高裁昭和 59 年 7 月 6 日決定（刑集 38 巻 8 号 2793 頁＝**判例 7**）は，行為者の暴行から逃れようとした被害者が墓苑内の池に落ち込み，頭部を打ちつけて死亡した事案につき行為者の因果関係を肯定したが，これは，深夜の薄明かりのもと，積雪もある中で，付近の危険な池の存在を十分認識せずに逃走した被害者が池に落ち込むことは，当該状況では予測可能な範囲内の事態だったとの判断を示したものである。**判例 3** の被害者の鉄棒でのつまずきも同じである。

(3) 第 2 論拠の妥当する場合

以上に対し，被害者が，自分の冒す危険について認識しながら，敢えてその危険な逃走方法を「自覚的に選択」した場合はまた別である（本決定，**判例 5** および**判例 6** の事案。もっとも，**判例 6** の事案は，**判例 3** の事案と類似した「無意識による転倒・転落」の事例ともいえるので，上述の「第 1 論拠」により因果関係が認められる余地もある）。人間は「自己保全本能」を発動させて「危険を回避する行為に出るのが（経験則上）通常」であるから，被害者が「自覚的に」自分の生命・身体にとって危険な逃避行動に出ることは，およそ行為者の行為から「典型的に予測・危惧される範囲」を逸脱しているともいえそうだからである。しかし，この危険な自覚的逃避行動が必ずしも異常でなく，典型的に予測可能といえる場合がある。行為者の執拗な暴行を受けていた（または，受けることが予測された）被害者が，内心において，「(A) このまま行為者の暴行を甘受するか，(B) 危険な逃走を試みるか」という二者択一を迫られ，選択肢 B によって致死傷結果に至る可能性と，選択肢 A によって自分が受けると予想される害

---

29) 深町①419 頁，曽根②158 頁，米山正明「因果関係の認定」木谷明編『刑事事実認定の基本問題〔第 2 版〕』（2010 年）85 頁等参照。

30) 深町①149 頁。また同「危険引受け論について」本郷法政紀要 9 号（2000 年）140-1 頁，注釈刑法 (1) 323 頁〔小林憲太郎〕。

とを内心で比較衡量した結果,「選択肢Aから予想される害の方が現実的で重大だ」と判断せざるを得ない場合には,被害者が選択肢Bの行動を選択することが上の「自己保全本能」に照らして「合理的」であり「予測可能」な反応なのである(第2の論拠により因果関係が認められる場合)。

　この種の論理に対しては,被害者がふつう「予想もつかない」危険で不合理な逃走経路を選ぶことが,合理的な選択で「予想の範囲内」である,とする論理であり,「奇妙」であるとの批判もある。しかし,行為者の暴行によって,被害者が上の「二者択一」を心理的に迫られる状況に陥った場合には,危険な逃走経路を選択するという(自ら危険を冒すという意味で)「不合理」な決断に出ることが,それ以上の侵害を避けるのに必要不可欠の方策だという意味で「合理的」で,了解可能な選択なのである。この場合,行為者に因果関係が認められる為には,被害者側が精神的なパニック状態に陥った必要はない。むしろ,行為者から追いつめられた状況下で,被害者が予測される被害を「冷静に」算定・衡量し,その衡量の上で逃走行為の方をより「まし」なものとして「合理的に」選択した場合にこそ,その自覚的決断は行為者の行為によって仕掛けられた二者択一の必然的帰結にほかならず,行為者の行為の影響が現実化したと認められることになる。この場合の行為者の「行為の危険性」は,被害者に「危険な逃走行動を合理的選択として強要する」点に認められるといってもよい。

　このような「行為の危険の現実化」が認められるのは,行為者の暴行等の行為が,被害者に二者択一を迫り,選択肢Bの危険な逃走を選ぶ方が「合理的」だといえる程に執拗で侵害可能性の高いものだった場合に限られる。**判例5**における行為者の,何度も兇器を持ち出しての執拗な攻撃・追跡や,**判例6**における行為者の,自動車のガラスを割ってでも被害者を車外に引きずり出さんとする程の激烈な攻撃などは,目前に現実のものとして迫った行為者からの生命・身体への加害と,場合によっては生命・身体に危険が及ぶか

---

31) 小林(憲)・前掲注(24) 213頁以下も参照。
32) 村木③375頁。

もしれないが未だその現実的可能性を伴っていない逃避行動との二者択一に被害者を直面させ，内心における比較衡量の結果，まだ「まし」で危険状況を先送りできる後者を選択することを余儀なくさせる行為である。本決定におけるXらの暴行も，6対1の人数比で途中場所を移動してまで執拗に数時間にわたって加え続けられたものであるから，同様の判断を許すものだったといえよう。これに対し，論理関係を逆転させ，「被害者が極めて危険な逃走方法をとった」という事実を元にし，そうだとすれば「それだけ被告人らの暴行が強度のもので，被害者が…被告人らの暴行による恐怖感に支配されていたが故に，危険な高速道路進入を逃走手段として選択した」に違いない，と推論すること[33]は，事件の結末からみた結論の先取りであって許されないというべきである。[34]このような論法を許容すれば，およそ被害者が異常な逃走行動をとった場合には，それがすべて「行為者の暴行の執拗さを示す間接事実」だということになり，因果関係が否定される余地が無くなるからである。

因果関係が否定されるのは，被害者の選択が「被害者自身の独自の判断によるもの」[35]と評価できる場合，すなわち，行為者の行為によって直面させられた「二者択一」に照らして，被害者が不合理な比較衡量を行った場合である。大阪地裁昭和40年4月23日判決（下刑集7巻4号628頁）は，器物損壊をしたために，憤激した行為者から追われ逃走した被害者が，欄干を乗り越えて川に飛び込み溺死した事件で，被害者は，「逃走路は充分にあった」が「たまたま水泳に自信があった」ため「川中に逃走路を選択し，自ら…川に飛び込んだものと認められる」のであり，「逃走路を遮断されて，それ以上の暴行を免れるためにやむなく，…川に飛び込んだものではないものと考えられる」として，行為者の因果関係を否定した。この事件では，行為者側の加えた暴行も竹箒による殴打などの軽度のものであり，被害者に，汚水の流れる川幅54.5mの川に敢えて飛び込んで逃げる方が「まし」だと判断させ，その選択

---

[33] 山口（雅）⑤420頁，大場亮太郎「判批」警論57巻6号（2004年）174頁，小坂⑦34頁，小林（充）・前掲注（11）25頁参照。
[34] 内田④230頁参照。
[35] 山口（雅）⑤419頁。

を余儀なくさせるような危険性は内在していなかった。従って，このように合理的な衡量から大幅にはずれた被害者の選択は，行為者の行為によって設定された二者択一（合理的選択の強要）の影響下でなされたものでない，と評価されることになる。

　しかし，そうすると本件でも，Ａの選択は，Ｘらの影響下でなされたものでなくＡの独自の判断によるもの，と評価される余地があることになる。というのも，Ａは，高速道路進入という，直ちに生命に関わる事態が予想されるはずの逃走経路を選択したのであり，これも，真に冷静で合理的な衡量判断からは大幅に逸脱したものと評価せざるをえないからである。そのため，本件一審は因果関係を否定したのであろう。しかし，ここで問題とすべき被害者の内心の衡量判断とは，「被害者本人が認識している害についての衡量」である[36]，という点に注意しなければならない。被害者が，例えば恐怖のあまりパニック的な心理状態に陥っていたために，行為者らの暴行から予測される害を誤って過大評価し，反対に逃走手段の危険性を過小評価していた場合には，そのような誤った状況認識のもとにおいてではあるが，被害者が後者を選択することを「心理的に余儀なくされた」点に違いはないのである。本件と同様に，**判例5**の被害者の逃避行動（船外でのぶら下がり）も，客観的にみれば，合理的な衡量判断から逸脱した選択かもしれないが，行為者の執拗きわまる攻撃と，飲酒の影響から，被害者当人はこの逃避手段の危険性を過小評価していたとみる余地が十分認められよう。「心理的パニック」という要素は，このように被害者の内心の衡量のあり方に影響を及ぼす余地があるという限度では，本決定や**判例5**のような「被害者による危険行為の自覚的選択のある事案」でも一定の意味をもちうるのである。重要なのは，被害者の恐怖心やパニック的心理状態それ自体を理由にして，「被害者は行為者に対する恐怖心に支配されていたから，どんな逃走手段に出てもそれは予測可能だった」といった形で因果関係判断を行ってはならない，ということである

36）　米山・前掲注（29）114頁。これに対し小林憲太郎「いわゆる『救助・追跡事故』について」千葉15巻3号（2001年）158頁は，この衡量が合理的か否かは客観的基準に基づいて判定されるべき旨を主張する。

（この論法では結局，被害者の逃走事例すべてにおいて因果関係が肯定されてしまう）。行為者に対する恐怖心に支配されている被害者においては，危険な逃走手段が「実際よりもよく見える」[37]（実際よりも危険性が低く見積もられる），という場合があるだけである。この場合には，被害者の個人的認識・自覚に従えば「合理的な」衡量がなされているのだが，冷静な他者からみればそれが不合理な選択判断にみえる，ということである。

4 まとめ

本決定の事案では，「A はパニック的心理状態に陥っていたから，とっさに異常な逃走手段に出ても不思議はない」というだけの理由で因果関係を肯定することは許されない。極度の恐怖心による「パニック的反応」を理由に因果関係を肯定できるのは，上記 3 (1) の場合に限られる。本件では，暴行現場から高速道路に進入するまでには少なくとも時間にして 10 分弱，距離にして 7〜800 m の隔たりがあり，その間の逃走行動全体がパニックによる身体の「反射的反応」だということは到底できない。本件 A の高速道路への進入は，不自由ではあるものの，被害者の自覚的な意思決定に基づくれっきとした「行為」であって，本件は 3 (2) に属する事案である。従って，本件で因果関係が肯定されるには，A の高速道路進入という行為選択が，X の設定した二者択一状況からの当然の帰結だといえなければならない。そのためには，X らの暴行継続に対する「極度の恐怖感」から，A が高速道路進入という逃走手段の危険性を現実よりも過小評価していることが必要である。これは，死亡した被害者の認識や精神状態に関わる事実であるから，様々な間接事実から推認して認定するしかない。その際に最も重要な間接事実となるのは，①行為者の暴行・攻撃の執拗さ（それにより，その後も暴行が継続された可能性や，逃走した場合の追跡の執拗さが予測される）[38]，②危険な逃避行動に出る前までの被害者の受忍態度（それにより，被害者が行為者のその後の暴行継続に対してどの程度の恐怖心を抱いていたかが推認される），③問題の逃避行動がもつ生命・身体に

---

37) 小林（憲）・前掲注 (24) 218 頁。

対する危険性の高さ（上記①②の事情をもとにして，被害者が見積もっていたと思われる行為者のその後の暴行の危険性と，この③の危険性とを，被害者がどのように衡量したかを推認する），である。以上を間接事実として，A 本人が内心において「X らの暴行継続の害が，高速道路進入の危険性よりも大きい」と判断したと認定できる場合に，A の逃避行動による致死結果は，X らの暴行のもつ危険が現実化したものと評価できる。

　なお最後に，本件が結果的加重犯である傷害致死罪の事案であるという点に着目して，最高裁の結論を批判する見解もある。傷害致死罪などの結果的加重犯は，加重結果（致死結果）を発生させる危険性がその「基本犯」（傷害罪）に典型的に内在しているので，基本犯を故意に犯して加重結果を発生させた場合には，単に「基本犯の故意犯」と「加重結果に対する過失犯」の観念的競合に止めるのではなく，特別の構成要件を設けて重い法定刑で処罰することを意図したものである。そうすると，結果的加重犯の成立を実際に認める為には，「基本犯に固有の危険が現実化した」という関係が当該事例においても確認されなければならない（結果的加重犯に関する「危険性説」）。この見解からすれば，傷害致死罪とは，「人体に加えられた物理力の人体に及ぼす病理的な作用」という傷害罪に固有の種類の危険が致死結果に現実化した場合でなければ，その成立が認められないことになり，本件のように被害者の恐怖心という心理的作用を介して生じた致死経緯は，傷害致死罪を構成しないことになる。[39] もっとも危険性説をとっても，暴行に固有の危険性として「相手に対する心理的圧迫」を考えるならば，本件でもその危険性が現実化したものとして（暴行致死としての）傷害致死罪を認めることは可能であろう。また，判例は現在，そもそも危険性説という立場を採用していないようである。

---

38) なおここで重要なのは，被害者が危険な逃避行動に際して状況をどう認識していたかであるから，行為者が被害者を見失った後で実際に被害者を追跡していたかどうかという客観的事実は，因果関係判断それ自体にとって重要ではない（勿論，この追跡の客観的事実は，行為者らのそれ以前の暴行の執拗さを推認させる間接事実にはなりうる）。
39) 内田浩「結果的加重犯の構造とその成立要件」刑法 44 巻 3 号（2005 年）304-5 頁等。

【参考文献】
本件の解説・評釈として
　①深町晋也「判批」法教 281 号（2004）
　②曽根威彦「判批」平成 15 年度重判解
　③村木保久「判批」新報 111 巻 5 = 6 号（2004 年）
　④内田博文「判批」判評 560 号（2005 年）
　⑤山口雅高「判解」最判解平成 15 年度（2006 年）
　⑥辰井聡子「判批」ジュリ 1306 号（2006 年）
　⑦小坂敏幸「因果関係（1）」小林充＝植村立郎編『刑事事実認定重要判決 50 選上〔補訂版〕』（2007 年）
　⑧山口・新判例

因果関係の判例理論に関して
　⑨曽根威彦「相当因果関係の構造と判断方法」司研 1997-Ⅲ
　⑩林幹人「相当因果関係論の新動向」曹時 57 巻 11 号（2005 年）
　⑪辰井聡子『因果関係論』（2006 年）
　⑫小林憲太郎「因果関係に関する近時の判例理論について」立教 81 号（2011 年）

（杉本一敏）

2

不 作 為 犯
―シャクティパット事件―

- 最高裁判所平成 17 年 7 月 4 日第二小法廷決定
- 平成 15 年（あ）第 1468 号 殺人被告事件
- 刑集 59 巻 6 号 403 頁／判時 1906 号 174 頁／判タ 1188 号 239 頁

I 事　案

　Xは，手の平で患者の患部をたたいて自己治癒力を高める「シャクティパット」と称する独自の治療（以下，「シャクティ治療」）を施す能力を持つなどとして信奉者を集めていた。Xの信奉者であったAは，脳内出血で倒れ兵庫県内の病院に入院し，意識障害のため痰の除去や水分の点滴等を要する状態にあり，生命に危険はないものの，数週間の治療を要し，回復後も後遺症が見込まれた。やはりXの信奉者であったAの息子Bは，後遺症を残さずに回復できることを期待し，Aに対するシャクティ治療をXに依頼した。
　Xは，脳内出血等の重篤な患者にシャクティ治療を施したことはなかったが，Bの依頼を受け，滞在中の千葉県内のホテルで同治療を行うとして，退院はしばらく無理とする主治医の警告や，その許可を得てから運ぼうとするBら家族の意図を知りながら，「点滴治療は危険である。今日，明日が山場である。明日中にAを連れてくるように。」などとBらに指示し，なお点滴等の医療措置が必要な状態にあるAを病院から運び出させた。Xは，前記ホテルまで運び込まれたAに対するシャクティ治療をBらから委ねられ，Aの容態を見て，そのままでは死亡する危険があると認識したが，上記の指示の誤りが露呈することを避ける必要などから，シャクティ治療を施すにとどまり，痰の除去や水分の点滴等，Aの生命維持のために必要な医療措置を受け

させないまま約1日の間放置し，痰による気道閉塞に基づく窒息によりAを死亡させた。

　以上の事実について，第1審（千葉地判平成14年2月5日判タ1105号284頁）は，「点滴装置を外し，酸素マスクを外させたうえで，ベッドから下ろして病院外に連れ出し，自動車及び航空機により何ら医療設備のないホテルに運び込み，そして同ホテルにおいて，被告人及びBらにおいて，その生存に必要な措置を何ら講じずにおくという一連の行為をもって，殺人の実行行為に該当する」とし，また，シャクティ治療が，「脳内出血により生命の危険がある患者に対しては，何らの治療効果も有するものではないことは，現代社会の一般通念上明らかであり，被告人自身がそれを認識していたことも明らか」として，Xに殺人罪（刑199条）の成立を認めた。しかし，「結果に対する予見はあったとしてもこれを認容する意思はなく，殺人の故意までは認められない」Bとは，「保護責任者遺棄致死の範囲で」共同正犯となるとした。弁護人は，Xの行為は殺人罪の実行行為に該当せず，また，同罪の故意もないなどとして控訴した。

　第2審（東京高判平成15年6月26日刑集59巻6号450頁参照）は，「一連の行為が，Aを死亡させる現実的危険性を十分に有していたことは明らか」としつつ，「本件ホテルに運び込まれたAの様子を自ら認識する以前においては，被告人に殺意があったと認定するには合理的疑いが残る」として，第1審判決を破棄した。そのうえで，「病院から連れ出させ，本件ホテルに運び込ませた」という「先行行為によって」，Aの「生存のために必要な医療措置を受けさせるべき作為義務を負っていた」とし，Xに不作為による殺人罪の成立を認め，また，Bとは，「保護責任者遺棄致死の範囲で」共同正犯となるとした。

　これに対して弁護人は，Bらに心理的影響を及ぼしたにすぎないXには，作為義務を認めるべき先行行為はなく，Aを自らの支配領域に置いたともいえないから，不作為犯は成立しないなどとして上告した。

II 決定要旨

上告棄却

「被告人は，自己の責めに帰すべき事由により患者の生命に具体的な危険を生じさせた上，患者が運び込まれたホテルにおいて，被告人を信奉する患者の親族から，重篤な患者に対する手当てを全面的にゆだねられた立場にあったものと認められる。その際，被告人は，患者の重篤な状態を認識し，これを自らが救命できるとする根拠はなかったのであるから，直ちに患者の生命を維持するために必要な医療措置を受けさせる義務を負っていたものというべきである。それにもかかわらず，未必的な殺意をもって，上記医療措置を受けさせないまま放置して患者を死亡させた被告人には，不作為による殺人罪が成立し，殺意のない患者の親族との間では保護責任者遺棄致死罪の限度で共同正犯となると解するのが相当である。」

III 解説

1 問題の所在

本件は，重篤な患者に適切な医療措置を受けさせないまま放置し，死亡させた事実について，不作為による殺人罪の成否が争われた事案である。不作為犯については，当罰性自体は認められるとしても，その成立要件，とりわけ，作為義務の発生根拠について争いがある。他方で，成立する犯罪の範囲については，一般に，限定的に捉えられているといえる。

そこで以下では，作為義務の発生根拠，および不作為犯の成立する犯罪の範囲についての学説・判例を概観したうえで，その他の論点にも言及しつつ，本決定の立場を分析し，その意義を検討することとする。

2 不作為犯論

(1) 不作為犯処罰の意義

不作為犯とは，何かを「しないこと」(不作為)によって犯される犯罪であるが，それは，不作為による実現が明文で規定された犯罪(真正不作為犯)だけではない。例えば，殺人罪のように，通常は作為による実現が予定された犯罪であっても，人を「殺した」という文言には，人の死を帰責すべき不作為も含むとされる(不真正不作為犯)。それゆえ，その処罰は類推解釈にあたらず，罪刑法定主義に反しないとされるが，明確性の原則との関係では，なお問題がある。他方で，「不作為」とは，単に「何もしないこと」ではなく，結果回避のために「必要な作為をしないこと」であるから，それがなければ，すなわち，「必要な作為をしていれば」結果が発生しなかったといえる限度で(「あれなければこれなし」)，結果との間に因果関係(条件関係)が認められるとされる。

このような前提からは，作為と不作為とは価値的に等しく，不作為犯には「そもそも作為犯と価値的に等しい要素を見いだす必要すら無い」はずである[1]。しかし，そうすると，結果回避可能なすべての者に不作為犯が成立する余地があり，結論の妥当性の点で問題があろう。そこで，結果回避可能なすべての者の中から法的に作為の「期待」が向けられる者のみを選び出し，処罰の対象とすべきとされる。このような者を「保障人」と呼び，その立場にあること，すなわち「保障人的地位」が，作為犯にはない，不作為犯独自の構成要件要素と説明される(保障人説)[2]。しかし，その根拠は，必ずしも明らかではない。

---

[1] 鎮目征樹「刑事製造物責任における不作為犯論の意義と展開」本郷法政紀要8号(1999年)352頁以下。もっとも，そこでは，「効率的」に結果を回避しうる主体が，「自らの意思に基づいて」，「他者の介入可能性を減少せしめるような関係を設定した」ことが，保障人的地位の要件とされている。これらの要件は，各々，作為可能性および排他的支配の設定に還元しうるであろう。なお，不作為犯一般の因果性を疑問とし，それを因果論的に再構成する試みとして，梅崎進哉『刑法における因果論と侵害原理』(2001年)267頁以下。

この点，罪刑法定主義が援用されることが多いが，それは，不作為犯処罰を明示した立法により解決すべき問題であって，処罰範囲の限定に直結しない。他方で，これを作為犯処罰と不作為犯処罰との自由制限の差に見出す見解も有力であるが[3]，作為を強いることが過度の自由制限だという発想自体，作為と不作為とは価値的に等しいという前提に反し，不作為犯を犯罪として不完全なものと把握することにも繋がるであろう。自由制限の差を論ずるのであれば，むしろ，作為と不作為とは価値的に等しいという前提自体が疑われて然るべきである[4]。

　ともあれ，不作為犯の処罰範囲を限定すべきという結論が妥当とすれば，現実問題として，それを妥当な範囲に導く基準が示される必要がある。不真正不作為犯にも作為犯と同じ規定，同じ法定刑で臨む以上，保障人的地位には，それを正当化しうる裏づけが必要である（作為との同価値性）。学説において，それは，保障人への期待を基礎づける法的「作為義務」の有無として議論されている。つまり，作為義務の認められる者が保障人であり，その不作為だけが不作為犯として処罰される。したがって，この義務の発生根拠を明らかにすることが重要である。

　もっとも，保障人的地位の根拠が明らかでないこともあり，作為義務の発生根拠についても，結論の妥当性の観点から論じられる傾向にある。他方で，保障人的地位が認められる要件を作為義務に限る必然性もないから，作為義務とともに，「作為との同価値性」という要件を挙げる見解もあり，さらに，

---

[2]　これに対して，保障人的地位を作為犯・不作為犯共通の要件と位置づける，いわゆる「義務犯論」について，平山幹子『不作為犯と正犯原理』（2005年）132頁以下参照。

[3]　このような立場について批判的に論じたものとして，萩野貴史「刑法における『禁止』と『命令』の自由制約の程度差」早研127号（2008年）121頁以下，同「刑法学における自由主義と不作為処罰」早研132号（2009年）287頁以下。

[4]　なお，高山佳奈子「不真正不作為犯」クローズアップ総論48頁以下，57頁以下は，因果性判断における危険の存在は「人の行為に関する予測も含んで判断されている」としたうえ，「法益を保護するはず」の者（保障人）の存在により「法的に評価するならば」危険がない状態が，その不作為により「結果発生へと向け」られたと評価しうるとし，これにより，（「正犯」性の要件としての）保障人的地位を根拠づけようとする。しかし，それが保障人要件を因果性判断に包摂させるものだとすれば，法的期待までをも因果性判断に取り入れる点で疑問がある。

保障人的地位に加えて，当該要件を別個に挙げる見解も多い。しかし，その内実が明らかでない限り，同価値性は当罰性の言い換えにすぎず，作為義務論による結論を微調整するための便宜的な要件にすぎないといえよう[5]。

また，判例において，不作為犯の処罰は一定の犯罪類型に限定されており，ここにも結論の妥当性の観点が影響していると思われる。もっとも，より根本的には，作為犯との存在構造上の溝を埋めることができず，等価値とはいえないという直感から，犯罪として不完全な不作為犯は，できることならば例外的な処罰にとどめるべきとの思考が働いているといえよう。

(2) 作為義務の発生根拠

作為義務の発生根拠については，まず，形式的法義務説（形式的三分説）と呼ばれる見解がある。同説は，義務の発生根拠を，「法令」，「契約」ないし「事務管理」，および「条理」に分類し，例えば，親権者の子の監護義務を定めた民法820条から，子が危険に晒された場合に親の救助義務を導く。このように，明文上の根拠による「形式的」判断が可能となることから，同説は，明確性を確保しうる見解として伝統的に支持を集めてきた。しかし，同説は，その反面で，例えば，会ったこともない者の間でも義務を認めうる一方で，法的親子関係がなければ，たとえ「親子」としての生活実態が認められても義務が認められないと批判される。このため，同説においては，条理をも根拠に含めることで判断の柔軟性が目指されているが[6]，これでは，いわば「義務が課されて当然の場合に義務がある」と述べているも同然である。そこで，例えば，後述の「先行行為」などを例として挙げ，その具体化が図られている。また，民法など他の法領域における義務が，直ちに刑法上の義務を基礎づけてしまうとの批判もある[7]。そこで，より実質的な根拠を模索して，様々

---

[5] 当該要件は，作為義務等に解消可能である場合も多い。これらの点については，荻野貴史「不真正不作為犯論における保障人的地位の役割」早研121号（2007年）149頁以下参照。さらに，不作為犯においては，一般に，「作為可能性」が要件とされるが，当該要件は，期待可能性や結果回避可能性といった，作為犯と共通する要件を言い換えたものにすぎないともいえよう。

[6] もっとも，髙山・前掲注（4）67頁以下は，「法規範」を統一的な根拠としつつ，先行行為を含む条理を根拠から外すべきとする。

な見解が主張されてきた。
　このうち，先行行為説は，不作為者が不作為に先だって結果発生の危険を創出する作為（先行行為）を行っていたことを，義務の発生根拠とする。同説は，危険を創出した者は責任をもってその危険を制御すべきとの理念に支えられている。同価値性の観点から，これを因果関係における不足を補うものと捉えるならば，先行行為は結果発生の危険をもたらす行為であれば足りるともいえるが(危険創出)，同説の多くは，先行行為に何らかの義務違反性（過失等）を要求して限定を図っている。しかし，同説は，例えば，ひき逃げ事例において直ちに救助義務を認めてしまう点で，なお処罰範囲が広すぎると批判される。さらに，そもそも先行行為自体が犯罪として処罰されるのであるから，それを根拠に不作為犯処罰を行うことは，実質的な二重処罰の疑いがある。このことは，先行行為が故意の場合に顕著だが，過失の場合であっても，いわば，事後の故意によって犯罪の成立を認めるものといえる。
　他方で，具体的依存性説は，不作為に至るまでに「反復・継続」的に「法益の維持・存続を図る行為」が行われ，法益保護について「排他性の確保」があったという事実（事実上の引受け）を根拠に，引き続き保護を継続すべき義務が発生するとする。すなわち，同説は，例えば，親子関係における義務を，法令ではなく生活実態により，子の親への「依存」という観点から説明することで，保護の実態を具体的に観察して義務の範囲を明らかにしようとし，また，引受けを要求する点で，例えば，ひき逃げ事例において直ちに不作為

　7）　この問題は，例えば，ひき逃げ事例における救護義務違反罪（道交72条1項）と保護責任者遺棄（致死）罪（刑218条・219条）のように，刑罰法規相互の関係でも生じる。
　8）　日髙義博『不真正不作為犯の理論 第2版』(1983年) 154頁は，同様の観点から，作為義務とは別個に，故意・過失によって「不作為をなす以前に法益侵害に向かう因果の流れを自ら設定していたということ」が必要とする。
　9）　佐伯仁志「保障人的地位の発生根拠について」香川古稀108頁以下，島田聡一郎「不作為犯」法教263号 (2002年) 117頁。
　10）　詳細は，岩間康夫『製造物責任と不作為犯論』(2010年) 17頁以下参照。
　11）　岩間・前掲注(10) 89頁，195頁は，これは「先行行為と後続の不作為との一体化」を前提とするとし，後述の一連の行為論との関連性を指摘する。
　12）　堀内捷三『不作為犯論』(1978年) 254頁以下。

犯処罰を認めることもない。しかし，同説は，その反面で，法益保護に努力した者ほど後から処罰されうることになり，処罰の不均衡を生ずると批判される。また，例えば，産み落とした当初から子の世話をしなかった親については，たとえ法的親子関係が認められても子に対する義務が認められず，妥当でないと批判される。そこで，事前の引受けよりも，むしろ，行為者のみが結果を回避しうる状況それ自体が重要という認識が拡がった。

　そこで，現在では，いわゆる「排他的支配」の観点を論じる見解が有力である。すなわち，「因果経過を具体的・現実的に支配」し，いわば「因果の流れを掌中に収めていた」場合には[13]，義務を認めうるとするのである。しかし，このような観点からは，偶然的な支配獲得の場合にも義務を認めうる一方で，排他性を厳格に捉えると，例えば，池で子が溺れている場合，周囲に多数の者が居たならば，その親に（他の誰にも）義務が認められなくなる。また，複数の者の存在が前提である，共犯や同時犯の事例における有用性にも疑問が呈されている。さらに，排他的支配の判断は因果関係における結果回避可能性判断と重なり，作為義務論の独自性が失われかねない点も指摘しうる[14]。そこで，例えば，排他的支配の「設定」や[15]，「作為すべきであったという規範的要素」を考慮すべきとの見解が主張された（支配領域性説）[16]。また，他者からの「信頼」による「心理的な排他的支配」を認めることで[17]，排他性を緩和する見解もある。これらは，排他的支配の観点からする結論を，上述の諸説の基準によって調整するものといえるが，結論の妥当性は図られたとしても，

---

13) 西田典之『共犯理論の展開』（2010年）178頁以下。
14) 髙山・前掲注（4）57頁は，「相当因果関係を肯定しうる場合の1つ」にすぎないとする。
15) 林④59頁以下，同156頁以下は，これこそが「引受け」であるとする。他方で，佐伯・前掲注（9）108頁以下は，引受けの場合も含めて危険創出が必要とする。
16) 西田・前掲注（13）179頁以下。同旨，松原芳博「不作為犯」法セ658号（2009年）97頁。
17) 佐伯・前掲注（9）109頁，林④59頁以下，松原・前掲注（16）97頁等。なお，島田・前掲注（9）117頁以下は，排他的支配を正犯性の要件としつつ，危険創出の観点から，作為を「信頼」される「役割を引き受けた」ことで「保護措置が行われる可能性を奪うことによって危険を高めた」として，「意識的引受け」をも義務の発生根拠とする。

「明確な基準は絶対に達成できない」と批判される[18]。

以上のように、いずれの発生根拠論も、それだけでは妥当な処罰範囲を導けず、多元的な説明に依拠する見解が多数といえる[19]。もっとも、そこでは、処罰すべきという結論から出発して、それに適合するような作為義務論が模索されているともいえよう。

(3) 従来の判例

不作為犯の一般理論からは、およそすべての犯罪類型において、作為犯に対応する不真正不作為犯があることになる。もっとも、判例においては、それは、放火罪や殺人罪といった一定の犯罪類型に限定されている。これには、結論の妥当性の観点に加えて、より根本的には、不作為犯は例外的な処罰にとどめるべきとの思考が働いているものと思われる。いずれにしても、不作為犯の処罰根拠が不明確である以上、判例が処罰範囲を限定してきたこと自体は、評価すべきかもしれない。

不作為犯の成立が認められた事例のうち、殺人（未遂）罪については、例えば、金銭を得て貰い受けた生後6ヶ月の子に、食べ物を与えず放置した事例（大判大正4年2月10日刑録21輯90頁＝**判例1**）や、交通事故で重傷を負わせた者を、救助しようと助手席に乗せた後に犯行の発覚をおそれて冬の朝に人通りのない道に放置した事例（横浜地判昭和37年5月30日下刑集4巻5＝6号499頁）[20]、同じく、交通事故で重傷を負わせた者を、遺棄しようと約29kmの間走行を

---

18) 岩間康夫「わが国における保障人的義務発生根拠の一元的説明に関する諸問題」阪学29巻2号（2003年）109頁以下。
19) この他、作為義務を、その機能にしたがって「法益保護型」と「危険源管理監督型」とに分類する見解（機能的二分説）もあるが（山中234頁以下）、義務の発生根拠自体について述べるものではない。なお、山口厚「不作為による殺人罪」新判例41頁以下も、「結果原因の支配」の判断において「危険源の支配」と「法益の脆弱性の支配」とを問題とする。
20) 同様の事例として、浦和地裁昭和45年10月22日判決（刑月2巻10号1107頁）があるが、道路交通「法令」に基づく保護責任により保護責任者遺棄罪の成立を認めた、最高裁昭和34年7月24日判決（刑集13巻8号1163頁）もある。さらに、事故の被害者を置去りにした事例について、作為義務を認めながら、不作為の場合の「殺意の認定は具体的事情を十分検討して慎重にこれをしなければならない」として、殺人未遂罪の成立を否定した、岐阜地裁大垣支部昭和42年10月3日判決（下刑集9巻10号1303頁）がある。

続けた事例（東京地判昭和40年9月30日下刑集7巻9号1828頁），知人に預けていた生後8ヶ月の長男を妻の家出後に父親が引き取ったが，食べ物を与えず放置した事例（名古屋地岡崎支判昭和43年5月30日下刑集10巻5号580頁），母親が，誤って便槽内に産み落とした嬰児を放置した事例（福岡地久留米支判昭和46年3月8日判タ264号403頁），歩行困難な老人を欺いて冬の夜に人気のない山中に連れ出し，置去りにした事例（前橋地高崎支判昭和46年9月17日判時646号105頁＝**判例2**），自宅に同居させていた従業員女性に連日暴行を加え重傷を負わせたが，医師による治療を受けさせなかった事例（東京地八王子支判昭和57年12月22日判タ494号142頁）などがある。

これらの中には，法的親子関係が認められる事例もあるが，故意・過失による傷害や危険な場所への遺棄といった先行行為，赤ん坊や重傷者，従業員の保護についての契約ないし引受け，人通りのない道や車内，室内，山中における排他的支配といった観点から，義務の発生根拠を論ずることが可能であろう。このように，判例においても，多元的な説明に依拠した判断が為されているといえる。もっとも，判決文にそれを窺わせる事実の摘示はあっても，それらがすべて義務の発生根拠と明示されているわけではない。したがって，摘示された事実の中から，その背後にある作為義務論を分析する必要がある。

3　本決定の検討

(1)　実行行為

本件においては，点滴装置等を外して病院外に連れ出しホテルに運び込む行為（以下，「第1行為」）が，適切な医療措置を受けさせないまま放置した行為

---

21) 同様の事例で，故意のほか，「救護可能性」（「死の結果を回避する」可能性）がなく「因果関係が認められない」として，殺人罪を否定し保護責任者遺棄罪の成立を認めた，盛岡地裁昭和44年4月16日判決（刑月1巻4号434頁）がある。
22) 被害者を連れ出した「先行行為」が指摘された。
23) 「自己の行為により」死の「切迫した危険を生じさせた」ことや，「全生活面を統御し」，「支配服従関係にあった」こと，「救助を引き受け」，「支配領域内に置いていた」ことが指摘された。

(以下,「第 2 行為」)に先行している。第 1 審が,これら「一連の行為」を「実行行為」としたのに対して,第 2 審は,第 1 行為を作為義務の発生根拠と位置づけた。この点,第 2 審が,X に「殺意」が認められれば,一連の行為が「実行行為に当たる」としたことからすれば,両者の理論構成の相違には,殺人の故意についての事実認定の違いが影響したといえる。最高裁も第 2 審を是認していることから[24],「連れ出し行為時点で故意が認定されていたとしたら,『一連の行為』が問題とされていた可能性は否定できない」[25]。

もっとも,第 1 審が,第 1 行為のみでは「具体的・現実的危険性が存するとまでは認められない」としたことからは,第 2 行為によってこの危険性を補完することで実行行為性を認めたともいえ[26],この点も,理論構成の相違に影響した可能性がある。しかし,第 2 行為のみで実行行為性を充たす場合に,あえて一連の行為を論じる必要はない。第 1 審が,一連の行為論を用いて第 1 行為を実行行為(の一部)とした背景には,むしろ,不作為犯は例外的な処罰にとどめるべきであり,できることならば作為に実行行為を求めるべきとの思考があるようにも思われる。このように,「第 1 行為のみから,あるいは第 2 行為のみから結果が生じたことが明らかとは言えず,第 1 行為と第 2 行為とが相俟って結果が発生したと評価せざるを得ない場合」に「結果惹起の根拠となるべき行為を拡張する機能」にこそ,一連の行為論の意義があるといえよう[27]。

ところで,ある行為を作為と評価するか不作為と評価するかは,それ自体

---

24) 本決定は,不作為による殺人罪と保護責任者遺棄致死罪について「殺意ノ有無ニ依リ之ヲ区別スヘキ」とした**判例 1** を踏襲したといえる(反対,塩見②162 頁)。なお,松宮孝明「判批」法セ 611 号(2005 年)119 頁は,死の認識が「かなり確実」であり「特殊性をもつ事案」だから一般化できないとする。松宮・95 頁以下も参照。
25) 仲道祐樹「実行行為概念による問責行為の特定 (1)」早研 123 号(2007 年)318 頁以下。同旨,川端①7 頁。反対,山中⑦15 頁。
26) 川端①6 頁は,第 2 行為は「現実的危険性」を認めるための「事実的な前提とされているにとどまっている」とする。これに対して,林④51 頁は,第 1 行為のみでも実行行為性を肯定しうるとする。さらに,高橋③115 頁は,第 2 行為にも実行行為性が認められ,第 1 行為を吸収するとする。なお,山中⑦15 頁は,「自己の後の具体的に危険な不作為が予定されている作為は,規範的障害を介在させるため,実行行為(正犯)になりえ」ないとする。
27) 深町晋也「『一連の行為』論について」立教ロー 3 号(2010 年)118 頁。

困難な問題である。この点，第1審は，一連の行為は「作為及び不作為の複合したもの」と結論づけた。たしかに，すでに救助方向に向かっている因果の流れに介入し結果発生方向に変更したと評価するならば，第1行為は作為となるが，それによって医療措置が施されなくなった点に非難の重点があると考えれば，第1審の事実認定のもとでも，全体が（一連の）不作為となりうる[28]。ただし，その場合には，第1行為が実行行為（の一部）となるから，これを先行行為と位置づけることはできない。いずれにしても，第2行為のみで結果惹起を説明しうる本件において，一連の行為を論じる実益は大きいとはいえない。

(2) 作為義務

本件を不作為犯として構成する場合，作為義務の発生根拠が問題となる。この点，第2審も最高裁も，いずれも第1行為に義務の発生根拠を求めたものの，前者がそれを単に「先行行為」としたのに対して，後者は，「自己の責めに帰すべき事由により患者の生命に具体的な危険を生じさせた」とした。そこでは，義務違反の観点から先行行為に一定の限定が付されたとも理解可能であり，それは，上述の先行行為説の趣旨にも合致する。しかし，このことが，例えば，第1行為に「重大な過失」があった，という事実の指摘に[29]とどまらず，先行行為一般に限定を加える趣旨といえるかは，必ずしも明らか

---

28) なお，**判例2**は，「立ち去る」行為は作為だが，「被害者の生命侵害はその行為自体によってもたらされるのではな」いから，「殺人未遂の実行行為と解することはできない」とし，これは，当初から「棄てて来る」ことを企てた場合でも異ならないとした。これは，「立ち去る」作為に非難の重点を求めない立場とも理解可能であろう。他方で，事故の被害者を「遺棄現場に移動させて置く」ことと「病院に連れて行かずに置き去りにした」ことを「一連の行為」とし，「全体を評価の対象」として殺人未遂罪の成立を認めた判例（佐賀地判平成19年2月28日 LEX/DB 文献番号 28135252）もある。
29) 藤井⑥200頁。なお，塩見②162頁は，「被告人が自らAを病院から連れ出したわけではない一方で，連れ出し行為自体には故意があったことから，『過失ある先行行為により』といった表現を避け」たとする。しかし，第1行為が共謀による以上，それを直接的に「実行」したか否かは問題とならないから（日高⑤134頁），「連れ出しは遺棄の故意があるともいいうることを考慮した」というべきであろう（林④52頁）。他方で，日高⑤134頁は，「被告人がBと相謀って」第1行為に及んだことを示しているとする。これらに対して，高橋③116頁は，第2審と同旨であれば，「客観的に危険な行為であれば足りる」と解しうるとする。

ではないといえよう。
　また，最高裁は，「患者に対する手当てを全面的にゆだねられた立場にあった」ことにも義務の発生根拠を求めた。ここでは，契約が問題とされたともいえるが[30]，実際にＸの支配下にＡが運び込まれたことから，排他的支配の観点によってこれを説明する見解が多い。その場合，第１行為による引受けないし支配の設定や，特別の治療能力を標榜して信奉者を集めていたＸの立場が考慮されうることになろう。
　このように，本件は，いずれの見解からも作為義務を認めうることから，本決定は，複数の発生根拠を挙げることで，すべての見解の期待に応えたともいえる。一般に，多元的な説明に依拠した判断が為される傾向にあることからすれば，学説において本決定が好意的に受け止められているのも，ある意味当然である。しかし，それが単なる総合判断ならば，具体事例における解釈の指針を提示しえない。したがって，それらの相互の関係が明らかにされるべきである。この点，第２審が，先行行為のみを挙げたのに対して，本決定が，それ以外の点に言及したことを重視すれば，先行行為だけでは，少なくとも，殺人罪における義務の発生根拠としては不十分と考えたと解すことも可能であろう。これに対して，総合判断のための判断材料の提示にすぎないと解するならば，「双方の事情が認められる事案でなければ不作為による殺人罪が成立しない，との趣旨まで含むものと捉えることは適切でない」[31]。
　なお，「患者の重篤な状態を認識し」，「自らが救命できるとする根拠はなかった」ことも挙げられたが，前者は殺人の故意に還元でき[32]，後者は「必要な医療措置を受けさせる」という義務の内容を確定する要素にすぎないから，いずれも義務の発生根拠とはいえない。後者から，ＸがＡの「生殺与奪の権を握った」ことを導き，これを「支配領域性の設定」と位置づける見解もあ[33]

---

30) 山中⑦15頁，高橋③117頁。
31) 藤井⑥203頁。
32) これに対して，加藤経将「判批」捜査研究654号（2006年）13頁以下は，認識がない場合にまで「義務を課すことは酷だから」，これは「義務を負わせるために考慮すべき事情」であって，故意とは「心理状態のレベルや時点を異にする」とする。
33) 林④52頁参照。

るが，むしろ，Xのみが救命可能な場合にこそ，「生殺与奪の権を握った」といえよう。

(3) 共同正犯

本件は，XとBが，互いに異なる認識のもとで犯罪に関与した点にも特徴がある。このような場合，従来から，共犯の本質に関する理解との関係で，共同正犯として成立する犯罪における罪名の一致の要否について争いがある。

この点，共犯を，各人が他人の行為を介して自らが企図した犯罪を実現するものと理解する見解（行為共同説）と，共通の故意に基づいて一個の犯罪を共同するものと理解する見解（犯罪共同説）とが対立してきた。前者からは，異なる認識のもとで異なる罪名の共犯が成立可能だが，後者からは，それは不可能である。前者に対しては，「共同意思」を前提としない点で，共犯の本質理解としての妥当性が問われる一方で，後者に対しては，軽い罪（例えば，傷害罪）の認識しかないものには，（結果的加重犯としても）重い結果（例えば，傷害致死罪における致死結果）を帰責しえなくなる点が問題とされた。そこで，軽い罪（ここでは，恐喝罪）の認識しかない者にも実現した犯罪（強盗致傷罪）の共同正犯の「成立」を認め，(38条2項により)「科刑」において軽い罪の刑にとどめる判例もあったが（最決昭和35年9月29日集刑135号503頁），それでは，罪名と科刑の分離という批判を免れない。

現在では，構成要件が重なり合う限度で軽い犯罪の共同を認め，当該犯罪について罪名の一致を認める見解（部分的犯罪共同説）が有力である。判例も，例えば，暴行傷害を共謀した7名のうちの1名が未必の故意をもって被害者を刺殺した事例について，傷害の認識しかない6名に，「構成要件が重なり合う限度で」傷害致死罪の共同正犯の成立を認めた（最決昭和54年4月13日刑集

---

34) 川端①11頁。なお，藤井⑥198頁以下は，XがAの「生殺与奪の権を握った」ことを義務の発生根拠とし，これを認めるためには，XとAとの友人関係やBらとの信奉関係，シャクティ治療の依頼といった「Aの生命に対する被告人の支配性を支える事情」が重要とする。しかし，単なる排他的支配により義務を認めるべきでないとすれば，むしろ，それらの事情こそが，発生根拠論において，直接的に論じられるべきであろう。

33巻3号179頁）。ここでは，実現した犯罪との罪名の一致は要求されていないものの，重い罪の認識のある者に成立する共同正犯としての罪名が明らかでなく，行為共同説を採用したのか部分的犯罪共同説を採用したのかは，なお明らかではなかった。

本決定は，Xは，Bと「保護責任者遺棄致死罪の限度で共同正犯となる」とした。たしかに，Xに同罪の共同正犯が「成立」するとされていない以上，行為共同説の立場から，これを「共同正犯の間で成立する罪名が異なることを当然の前提とした上で，共同関係を基礎づける『重なり合う部分』を『限度で』という形で明示したものとみる」ことも不可能ではない[35]。しかし，Xに「殺人罪の」共同正犯が成立するとされているわけでもないから，部分的犯罪共同説の立場から理解する方が自然である。ただし，本件は重い罪の故意を有する者の行為から結果が生じた事案であるため，軽い罪の故意を有する者の行為のみから結果が生じた事案や，いずれの行為から結果が生じたのかが不明な場合の擬律については，なお明らかではない。

4　まとめ

本決定は，作為義務の発生根拠を示す複数の事実に言及しているものの，それらの相互の関係は，必ずしも明らかではない[36]。したがって，すべての見解の期待に応えているとしても，他の事例における解釈の指針は示されておらず，作為義務論における意義は，それほど大きいとはいえない[37]。

このように考えれば，本決定は，最高裁としてはじめて，不作為による殺人罪の成立を認めた点，および部分的犯罪共同説の立場から，互いに異なる認識のもとで犯罪に関与した者についての共同正犯の成否を明らかにした点に意義がある。もっとも，後者については，被告人の刑責に影響する問題ではないから，判例として意義があるのは，もっぱら前者であろう[38]。

---

35)　前田雅英「行為共同説について」小林＝佐藤古稀（上）196頁。なお，川端①12頁以下。
36)　塩見②162頁。
37)　日高⑤135頁。

【参考文献】
- ①川端博「判批」研修 697 号（2006 年）
- ②塩見淳「判批」平成 17 年度重判解
- ③髙橋則夫『規範論と刑法解釈論』（2007 年）110 頁以下
- ④林幹人「共犯と作為義務」上法 49 巻 3 = 4 号（2006 年）
- ⑤日髙義博「判批」専修ロー 2 号（2007 年）
- ⑥藤井敏明「判解」最判解平成 17 年度
- ⑦山中敬一「判批」百選 6 版

(渡邊卓也)

---

38) 藤井⑥206 頁以下。

3

被害者の同意
――保険金詐取目的の同意傷害――

- 最高裁判所昭和 55 年 11 月 13 日第二小法廷決定
- 昭和 55 年（し）第 91 号 業務上過失傷害被告事件の確定有罪判決にかかる再審請求事件
- 刑集 34 巻 6 号 396 頁／判時 991 号 53 頁／判タ 433 号 93 頁

I　事　案

1．事実　XはAおよびB, Cと共謀して，Xが運転する軽自動車を，Aが運転し，B, Cが同乗するライトバンに故意に追突させ，これをXの過失により生じた交通事故であるかの如く装って保険金を詐取し，同時に，身体障害者であったBに入院治療の機会を得させようと企てた。そこで，XがA運転の自動車を追尾していたところ，赤信号でA運転の自動車が停止し，続いて第三者H運転の軽自動車，その後にXの自動車が相次いで停止したため，Xは直ちに自車を発進させてHの自動車後部に追突させ，その勢いで同車を前方に押し出してA運転の自動車後部に追突させ，よって，Aら3名およびHに対して，安静加療3週間から3か月のむち打ち損傷等を負わせた（ただし，Aらについては，入院加療を要するほどではない軽微な傷害であったことがのちに判明している）。

このような事実関係に基づいて，Xは当初，業務上過失傷害のために懲役8月（執行猶予3年）に処せられたが，やがて右事故が保険金騙取を目的とした故意の追突事故であったことが発覚し，保険金詐欺を理由に懲役刑に処せられた。そこでXは，右事故が過失によるものではないから業務上過失致傷罪は成立せず，また故意による衝突であるとしても身体傷害の点について被害者の同意があるから傷害罪も成立しない等として，再審請求を行った。

2．本決定に至る経緯　本件では，傷害に同意したのが，被害者4名のうち3名であったことから，同意傷害に関する刑法上の論点のほかに，4名の被害者に対する業務上過失致傷罪の科刑上一罪を個別に再審できるか，被害者が隠していた事実を刑訴法435条6号でいうところの新たに判明した事実といえるか，1人の被害者には傷害罪が成立しうるにもかかわらず，「軽い罪」を認めるべき事情といえるか，という刑訴法上の論点も存在した。

そのため原原審である岡山地裁津山支部昭和55年3月25日決定（刑集34巻6号402頁以下参照）は，「Aらに対する傷害は被害者の承諾にもとづく行為であるから違法性が阻却されると解する余地があるにしても」と前置きしたうえで，本件では，Hに対する傷害罪が成立するのであるから，刑訴法235条6号でいう無罪または原判決において認められた罪より軽い罪を認めるべき明らかな証拠があるということはできないなどと判示した（請求棄却）。

このような岡山地裁津山支部による再審請求棄却の決定を受けて，仮にHに対して傷害罪が成立するとしても，再審においては不利益変更が禁止されているので，刑訴法435条6号を本件に適用する妨げにはならないとして抗告されたのが，本件の原審である。

原審である広島高裁岡山支部昭和55年6月25日決定（刑集34巻6号406頁以下参照）は，「暴行については，Aら被害者の承諾に基づく行為として，違法性が阻却されると解する余地があるとしても」と前置きしたうえで，刑訴法452条（不利益変更禁止）の規定は，判決主文において，原判決主文の刑より実質的に重い刑を言い渡すことを禁止したに止まり，右のごとき訴因および罰条の追加，変更までも禁止したものではないと判示した（抗告棄却）。

これに対して，不利益変更の禁止など，原決定と同様の抗告申立理由にて特別抗告されたのが本決定であった。

II　決定要旨

抗告棄却

「被害者が身体傷害を承諾したばあいに傷害罪が成立するか否かは、単に承諾が存在するという事実だけでなく、右承諾を得た動機、目的、身体傷害の手段、方法、損傷の部位、程度など諸般の事情を照らし合せて決すべきものであるが、本件のように、過失による自動車衝突事故であるかのように装い保険金を騙取する目的をもって、被害者の承諾を得てその者に故意に自己の運転する自動車を衝突させて傷害を負わせたばあいには、右承諾は、保険金を騙取するという違法な目的に利用するために得られた違法なものであって、これによって当該傷害行為の違法性を阻却するものではないと解するのが相当である。」

III　解説

1　問題の所在

周知のように、被害者の同意とは、法益の所有者がその法益の侵害に承諾することであり、かかる承諾に犯罪の成立を阻む効果があることは広く認められている。しかし、その効果は常に認められるわけではなく、例えば、202条（自殺関与及び同意殺人罪）の規定から明らかなように、殺人罪における同意は常に違法性阻却の効果を有さないし、傷害罪におけるそれも、場合によってはその効果が制限されると解するのが判例・通説である。

しかし、なぜ、傷害罪における同意は、場合によっては違法性阻却の効果を有さないのか。そして、いつそのような効果が失われるのか。本決定は、かかる論点について判断を下した初めての最高裁決定である。

2 被害者の同意の犯罪阻却根拠

　本稿の論点は，なぜ，そして，いつ被害者の同意はその犯罪阻却の効果を失うのかである。しかし，この問いに答えるためにまず重要となるのは，なぜ被害者の同意に犯罪阻却の効果があるか（犯罪阻却根拠）である。なぜなら，このような根拠にふさわしくないからこそ，同意の効果は制限されるのである。そこで，以下ではまず，被害者の同意の犯罪阻却根拠について検討する。

　被害者の同意が犯罪の成立を妨げる根拠については，大きく分けて以下の4つの見解が主張されている。

　第1に，社会的相当性説である[1]。この見解は，法益の主体からその承諾を得て，その者の法益を侵害することは社会的に相当であり，それを許すことは違法性阻却の一般的原理であるとして，被害者の同意の違法性阻却効果を基礎づける。これは，いわゆる行為無価値の立場から，違法性阻却の実質的基準として提示される「社会的相当性」を問題とするものであり，被害者の同意をそれ自体で犯罪阻却事由だとみなさない見解である。

　この見解に対しては，身体の処分は個人の自由には任されていないという価値判断が根底にある点で妥当ではないとの批判がなされている[2]。また，「なぜ被害者の同意が，当該法益侵害行為を合法的に，つまり社会的に相当なものにすることができるのか」という議論をしているのに，それを「承諾による侵害行為が社会的に相当，あるいは目的のために適切な手段であるから」というのでは答えになっていないとの批判がなされている[3]。

　これに対して，いわゆる結果無価値の立場から，違法性阻却の実質的基準として提示される「法益衡量」を問題とする見解もある。それが，第2の利益衡量説である[4]。この見解によれば，同意に基づく行為が正当化されるのは，

---

　1) アクチュアル165頁以下〔成瀬幸典〕，伊東218頁，団藤222頁，大コンメ（2）251頁〔古田佑紀〕を参照。
　2) 前田雅英「侵害結果と被害者の承諾」法セ407号（1988年）97頁を参照。
　3) 木村静子「被害者の承諾について」団藤古稀（2）331頁以下，内藤（中）583頁を参照。
　4) 塩谷毅『被害者の承諾と自己答責性』（2004年）6頁，曽根125頁を参照。

同意によって実現された自己決定の自由という利益が，行為によって侵害された法益に優越するからである。なお，ここでいう自己決定には価値の高低がなく，一定の普遍的な価値をもった利益である[5]。ゆえに，その自己決定がどのような性質のものであろうとも，それらは同じ価値を有するものとして，利益衡量の天秤にのることになる。

しかし，このような見解に対しては，自己決定が一定の普遍的な価値を担っているのならば，それは直截に同意による法益ないし利益の放棄の問題なのではないか[6]，という批判がなされている。

その一方で，第3の保護法益欠如説，第4の優越的利益説がある。これらの見解は，法益は法益主体のために保護されているのであるから，法益所有者の同意があれば，そこにはもはや法益（保護法益欠如説），もしくは法の保護に値する利益（優越的利益説）は存在しないことになり，仮にそれを毀損したとしても犯罪の成立は否定されると解する[7]。論者によっては，同じものとして定義されるこの2つの見解は，詳細に検討すると，実は全く異なっている。保護法益欠如説は，傷害罪の法益に被害者の処分権を含ませており，被害者の同意に基づく行為はすでに構成要件該当性がないと解するのに対して[8]，優越的利益説は，傷害罪の法益に被害者の処分権を含ませておらず，自己決定の自由を尊重しようとする（法政策上の）基本思想から，被害者の同意に基づく行為は違法性が阻却されると解する[9]。換言すれば，前者における同意は，法益として保護されている身体に関する処分権（自己決定）の侵害を否定し，

---

[5] 曽根威彦「演習・刑法2」法教64号（1986年）88頁を参照。
[6] 振津隆行「被害者の承諾（下）」法セ390号（1987年）58頁以下。また，林⑦45頁も参照。
[7] 松原芳博「法益主体の同意（その1）―不処罰根拠・体系的地位・不処罰効果の例外・同意傷害」法セ660号（2009年）103頁，佐伯仁志「被害者の同意とその周辺（1）」法教295号（2005年）109頁，高山佳奈子「自己決定とその限界（上）」法教284号（2004年）56頁，町野朔「被害者の承諾」判刑研（2）198頁，大谷260頁，内藤（中）587頁，平野・概説59頁，前田347頁，山口151頁，井田・理論構造191頁以下，注釈刑法（1）346頁以下〔深町晋也〕を参照。
[8] 松原・前掲注（7）103頁，前田347頁，山口151頁，注釈刑法（1）347頁〔深町〕。
[9] 佐伯・前掲注（7）110頁，高山・前掲注（7）56頁，町野・前掲注（7）168頁，大谷260頁以下，内藤（中）587頁，平野・概説59頁，井田・理論構造192頁。

後者におけるそれは，法益侵害は肯定するものの，そのような法益侵害を処罰する必要性（つまり，法益の要保護性）を否定するのである。

しかし，保護法益欠如説において，このような理解を純粋にあてはめれば，被害者の同意は常に犯罪の成立を阻却することになってしまうだろう。このような帰結が傷害罪における判例・通説に矛盾することは明らかである。また，優越的利益説も，自己決定をどの程度まで尊重するかに関しては，その理論に基づいて明確な基準を示すことができない。ゆえに，これらの見解は，パターナリズムや自己決定の内在的制約（パラドックス性の理論）を用いて，自己決定を外在的に，もしくは内在的に制限することになる。そしてまさにこの点，つまり，パターナリズム的な介入等が自己決定に優越する点で，この見解は批判されることになるのである。[10]

このように，被害者の同意の犯罪阻却根拠に関しては，多くの見解が主張されている。いずれも被害者の自己決定をその基礎においている点で争いはないが，かかる決定が犯罪論のなかでどのような役割を果たすかについて，見解の相違があるのである。

3　被害者の同意の制限範囲

(1) 学説

これまで，被害者の同意の犯罪阻却根拠について述べてきたのだが，なぜ，そして，いつ被害者の同意の犯罪阻却効果が失われるのかについては，その犯罪阻却根拠の議論と一部リンクして，それぞれ論じられている。

第1の社会的相当性説によれば，同意はそれだけで違法性を阻却する効果を有さず，当該行為が社会的に許されるものか否かが，同意を一要素としてそのほかの事情を取り込みながら判断される。[11]ゆえに，同意傷害の可罰性は，

---

10)　同意殺人罪に関する議論ではあるが，パターナリズム的介入に対する批判は，谷直之「自殺関与罪に関する一考察」同法44巻6号（1993年）172頁以下，高橋則夫「自殺関与罪をめぐる諸問題」現刑16号（2000年）101頁を参照。また，塩谷・前掲注(4) 160頁は，パターナリズムそのものが処罰を根拠付けることのより説得的な論証がなされなければならないと批判している。

それぞれ具体的な事例に基づいて，その背景に添った判断が求められ，一概に基準を提示することはなされないが，行為の目的・手段・方法・態様といったものが相当性の判断に組み込まれることになる。

これに対して，第2の利益衡量説は，自己決定の価値を普遍的なものと設定することから，被害者の同意の効果が制限されるか否かは，侵害の程度に左右されることになる。そして，利益衡量説はその基準を「死の危険」に求めている[12]。つまり，死の危険を含む同意傷害は可罰的となる。

第3の保護法益欠如説，および第4の優越的利益説は，前述のように，自己決定の内在的制約やパターナリズムにより自己決定を制限する。かかる制限は，抽象的にいえば，将来の自己決定が不可能になるような場合におこなわれるのだが，より具体的には，2つの見解が対立している。1つは，生命に危険のある傷害および身体の枢要部分に対する回復不可能な永続的損傷を与えるような重大な傷害（例えば，四肢の切断であり，眼球や臓器の摘出である）を可罰的とする立場であり[13]，もう1つは生命に危険のある傷害のみを可罰的とする立場である[14]。

パターナリズムや自己決定の内在的制約を被害者の同意の制限根拠とする見解においては，生命に危険の及ぶ傷害が被害者の同意に基づいても可罰的であることは当然である。なぜなら，個人が存在しなければ（生命がなければ），その者の自己決定は未来永劫失われてしまうからである。このような制限は，また，同意殺人の未遂が可罰的であることからも導かれうる。同意殺人未遂の処罰からは，たとえ同意に基づいたとしても，生命に危険が及ぶ行為は許

---

11) 注(1)を参照。そのほか，土本武司「被害者の承諾」警研52巻5号（1981年）16頁なども参照。
12) 曽根・重要問題17頁。
13) 佐伯仁志「被害者の同意とその周辺(2)」法教296号（2005年）86頁，松原・前掲注7）106頁，井田322頁，内藤（中）588頁を参照。そのほか，武藤眞朗「承諾に基づく傷害の許容範囲―ドイツ刑法の規定との比較―」宮澤古稀(3) 88頁も参照。
14) 山口厚「法益侵害と法益主体の意思」山口厚編『クローズアップ刑法各論』（2007年）7頁を参照。そのほか，生田勝義「『被害者の承諾』についての一考察」立命228号（1993年）205頁，曽根威彦＝松原芳博編『重点課題刑法各論』（2008年）29頁〔岡上雅美〕，西田189頁も参照。

されていないとの立法者意思がよみとれるのである。これに対して，四肢の切断といった，生命に危険は及ばないが回復不可能な重大な傷害の場合は，同意殺人未遂の規定によりその処罰を正当化することは難しい。しかし，回復不可能な重大な傷害においては，将来的にその部位に関する自己決定が失われる（例えば，四肢の切断の際には，やはり自分の足でもう一度歩きたいと思っても，二度と歩けない）ことから，これをパターナリズムや自己決定の内在的制約の範囲内とする見解が多く存在するのである。

　このように，被害者の同意の制限根拠および範囲は学説により異なっている。しかし範囲に関していえば，大きく2つに区別することができたように思われる。社会的相当性の基準とそれ以外である。個人の自己決定をそれ自体として犯罪阻却事由だとみなさない前者に対し，後者は個人の自己決定を可能な限り尊重しようとする。実際，利益衡量説も優越的利益説も，理論的には社会的相当性のような基準をその判断基準に組み入れることは可能である。前者では，自己決定の価値に高低の差をつければよいし，後者では，自己決定の尊重に関する法政策的な判断のなかで，社会秩序の維持を優先させればよい。しかし，そのように解さないことによって，これらの学説が，あえて結果を基準に同意の効果を制限しようとしていることがよみとれるのである。

　なお，私見によれば，社会的相当性説は，軽度の傷害の可罰性を肯定する限りで，現代社会における自己決定の重要性を見誤っている。また，利益衡量説は，自己決定と身体という，どちらも重要な価値を比較しようとする点に困難があるように思われる。さらに，近年有力に主張されている保護法益欠如説は，被害者が同意するだけで，身体の法益性が失われると解している

---

15) ただし，同意傷害罪の規定がない以上は，同意傷害は不可罰であるとの見解も近年では有力に存在する（須之内克彦『刑法における被害者の同意』（2004年）74頁以下，髙山・前掲注7）61頁，注釈刑法（1）364頁〔深町〕を参照）。これらの見解は，第3の保護法益欠如説に依拠したうえで，処分権の制限を否定するのである。しかし，このような帰結は受け入れがたく，通説的にはなお，傷害罪における同意は一定の制限をうけると解されている。

16) ゆえに，生命に危険のある傷害のみを可罰的とする見解も有力に主張されるのである（この点については，塩谷・前掲注（4）160頁を参照）。

点で妥当ではないように思われる[17]。

　つまり，傷害罪において保護されている人の身体は，処分権とは別に，それ自体が法益として保護されるべきであるが，その一方で，現代社会における自己決定は，憲法上も刑事政策上も重視される必要がある。ゆえに法益の所有者がその侵害を望む以上は，かかる決定は違法性判断の際に重要性を有していなければならない。被害者の同意は，当該法益の要保護性に影響を与えることになるのである。これはまさに優越的利益説の理解である。

　それでは，なぜ，場合によっては同意の違法性阻却効果が失われるのか。パターナリズムや自己決定の内在的制約は，被害者のために同意を制限するという視点が妥当ではないように思われる。現代社会では，個人に代わって国家がその者のために何らかの決定をすること自体が疑問視されているし，そのような決定が本当にその者のためになるのかも疑問である。そうだとすれば，「被害者のため」を強調するよりは，端的に「社会生活の平穏のため」といってしまった方がよいように思われる。つまり，たとえ被害者の同意に基づいたとしても，他人の身体に対する重大な傷害は許容されるべきではないということ（重大な身体傷害のタブー化）が，同意制限の根拠としてあげられるべきである。人間の共同生活の場である社会にとって，他人の身体に対する最低限の尊重が維持され続けている秩序は重要である。重大な身体傷害のタブー化という政策的な判断は，身体の重要性に関する人の確信を維持・強化し，よって将来的な人の身体の保護，人格の尊重に繋がるのである。もちろん，ここでいう重大な身体傷害には，生命に危険が生じた場合のみならず，四肢の切断といった，社会生活に重大な影響を及ぼす回復不可能な傷害も含まれる。なぜなら，かかる傷害を許容した際にも，人の身体の重要性に関す

　17）　佐藤陽子『被害者の承諾―各論的考察による再構成―』（2011年）116頁以下を参照。財産や自由といった法益においては，被害者の承諾によってその法益侵害性の有無が左右されうるが，身体に関しては，そのような依存関係はありえないというべきである。このことは，保護法益欠如説自身が，パターナリズムや自己決定の内在的制約という理論でもって，同意傷害の可罰性を肯定しようとしている点からも，基礎づけることができるだろう。このような制約自体が，身体という価値の重要性を示しているのである。

る確信は失われるからである。

(2) これまでの判例

前述のように、本決定は傷害罪における同意効果の制限基準に関して判断を下した初の最高裁決定である。しかし、それ以前にも、下級審のレベルにおいては、かかる論点に関する判断はなされてきた。

例えば、被加虐的性行為、いわゆるサドマゾ行為に関する判例がある。大阪高裁昭和29年7月14日判決（高刑特1巻4号133頁＝**判例1**）、大阪高裁昭和40年6月7日判決（下刑集7巻6号1166頁＝**判例2**）、大阪地裁昭和52年12月26日判決（判時893号104頁＝**判例3**）は、被加虐的性行為の最中に相手方を窒息死させた事案であり、**判例1**は、同意の有効性を肯定し、被告人に過失致死罪の成立を認めたのに対し、**判例2、3**は、同意の有効性を否定し、傷害致死罪の成立を認めた。これらの事案は、いずれも、被害者の同意のある行為である点、被害者が窒息死した点は共通している。それでは、なぜこのような結論の差異が生じたのだろうか。

特徴的なのは、3つの事案において、それぞれ首を絞める手段が異なっていたことである。**判例1**は素手であり、**判例2**は寝巻きの紐であり、**判例3**はロープであった。

判例1において大阪高裁は、「婦女の首を絞めることはもとより暴行行為であるが、性交中その快感を増さんがため相手方の首を締めるようなことが行われたとしても、相手方の要求もしくは同意を得ている以上、違法性を阻却するものとして暴行罪成立の余地なきものというべ」きであると判示している。これに対して、**判例2**において大阪高裁は、手で首を絞める場合と比較し、当該行為（紐で絞める）が生命に対する危険を強度に含んでいたことを指摘して、「この絞首が暴行であることはいうまでもなく、且つかかる方法による暴行は仮令相手方の嘱託ないし承諾に基くものといっても社会通念上許される限度を超えたものと言うべく、従って違法性を阻却するものとは解せられない」と判示した。さらに、**判例3**において大阪地裁は、相手方の嘱託ないし承諾のもとになされた有形力の行使が、「相手方の生命の危険や身体の重大な損傷の危険を包含しているような場合においては、相手方の嘱託な

いし承諾により『暴行』の定型性あるいは違法性が阻却されるものでないと解するを相当とする」と判示している。

　これらの判決を比較してみるに，3つの事案を分けたのは，行為の危険性であったように思われる。**判例2**では，かかる方法による暴行が社会通念上許される限度を超えたものであること，**判例3**では，相手方の生命の危険や身体の重大な損傷の危険を包含しているような場合には同意は違法性を阻却しえないことが指摘されている。これはまさに，事前判断による行為の危険性を基準としたものといえよう。

　かかる基準は，本決定の原原審および原審においても意識されているように思われる。原原審は，被害者の同意が違法性を阻却しうることについて言及する直前に，「Aらの傷害の程度は，原判決認定よりも軽微であった（長期間入院加療を要しない）ことが明らかに認められる」と述べており，また原審は，Aらに対するXの行為を「傷害」ではなく「暴行」という言葉で表現し，その結果が軽微であったことを強調している。

　しかし，注意しなければならないのは，保険金詐取目的とは異なり，被加虐的性行為そのものは社会通念上許されないものではないということである。ゆえに，上述した3つの下級審判決が事前判断による行為の危険性のみを基準としていると断言することはできない。実際，**判例2**においては，暴行が「社会通念上」許される限度を超えたことが同意効果の制限根拠とされており，このことから，行為の危険性が社会的相当性判断の一要素にすぎない可能性をよみとることができるのである。そうすると，結果の軽微性を顧慮せず，同意傷害の違法性を肯定した本決定は，決してこれまでの判決と矛盾するものではないと解することもできるのである。

(3) 本決定の検討

　本決定の判例としての重要性は，本決定が，被害者の同意が違法性を阻却する根拠を明確にし，またその制限基準をはっきりと示した点にある。原原審や原審が，刑訴法上の問題として処理した事案を，あえて被害者の同意の理論によって解決しているのは，本決定が，「本件を契期（ママ）に傷害罪における被害者の承諾の法理の一般的適用基準を樹立しようとしたからであると

思われ，そこに最高裁の意欲がうかがわれる[18]」のである。

　それでは，本決定が樹立しようとした，被害者の法理に関する一般的な適用基準とは何だったのか。それは明らかに，社会的相当性の基準である。同意傷害の可罰性を，「承諾を得た動機，目的，身体傷害の手段，方法，損傷の部位，程度など諸般の事情を照らし合せて決する」との理解は，まさに社会的相当性説の理解であるといえるだろう。最高裁は，被害者の同意をそれ自体として違法性阻却事由と解さず，その一判断要素としたのである。そして，本件では，同意が「保険金を騙取するという違法な目的に利用するために得られた違法なもの」であったことから，傷害罪の可罰性が肯定された。

　上述のように，かかる決定は決してこれまでの判例と矛盾するものではない。たとえ傷害結果が軽微であったとしても，同意の目的や同意に基づく行為の違法性に鑑みれば，行為の社会的相当性が否定される場合がありうるのである[19]。

　それでは，本決定の射程は，同意の目的が違法である場合，とりわけ犯罪目的で同意がなされた場合一般に及ぶのであろうか[20]。この点については，若干の検討が必要である。本決定において最高裁は，本件同意は，「保険金を騙取するという違法な目的に利用するために得られた違法なもの」であったとして，二重の違法評価を行っている。つまり，同意の目的の違法と同意そのもの，もっといえば同意に基づく行為そのもの（保険金詐取の準備行為という意味で）の違法でもって，傷害罪の可罰性を肯定したのである。これは行為か同意が違法であれば，同意はその違法性阻却効果を失うという意味ではなく，同意の目的が違法で，かつ，その同意に基づく行為が違法である場合には，たとえその傷害が軽微であっても，その同意は違法性阻却の効果を有さないという趣旨である。そうである以上，犯罪目的はそれ自体で行為の社会的相

───────

18)　土本・前掲注 (11) 8 頁。神崎②77 頁，伊東④60 頁，神作⑥240 頁も同旨である。
19)　これまでの下級審と比較して，本決定は，傷害罪につき被害者の同意により違法性が阻却される場合を限定する趣旨であるとの理解もある（神崎②76 頁，夏目③91 頁）。
20)　この点については，宇津呂①154 頁，神崎②77 頁，伊東④64 頁を参照。

当性を否定する要素ではなく，行為の違法性が加わって初めて否定されると解するべきである[21]。この意味で，社会的相当性の判断の対象は，行為と同意の双方である[22]。

その一方で，行為の社会的相当性を否定しうる同意の違法な目的は，犯罪目的に限られるべきであろう[23]。なぜなら，それ以外の目的については特に言及されていないからであり，また様々な目的のために規定された他の法規範への違反を，即座に社会的相当性違反へと結びつけることはできないからである。

本決定が示した基準は，その後の判例においても受け継がれている。例えば，仙台地裁昭和62年2月18日判決（判タ632号254頁）のやくざによる指つめ事案においては，指つめが公序良俗に反していること，かつ，その行為態様が著しく危険なものであったことが，同意傷害の可罰性を基礎づける根拠としてあげられている。指つめの目的はいわゆるやくざの不義理の代償であり，それ自体は犯罪ではないこと，そしてかかる判決において，指つめの行為態様が詳述されていることに鑑みれば，本件では，実際に行われた指つめの方法が「野蛮で無残」であったことが，その帰結に決定的な影響を与えたのであろう。そして，指つめの公序良俗違反は，侵害行為を正当化するような特別な理由が存在しないという意味で消極的な判断要素となっていると解することができる。傷害結果のみならず，その傷害を与えるにいたった背景をも考慮に入れるかかる判断は，まさに社会的相当性説のそれである。

本決定およびそれ以降の判例に対しては，傷害罪の保護法益と無関係な基準でもって，傷害罪の可罰性を基礎づける点に批判がなされている[24]。私見も含めて，社会的相当性説に立脚しない多くの学説にとって，かかる批判は当然のことであろう。本決定における傷害行為は，生命に危険があるわけでも，

---

21) 本決定の射程を，保険金詐取目的の同意傷害にのみ限定する見解もある（宇津呂①154頁）。
22) 土本・前掲注(11) 23頁，夏目③93頁を参照。神崎②78頁は，行為のみと解する。
23) 伊東④64頁を参照。反対は，夏目③94頁，古田⑤57頁を参照。
24) 佐伯・前掲注(13) 86頁。また，林⑦45頁，辰井⑧47頁も参照。

重大な傷害を負うものでもなかった。そうである以上は，本件同意は有効であり，被害者の同意は行為の違法性を阻却すると解するべきである。やくざの指つめ事案においても，確かに消毒等の必要な措置を講じていない点で一定程度の危険があるものの，その危険が生命の危険および日常生活に支障があるような重大な傷害の危険でない以上，不可罰とされるべきであろう。

4 まとめ

本決定は，なぜ，そして，いつ被害者の同意が制限されるのかを明らかにした，初めての，そして目下のところ唯一の最高裁決定である。最高裁は，社会的相当性説の立場から，承諾の有効性については，「承諾を得た動機，目的，身体傷害の手段，方法，損傷の部位，程度など諸般の事情を照らし合せて決する」と解している。[25]

なお，注意すべきは，かかる基準はあくまでも傷害罪におけるそれであるということである。ほかの構成要件における被害者の同意に同様の基準が当てはまるか否かは，検討の余地がある。これまで被害者の承諾として画一的に扱われていた領域には，異なる性質のものが混在している可能性があるのである。[26] 例えば，本件において必然的に発生したであろうA所有の自動車の損壊は，罪数を検討するまでもなく，[27] 被害者の承諾に基づき不可罰であるというべきである。

【参考文献】
本件の解説・評釈として
①宇津呂英雄「判批」警論34巻2号（1981年）
②神崎武法「判批」研修392号（1981年）
③夏目文雄「判批」愛大97号（1981年）

---

25) Aらの承諾が無効である以上，AにはB・C，BにはA・C，CにはA・Bに対する傷害罪（の共謀共同正犯）の成立を否定することはできないだろう。しかし，本件では，そのような手続きはなされていないようである。
26) 伊東研祐「『被害者の承諾』論の再検討と犯罪論の再構成」現刑59号（2004年）23頁，井田319頁以下を参照。反対は，注釈刑法（1）348頁〔深町〕。
27) 通常，傷害に際して自動車を損壊した場合には，吸収一罪（包括一罪）として傷害罪のみ成立することになるだろう。

④伊東研祐「判批」警研53巻9号（1982年）
⑤古田佑紀「判批」ひろば34巻3号（1981年）
⑥神作良二「判解」最判解昭和55年度（1985年）
⑦林陽一「判批」百選5版
⑧辰井聡子「判批」百選6版

(佐藤陽子)

4

正 当 防 衛
―自招侵害―

- 最高裁判所平成 20 年 5 月 20 日第二小法廷決定
- 平成 18 年（あ）第 2618 号 傷害被告事件
- 刑集 62 巻 6 号 1786 頁／判時 2024 号 159 頁／判タ 1283 号 71 頁

I 事 案

　A は，午後 7 時 30 分ころ，自転車にまたがったまま，歩道上に設置されたごみ集積所にごみを捨てていたところ，帰宅途中に徒歩で通りかかった被告人 X がその姿を不審と感じて声を掛けるなどしたことから，両名は言い争いとなった。

　X は，いきなり A の左ほおを手けんで一回殴打し，直後に走って立ち去った。A は，「待て。」などと言いながら，自転車で X を追い掛け，上記殴打現場から約 26.5 m 先を左折して約 60 m 進んだ歩道上で X に追いつき，自転車に乗ったまま，水平に伸ばした右腕で後方から X の背中の上部または首付近を強く殴打した。それにより X は，前方に倒れたが，起き上がり，護身用に携帯していた特殊警棒を衣服から取り出し，A に対し，その顔面や防御しようとした左手を数回殴打する暴行を加え，よって同人に加療約 3 週間を要する傷害を負わせた。

　X は，特殊警棒による殴打により A を負傷させた行為について，傷害罪で起訴された。本件行為は正当防衛にあたるとする弁護人の主張に対し，第 1 審の東京地裁八王子支部平成 18 年 7 月 19 日判決（刑集 62 巻 6 号 1794 頁参照）は，「被告人は，自分が先に手を出して逃走中に殴打されたものであり，被告人自身も A が追いかけてくる可能性を認識していたものと推認されるから，

たとえ，本件集積所と本件犯行現場が約 90 メートル離れていたとしても，全体的にみると，本件は一連の喧嘩闘争というべきである。したがって，原則的に正当防衛の観念を入れる余地はない。」などとして正当防衛の成立を否定し，傷害罪の成立を認めた。

第 2 審の東京高裁平成 18 年 11 月 29 日判決（刑集 62 巻 6 号 1802 頁参照）も，量刑の点については破棄自判したものの，正当防衛の成否については，以下のように判示して正当防衛は成立しないとした。「被告人から A に対して挑発的な有形力を行使したと認められる。また，A に暴行を加えた際にはもちろん，走り去る途中でも，A が被告人の挑発を受けて報復攻撃に出ることは十分予期していたものと推認できる。実際，……A の被告人に対する第 2 暴行は，被告人が A に対して第 1 暴行を加えたことによって招いたものといわざるを得ない。加えて，第 2 暴行は，第 1 暴行と時間的にも場所的にも接着しており，事態にも継続性があり，第 2 暴行の内容も，相当強烈であったものの，素手による 1 回限りの殴打に過ぎず，第 1 暴行との関係で通常予想される範囲を超えるとまでは言い難いものである。結局，A による第 2 暴行は不正な侵害であるにしても，それが被告人にとって急迫性のある侵害とは認めることはできない。」

これに対して，被告人側が，A の攻撃に侵害の急迫性がないとした判断は誤りである旨などを主張して上告した。

II 決定要旨

上告棄却

最高裁は，上告趣意は「いずれも刑訴法 405 条の上告理由に当たらない。」としたうえで，職権で正当防衛の成否について判断した。

「被告人は，A から攻撃されるに先立ち，A に対し暴行を加えているのであって，A の攻撃は，被告人の暴行に触発された，その直後における近接した場所での一連，一体の事態ということができ，被告人は不正の行為により自ら侵害を招いたものといえるから，A の攻撃が被告人の前記暴行の程度

を大きく超えるものでないなどの本件の事実関係の下においては，被告人の本件傷害行為は，被告人において何らかの反撃行為に出ることが正当とされる状況における行為とはいえないというべきである。そうすると，正当防衛の成立を否定した原判断は，結論において正当である。」

Ⅲ 解　説

1　問題の所在

　本件では，XがAを特殊警棒で殴打し，よって同人に傷害の結果を発生させたため，Xは傷害罪に問われたが，同行為は，AがXに対して行った殴打行為に対して行われたものであったため，正当防衛の成否が争われた。
　刑法36条1項は，「急迫不正の侵害に対して，自己又は他人の権利を防衛するため，やむを得ずにした行為は，罰しない。」と正当防衛について規定している。「罰しない」とは違法性を阻却するという意味であり，法治国家においては法定の手続きによって法益の保全，法益の衝突を解決することが建前となるが，法益侵害の危険が切迫しておりそれが困難な緊急状況においては，例外的に私人による実力行使を認めているのである。本件では，XはAから殴打されたため本件行為を行ったのであるが，Aからの殴打行為に先立ち，Xが口論の末にいきなり手けんでAを殴打したことから，AがXを追いかけて殴打した，という事象経過が存在していた。つまり，Aの殴打行為を招いたのはX自身であり，自ら侵害を招いて正当防衛状況を創出したX自身による反撃行為も，正当防衛として違法性を阻却すべきかが問題となる。

2　自招侵害に関する学説

(1)　正当防衛の成立要件と自招侵害

　侵害者（攻撃者）からの攻撃が後の防衛者によって招致された場合を，自招侵害（または，自ら招いた正当防衛状況，挑発防衛など）という。わが国の旧刑法は自招侵害に関する規定（旧刑314条但書）を置いていたが，現行刑法では同規定

は削除され，自招侵害については解釈論の問題として論じられることとなった。

　自招侵害と一言でいっても，様々なケースが存在する。自招侵害では，①自招行為→②被挑発者による侵害（攻撃）→③防衛行為という事象を経るわけであるが，例えば，相手を正当防衛の名のもとに侵害しようと意図して自招行為を行い，相手方の侵害（攻撃）を招致するような「意図的場合」から，当該自招行為を行えば相手が侵害してくるであろうことを予見できたにもかかわらず不注意で予見しなかったような「過失による場合」まで，その幅は広い。現在，学説においては，一定の範囲で正当防衛の成立を否定（または制限）するという点では見解が一致しているものの，その根拠（否定ないし制限する理論構成）および判断基準（否定ないし制限するにあたり，どのような事実に着目するか）は多岐にわたる。[1]

　それでは，正当防衛の各成立要件の内容にも触れつつ，自招侵害において正当防衛を否定ないし制限するにあたり，どのような根拠が主張されているのかという点からみていくことにしよう。それらは，（ア）正当防衛の成立要件の枠内で自招侵害を解決する見解と（イ）正当防衛の成立要件を超えた理論で解決する見解とに大別される。正当防衛が成立するためには，急迫不正の侵害に対して行われること，自己または他人の権利を防衛するために行われること，やむを得ずにしたこと，（後述するように争いがあるが，防衛の意思必要説からは）防衛の意思が存在することを要する。（ア）の見解は，これら正当防衛の各成立要件に自招性を反映させるものであり，以下のような諸説が主張されている。

　急迫性否定説は，急迫性の要件を単なる事実的要素として把握すべきではないとし，同要件を，法益保護の必要性と関連させて，「防衛行為を許容し得

---

1) 大コンメ（2）360頁〔堀籠幸男＝中山隆夫〕。自招侵害の問題は，ドイツにおいて，正当防衛の社会倫理的制限の問題の一つとして活発に議論されてきたものであり，わが国の議論は同国の議論の影響を多大に受けてきた。もっとも，ドイツとわが国では正当防衛の規定が異なり，ドイツの議論を安易にわが国に導入することは妥当でない。

るか否かという評価判断を包含する事実的要素として吟味しなければならない」[2]とし，意図的場合は侵害が著しく予期を超えない限り急迫性を欠くと主張する。しかし，先の正当防衛の趣旨から，そして，正当防衛が緊急避難とともに緊急行為と称せられることからも分かるように，正当防衛はあくまでも国家機関による法定手続きによって法益侵害の予防・回復を求める暇がないことが前提となるのであり，これを担保するのが急迫性の要件であるということに鑑みれば，その内容は，行為者の主観的事情（侵害を予見していたか等）から切り離し，客観的に法益侵害の危険が差し迫っていること，切迫していることと解すべきである。判例も，「『急迫』とは，法益の侵害が間近に押し迫ったことすなわち法益侵害の危険が緊迫したことを意味する[3]」と定義しており，さらに，最高裁昭和46年11月16日判決（刑集25巻8号996頁＝**判例1**）は，これを踏襲したうえで，「その侵害があらかじめ予期されていたものであるとしても，そのことからただちに急迫性を失うものと解すべきではない」としている。したがって，防衛者自ら招いた侵害であったとしても，それが客観的に切迫している限り，急迫性は否定されえないといえよう。

　さらに，急迫性否定説としては，侵害回避義務論から急迫性を否定する見解，危険の引受けに着目して急迫性を否定する見解も主張されている。前者の見解は，「利益衝突の合理的解消」という観点から，被攻撃者が正当な利益を犠牲にすることなく，事前に不正の侵害を回避できる状況であれば，事前の侵害回避が義務づけられるとし，「事前の侵害回避が義務づけられていたにもかかわらず，侵害を回避せずに正当防衛状況が現実化した場合には，その利益衝突は本来は事前に解消すべきであったことから，侵害の急迫性[4]」が否定されるとする。防衛者に対する侵害回避義務については，最高裁昭和52年7月21日決定（刑集31巻4号747頁＝**判例2**）が，「刑法36条が正当防衛につ

---

2) 荘子邦雄『刑法総論〔第3版〕』（1996年）226頁。
3) 最判昭和24年8月18日刑集3巻9号1465頁。
4) 橋爪⑦305頁。侵害回避義務論については，佐藤文哉「正当防衛における退避可能性について」西原古稀（1）237頁以下，佐伯仁志「正当防衛と退避義務」小林＝佐藤古稀（上）88頁以下他を参照されたい。

いて侵害の急迫性を要件としているのは，予期された侵害を避けるべき義務を課する趣旨ではない」と判示しており，学説も防衛者に侵害を回避する義務はないと一般に解している。そこで，本見解は，正当な利益を犠牲にすることなく回避できるのであれば，と留保することにより，侵害回避義務に制限を課しているのであるが，先に述べたように，急迫性とは，正当防衛の趣旨に鑑み，侵害が切迫しているかどうかという意味であるから，侵害が切迫している限り急迫性を認めざるを得ないであろう。そして，同説によると「実質的には，刑罰によって，『不正』とはいえない行為者に侵害回避義務の遵守が強制されることにな」ると指摘されている。一方，後者の見解は，自招侵害の場合，行為者に（高度の）危険の引受けがあることに注目すべきと指摘し，相手の攻撃が十分に予期されるにもかかわらず，ひたすら相手を攻撃するためにそこに出向いて挑発し，相手を侵害した場合には，行為者に高度の危険の引受けがあり，もはやその法益の要保護性を失ったものとして急迫性の要件を否定すべきとする。しかし，意図的場合といえども被挑発者による攻撃という危険を自招者が現実に引き受けているとは必ずしもいえないであろう。

　自招侵害では，①自招行為→②被挑発者による侵害（攻撃）→③防衛行為という事象を経るが，いうまでもなく，②が①に対して正当防衛となる場合は，それに対する正当防衛はもはや認められない（つまり，③は正当防衛とはなりえない）。刑法36条1項が「急迫『不正』の侵害に対し」と規定しているように，正当防衛は，不正な侵害に対する正当な行為として，「不正対正」の関係において許されるものだからである。したがって，被挑発者による攻撃が正当防衛とならず，不正な侵害である限りにおいて，それに対する正当防衛が許されることになる。この点，「行為者は衝突の原因を作り出しているが，だからといって相手方も挑発にのって攻撃に出てよいことにはならないため，両者

---

5) 中空壽雅「自招侵害と正当防衛論」現刑56号（2003年）30頁。なお，山口⑧6頁。これに対する反論として，佐伯仁志「裁判員制度と刑法の難解概念」曹時61巻（2009年）8号25頁。
6) 林189頁，199頁。

はいわば『どっちもどっち』の関係[7]」にあるとし，自招侵害の場合，不正性が否定されるとする見解も主張されている。しかし，自招者と侵害者（被挑発者）がどっちもどっちの関係にあるからといって攻撃の不正性が解消されるわけではないであろう。

「最初から正当防衛による殺傷の意思をもって侵害を誘発[8]」した場合は，防衛の意思が否定されるとする見解も主張されている。そもそも正当防衛の成立において防衛の意思を要するかという点については，学説上争いがある。これは，違法性論における結果無価値論と違法二元論との対立に関連するが，結果無価値論に立ち主観的正当化要素を認めないとする見解からは防衛の意思は原則として不要となる。しかし，防衛の意思を不要と解すると，偶然防衛（例えば，AがBに向かって発砲しようとしていることを知らずに，Xが殺意をもってAに発砲して同人を殺害し，結果的にBの生命が救われた場合のように，行為者Xの意思とは関係なく，偶然に客観的には正当防衛状況が存在している場合）[9]や口実防衛において正当防衛が認められることになり，これは，正当防衛の趣旨に反するといえよう。したがって，正当防衛の成立において防衛の意思は必要であると解すべきである。防衛の意思必要説に立つと，必要とされる防衛の意思の内容が問題となるが，防衛の意思必要説を説く論者も，実際の正当防衛状況において行われる防衛行為が緊迫した状況での自衛本能に基づく反射的行為であることに鑑み，積極的な防衛の動機や意図（意図説）までは要求せず，不正の侵害に対応する意思や不正の侵害の存在を認識しつつこれを避けようとする心理状態（認識説）などと解している。判例も，「防衛の意思をもってなされることが必要であるが，相手の加害行為に対し憤激または逆上して反撃を加えたからといって，ただちに防衛の意思を欠くものと解すべきではない[10]」とし，さらに，「防衛に名を借りて侵害者に対し積極的に攻撃を加える行為は，防衛

---

7) 髙山佳奈子「正当防衛論（下）」法教268号（2003年）70頁。
8) 平場安治『刑法総論講義』（1961年）78頁。なお，団藤238頁。
9) もっとも，防衛の意思不要説をとりつつ，Xに未遂としての可罰性を認める見解（西田171頁）もある。
10) **判例1**。岡本昌子「判批」プラクティス220頁。

の意思を欠く結果，正当防衛のための行為と認めることはできないが，防衛の意思と攻撃の意思とが併存している場合の行為は，防衛の意思を欠くものではないので，これを正当防衛のための行為と評価することができる」としている。防衛の意思の内容をこのように解する通説・判例の立場からは，自招侵害の場合といえども，防衛行為時においては防衛の意思が認められる場合があることは否定できないであろう。自招侵害には様々なケースが存在するので，もちろん，自招者が積極的加害意思のみで防衛行為を行った場合は防衛の意思は認められないが，これは（自招侵害でない）通常の場合と自招侵害の場合とで判断は異ならず，自招侵害ゆえに，即，防衛の意思が否定されるというわけではない。

　自招性が相当性や必要性の要件の判断に影響を及ぼすとする見解も有力に主張されている[12]。先に述べたように，正当防衛では，攻撃者と防衛者が「不正対正」の関係にあるので，「正対正」の関係にある緊急避難と異なり，当該行為以外にとるべき手段がなかったこと（補充性），そして，厳格な法益の権衡も要求されない。しかし，防衛者が正であるからといって，いかなる行為を行ってもよいわけではなく，正当防衛と認められるためには当該行為が「やむを得ずにした行為」であることを要する。この刑法36条1項の掲げる，「やむを得ずにした行為」という文言は，必要性および相当性の要件を内包するものと一般に解されており[13]，防衛行為が防衛行為の相当性を超えた場合，過剰防衛となる（刑36条2項）。判例は，やむを得ずにした行為とは，「急迫不正の侵害に対する反撃行為が，自己または他人の権利を防衛する手段として必

---

11) 最判昭和50年11月28日刑集29巻10号983頁。岡本昌子「判批」プラクティス221頁。
12) 中山277頁。なお，伊東184頁。
13) もっとも，論者によって各要件の内容は異なり，両要件の関係およびそれぞれの要件の内容の不明確性などの問題点が指摘されている（堀籠＝中山・前掲注1）383頁，高橋則夫「判批」百選5版51頁，山中敬一＝川端博「対談・正当防衛権の根拠と限界」現刑5巻12号（2003年）19頁，山本輝之「防衛行為の相当性と過剰防衛」現刑2巻15号（2000年）3頁他）。さらに，「不正対正」の関係にある正当防衛では侵害の排除のために必要不可欠な対抗行為であれば許されるとする見解（山口130頁以下）なども主張されている。

要最小限度のものであること，すなわち反撃行為が侵害に対する防衛手段として相当性を有するものであることを意味する[14]」と定義している。本要件は，侵害法益と保全法益だけでなく，侵害行為および防衛行為の態様などの事情も総合して判断すべきと解されており[15]，自招者による防衛行為であったとしても，これらの事情を総合して侵害行為に対する相当な範囲内のものであったならば，同要件を認めざるをえないであろう。

相当性否定説としては，自招者の法益保護の必要性（要保護性）や法益保護の利益に着目し，違法性阻却原理や正当防衛の正当化原理から相当性の要件が否定される（または，その認定が厳しくなる）とする見解も有力に主張されている。例えば，自招侵害の場合，自招者の法益を保護する必要性が減少するので，「防衛行為者側の権利性（法益性）が減少することにより，『やむを得ずにした行為』がより厳しく認定され[16]」るとしたり，自招者の法益保護の利益の方が攻撃者（被挑発者）の法益保護の利益よりも低減し，マイナスに転じると法的に認められる場合には，「攻撃者の法益を侵害する有責者の行為は優越利益を保護したものと認めることはできないので，正当防衛ばかりでなく過剰防衛の成立する余地もなく全面的に違法性が認められる[17]」などと主張される。「権利者が自ら不正に相手方の侵害を招来した場合は，不正な侵害を共同形成していることを理由に，防衛されるべき権利者の利益の要保護性も後退していくことから，必要性・相当性に関するアドバンテージも縮小していく[18]」とする見解もここに含まれよう。これらの見解に対しては，違法性阻却原理における対立を背景とする優越的利益説に対する批判，自招者の法益の保護

---

14) 最判昭和 44 年 12 月 4 日刑集 23 巻 12 号 1573 頁。岡本昌子「判批」プラクティス 226 頁。
15) ここでは，紙面の都合上，本要件の詳細については，過剰防衛の章に委ねることとする。
16) 井田 288 頁。
17) 山本輝之「自招侵害に対する正当防衛」上法 27 巻 2 号（1984 年）213 頁。もっとも，このような場合は意図的場合の一部の場合のみに限られるであろうとされている。
18) 松原芳博「正当防衛（その 2）—防衛行為（広義）・対立闘争状況・過剰防衛」法セ 663 号（2010 年）96 頁。

の利益が被挑発者のそれよりも低減する場合がどのような場合なのか必ずしも明らかでないなどの批判がなされている。

さらに，自招侵害の場合，刑法36条1項の「防衛するため」の文言を充たさないとして解決する見解もある[19]。防衛の意思必要説の文言上の根拠とされてきた「防衛するため」を客観的外枠を画する要件として捉えるこの見解は，自招侵害の場合，自招者の行う行為は防衛するための行為ではないと主張する。しかし，自招者の防衛行為も不正な侵害に対応した反撃である以上，客観的には防衛するための行為といわざるをえないであろう。

(2) 自招侵害の問題の本質

以上，(ア)の見解をみてきたが，それぞれ問題があるといえよう。自招侵害の場合も，(自招侵害でない)通常の場合と同様，行為者の行った防衛行為が正当防衛の成立要件を充たすかを検討し，充たさないのであれば正当防衛が認められないことは当然である。しかし，先述のように，自招侵害といえども正当防衛の成立要件を形式的には充たしうる場合があるのであり，そのような場合をいかに解決すべきかが自招侵害の問題の本質なのである。そこで，自招侵害を違法性阻却原理・正当防衛の正当化原理やその他の法理論によって解決することを試みる(イ)の見解が主張されてきたのである。

そのなかでも古くから主要学説とされてきたのが，意図的場合は緊急防衛権の本来の使命を逸脱したものであり，防衛権の濫用をもって論ずるべきであるとする権利濫用説である[20]。しかし，同説に対しては，憲法12条や民法1条3項に由来する一般法則である権利濫用という概念を刑法理論の解釈に用いることは妥当なのか，正当化事由は存在するかしないかであり，濫用ということはありえないのではないか，いかなる場合に権利濫用となるのかが明らかでなく，正当防衛の成立する範囲について具体的な手がかりを示しえていないなどの批判がなされてきた[21]。そこで，正当防衛の正当化原理である法

---

19) 前田369頁以下および377頁。
20) 大塚385頁，川端346頁以下。
21) 山本・前掲注17) 205頁，山中敬一『正当防衛の限界』(1985年) 139頁，松宮132頁。

確証の利益の有無と関連づけて権利濫用説を説く見解[22]や，自招行為の性質による分類から権利濫用理論によって正当防衛が制限される限界を明らかにすることを試みる見解[23]などが展開されてきた。正当防衛の正当化原理については，自己保全と法確証（の利益）を根拠とする見解や優越的利益の原理から防衛者の法益が侵害者の法益よりも優越していることを根拠とする見解，侵害者の法益の要保護性を否定する見解などが主張されているが，法確証の利益と権利濫用説を関連づける先の見解に対しては，この正当化原理に関する対立から法確証概念自体に対する批判，そして，「たとえ有責に招致された場合であっても，侵害が違法行為であることには変わりはない以上，それに対して正当防衛で対抗する場合には，法確証利益が認められることになるはずである。挑発を受けた場合であっても，法はそれに応じないことを強く期待しているというべきであるから，その期待を裏切った侵害を抑止する必要性は通常の正当防衛状況と異ならないと思われる」[24]との指摘がなされている。

自招侵害を違法性阻却原理によって解決すべきとする見解として，社会的相当性説[25]が挙げられる。違法性阻却原理については，目的説，法益衡量説（または優越的利益説），社会的相当性説などが主張されており，これは違法性の実質に関する見解と表裏の関係にある。社会的相当性説は，違法の実質を社会倫理規範に違反する法益侵害行為と解し，よって，当該行為が社会一般からみて許容されるものであるならば違法性は阻却されるとする。したがって，正当防衛の場合，行為者の防衛行為は法益を侵害する行為ではあるが，（例えば，自己を保全するものであり法を確証するものであるならば）社会的に許容されるものであるから，社会的に相当な行為としてその違法性が阻却されると解する。そこで，自招侵害の場合も，自招者の行った防衛行為が社会的に相当なものといえるかどうかが問題となると主張するのである。古くから主張され

---

22) 内藤（中）334頁，曽根102頁以下。
23) 斉藤誠二『正当防衛権の根拠と限界』（1991年）209頁以下，吉田宣之『違法性の本質と行為無価値』（1992年）94頁以下。
24) 橋爪⑦277頁。なお，吉田②11頁。
25) 福田157頁，大谷292頁以下。

てきた本見解以外にも，自招侵害を実質的違法性論の問題，または違法性阻却事由の一つである正当防衛の問題としてとらえ，違法性阻却原理や正当防衛の正当化原理に立脚した解決策を試みる見解が種々主張されている。例えば，自招侵害を実質的違法性の一展開と解し，挑発行為，侵害行為，反撃行為それぞれの事象について，行為無価値と結果無価値の観点から違法性の度合いを決定し，それを踏まえたうえで総合的な違法性の判断を行う見解[26]や個人保全原理や法確証原理という正当防衛の基本思想による解決を試みる見解[27]などが挙げられる。

正当防衛を違法性阻却事由と解する限り，自招侵害では，「(正当防衛を行使しうる) 権利を濫用したかどうか」ではなく，当該行為および結果の「違法性を阻却すべきかどうか」という判断が求められているはずであり，この点に権利濫用説の限界があるといえよう。この点，社会的相当性説をはじめとする違法性阻却原理 (または, 正当防衛の正当化原理) にのっとって自招侵害を解決しようとする見解は妥当なものであるといえよう。もっとも，これら諸説は，違法性阻却原理における対立を背景とする批判，具体的基準を示しえていないとの批判を受けている[28]。

以上の見解が自招者の防衛行為を違法とするのに対し，「たとえ自らの行為によって有責に招致されたとはいえ，正当防衛状況の下で行なった防衛行為の違法性は——正当防衛として——阻却されるが，自らの行為によってそのような正当防衛状況を惹起し，その下で法益侵害を発生させたことについての責任は問うことができる[29]」とするのが原因において違法な行為の理論である[30]。他の見解とその趣を異にする点で注目される見解であるが，同見解によると自招行為の時点で実行行為の開始を認めざるを得ないこと，自招行為

---

26) 津田重憲「自招侵害に対する正当防衛」経済と法 10 号 (1979 年) 1 頁以下。
27) 山中 488 頁。
28) 他に, (イ) の見解として被挑発者の「名誉防衛」という観点から自招侵害を解決する見解 (松宮 140 頁以下) なども主張されている。
29) 山口厚「自ら招いた正当防衛状況」法学協会百周年記念論文集第 2 巻 (1983 年) 731 頁。
30) 松原・前掲注 (18) 96 頁は，このように理論構成が異なることから，原因において違法な行為の理論と他の理論は相互に排斥するものではないとされる。

と防衛行為とを切り離して違法性の評価を行う点で自招侵害の実態にそぐわないこと，防衛行為による結果を一方では適法と解し，他方では違法と解することになり矛盾するのではないかなどの問題点が指摘されている[31]。

　以上，様々な見解が主張されているのであるが，これら（イ）の見解に対しては，「正当防衛の個々の要件に還元させて判断されるべき」[32]との批判がある。もちろん，自招侵害の場合も正当防衛の成立要件を充たすかを検討し，それを充たさないのであれば正当防衛は否定される。しかし，既述のように，自招侵害といえども正当防衛の成立要件を形式的には充たしうる場合があるのであり，自招者の防衛行為が形式的には正当防衛の要件を充たしていたとしても，実質的に正当防衛の正当化原理に反しているのであれば，実質的違法性を有するものとして違法性阻却を認めるべきではないはずである。したがって，自招侵害の問題は，違法性阻却原理・正当防衛の正当化原理に立脚して，自招者の行った防衛行為が実質的違法性を有するか否かを判断することにより解決すべきであるといえよう。

(3) 自招侵害の判断基準

　上述の批判にも表れているように，いかなる場合に正当防衛が否定される（または制限される）のかという具体的な成立範囲を示すことは，大変困難である[33]。これは，自招侵害が実質的判断を要する違法性阻却事由における問題であること，自招侵害にはさまざまなケースが想定されうることから，当然といえるが，恣意的な刑罰権の行使が行われないためにも，それぞれの見解に立脚した判断基準が示され，議論が重ねられてきた。

　そもそも自招侵害といえるためには，自招行為から正当防衛状況までの事象が場所的・時間的に密接に結びつき，一連一体のものといえることを要する。したがって，行為者の自招行為が相手方の侵害を招いたとしても，相当時間が経過したのちに相手方が侵害してきたような場合は，自招行為から侵

---

31) 詳しくは，拙稿「自招侵害について」同法 50 巻 3 号（1999 年）298 頁以下を参照されたい。
32) たとえば，林幹人「自ら招いた正当防衛」刑ジャ 19 号（2009 年）51 頁。
33) 的場＝川本⑥ 115 頁。

害までの間で事象は断絶していると解すべきであり，もはや自招侵害の問題とはならない。つまり，自招行為から相当な帰結といえるような事象のつながりが存在することが前提となるのである。そして，そのような場合に初めて自招行為の性質に着目した事案の分類・分析が意義を有することになるのである。

そこで，学説は，自招行為の性質に着目して事案を分類し，検討することを試みてきた。ドイツの議論を参照し，(a) 意図的場合（正当防衛の名のもとに相手方の法益を侵害することを意図して攻撃をねらいどおりに招致した場合），(b) 故意による場合（自己の行為に対して相手方が攻撃してくることを認識していたにもかかわらずあえて当該行為を行う場合），(c) 過失など自招者の責めに帰すべき場合（自招者自らが正当防衛状況に陥ることになることを過失により予期しなかったり，過失により自招行為を行った場合）に分類し，(a) の場合は正当防衛が否定されるとするものが多い。もっとも，(a) の場合でも，自招者が予期したよりも規模の大きい侵害を受けた場合には，正当防衛は否定されないとするものが多い。この見解にもあらわれているように，自招侵害において正当防衛を否定するにあたり，自招者が侵害を予期していたことを要件とするものが多い。[35]

3　自招侵害に関する判例

自招侵害について実務はどのように扱ってきたのか。自招侵害について判示した古いものとして，大審院大正3年9月25日判決（刑録20輯1648頁）が挙げられ，本判決は，自招侵害といえども正当防衛権を行使することを妨げないと判示している。しかし，その後，裁判所は見解を改め，自招侵害の一定の範囲において正当防衛の成立を否定するようになる。当初，裁判所は，単に正当防衛行為にあらずとするのみであったが，昭和20年代以降，正当防

---

34)　この点は，すでに甲府地裁昭和36年7月19日判決（下刑集3巻7=8号715頁）において指摘されているところである。

35)　事前に防衛者に侵害回避義務を課す先述の見解も，防衛者が侵害を予期していたこと（または一般に侵害が予期されえたこと）が前提とならざるをえないであろう。

衛の要件が欠けるとして正当防衛を否定するようになる。その一方で，昭和30年代に入ると，要件の欠如ではなく，自招者による防衛行為が挑発に基因した攻撃に対する予定された反撃行為であったことや侵害を未然に防ぎえたにもかかわらず自らを危険にさらしたことを理由に正当防衛を否定する判例もみられるようになる。

　もっとも，事案を真正面から自招侵害として捉えて正当防衛の成否を判断した判例の数はそう多くなく，学説において自招侵害が盛んに議論されるようになった昭和60年代以降，判例が集積されてきたといえる。それらの判例は，正当防衛の要件の欠如を理由に正当防衛の成立を否定しており，なかには，Aからの攻撃が自招行為に対して過剰なものではなく，通常予想される範囲内であったことから，Aによる侵害は故意による違法な行為から生じた相応の結果であるとして「不正」の要件を欠くとするものや，「本件事案を全体としてみた上での保護法益の均衡という視点から，……相当性が認められる範囲がより限定されるものと考えられる」[37]と判示するものもあるが，その多くが急迫性の要件を欠くとしている。

　ここで想起してもらいたいのが，**判例1**と**判例2**で問題となった，防衛行為者の侵害の予期および積極的加害意思と急迫性の要件との関係である。**判例2**は，**判例1**を踏襲し，「当然又はほとんど確実に侵害が予期されたとしても，そのことからただちに侵害の急迫性が失われるわけではない」と述べたうえで，しかし，「同条が侵害の急迫性を要件としている趣旨から考えて，単に予期された侵害を避けなかったというにとどまらず，その機会を利用し積極的に相手に対して加害行為をする意思で侵害に臨んだときは，もはや侵害の急迫性の要件を充たさないものと解するのが相当である。」と判示した[38]。自招侵害に関する判例の多くは，自招者が自分の行った自招行為により相手が

---

36) 東京地判昭和63年4月5日判タ668号223頁。亀井源太郎「判批」プラクティス216頁。
37) 大阪高判平成12年6月22日判タ1067号276頁。もっとも，本判決は，Aからの侵害をXが予期すること，そして一般に予期することは不可能であり，したがって，急迫性の要件を否定することはできないとしたうえで，このように判示している。岡本昌子「判批」プラクティス233頁。

侵害してくることを予期し，その機会を利用して積極的加害意思で当該防衛行為を行ったことを理由に急迫性を否定しており，**判例2**を踏襲しているといえよう。もっとも，(激しい挑発がなされたなど)自招行為の性質，自招性，侵害の予期[40]，または侵害の予測可能性から急迫性を否定するものや[41]，自ら違法に招いた侵害であり，それが通常予期される範囲内のものであったことを理由に急迫性を否定するものもみられる[42]。

以上のように，判例の基本的スタンス(とくに，**判例2**が下された後)は，正当防衛の要件を否定することによって，つまり，正当防衛の要件論の枠内で自招侵害を処理するというものであり，その多くが，急迫性の要件を否定することによって正当防衛の成立を否定している。さらに，判例の特徴として，侵害の予期(詳細には，「自招者が」侵害を予期していたことを根拠とするものと，「通常」予想され得た，つまり，自招者による予期の可能性を根拠とするものとに分かれる。)を判断資料としている点が指摘できる。

---

38) このような判例の見解に対しては，急迫性の要件は客観的に判断すべきものであるとの批判がなされており，防衛の意思必要説からは，積極的加害意思のような防衛者の主観については防衛の意思の要件において検討されるべきであると主張されている。この点については，香城敏麿「判解」最判解昭和52年度249頁以下および安廣文夫「判解」最判解昭和60年度150頁以下を参照されたい。

39) 東京高判昭和60年6月20日判時1162号168頁，福岡高判平成13年6月14日判夕1134号313頁，広島高判平成15年12月22日(公刊物未登載。なお，本判例は，予期した事態の範囲内である点も指摘している)。同じ枠組みで判断し，結論において，急迫性の要件が否定されるとはいえないとしたものとして，浦和地判昭和61年6月10日判時1199号160頁。

40) 大阪高判平成14年12月3日刑集59巻9号1467頁(上告審〔最決平成17年11月8日刑集59巻9号1449頁〕では自招侵害の点は争点となっていない)。

41) 仙台地判平成18年10月23日判夕1230号348頁。

42) 東京高判平成8年2月7日判時1568号145頁。福岡高裁昭和60年7月8日判決(刑月17巻7=8号635頁)は，相手方の侵害行為が，不正の自招行為により直接かつ時間的に接着して惹起された場合において，「自己の先行行為との関係で通常予期される態様及び程度にとどまるものであって，少なくともその侵害が軽度にとどまる限りにおいては，もはや相手方の行為を急迫の侵害とみることはできないものと解すべきである」とし，そして，「そのような場合に積極的に対抗行為をすることは，先行する自己の侵害行為の不法性との均衡上許されないものというべきであるから」防衛行為にあたるとすることもできないとしている。なお，大阪高裁平成7年3月31日判決(判夕887号259頁)は，被告人の予期をはるかに超える激しいものであったとして急迫不正の侵害にあたるとしている。

4　本決定の検討

(1) 本決定の意義の一つは，最高裁が，初めて，自招侵害において正当防衛が否定される場合があることを明示したことである。

本件第1審は，本件は喧嘩闘争というべきであり，正当防衛の観念は認められないとした。自招侵害と喧嘩闘争は「一部が重なる2つの円の関係にある[43]」と称されるように，自招侵害は，喧嘩闘争において争点となる場合が多い。かつて判例は，喧嘩闘争の場合，闘争の全般から考察し，喧嘩両成敗により正当防衛の観念を容れる余地はないとしていたが[44]，その後，見解を改め，喧嘩闘争でも正当防衛が成立しうる場合があるとするに至っている[45]。双方の攻防が繰り広げられ，自招行為を確定することが困難なケースならともかく，本件では，Xは口論から突然Aを殴打し，当該殴打行為がAの侵害を招致していることから，判例の流れからいっても，喧嘩両成敗で処理すべき事案ではなかったといえよう。この点，第2審は，自招行為と侵害の予期を理由に「急迫性」が認められないとして正当防衛の成立を否定しており，判例の流れに沿ったものといえよう。

これらに対し，本決定は，「被告人において何らかの反撃行為に出ることが正当とされる状況における行為とはいえないというべきである」として正当防衛の成立を否定した。そして，急迫性の要件を充たさないと判示した原審の判断は「結論において正当（圏点筆者）」と述べており，判決文を素直に読む限り，最高裁は，急迫性の要件を充たさないゆえに正当防衛の成立を認めないという理論構成はとらなかったといえよう[46]。

このように，本決定は，**判例2**が下されて以降，急迫性の要件の欠如を理由に正当防衛の成立を否定する傾向にあった判例の流れにおいて，異なる理

---

43)　井田・理論構造172頁。
44)　最大判昭和23年7月7日刑集2巻8号793頁。
45)　最判昭和32年1月22日刑集11巻1号31頁。
46)　赤松①24頁，橋爪③重判解175頁，明照⑤31頁，山口⑧15頁，亀井源太郎「判批」プラクティス214頁。

論構成で正当防衛を否定したものとして特筆すべきものといえるが、この点[47]について、本件 X は、自招行為を行った後、A に背を向けて逃走しており、A を侵害しようという積極的加害意思を有していたとまではいえず、それゆえに、最高裁は、**判例 2** との整合性を考え、あえて急迫性の要件を否定するとはいわなかったのではないかとの指摘がある[48]。もっとも、3 で考察したように、その是非はともかくとして、**判例 2** の理論構成以外の理論構成で急迫性を否定する判例も存在していたところである。さらに、不正の侵害や相当性など、他の成立要件を充たさないとして正当防衛の成立を否定する判例も存在していたにもかかわらず、本決定は、あえて「〜の要件を充たさない」とはせず、先のように述べて正当防衛の成立を否定したのである。本決定について、判例評釈は、(防衛行為としての適格性を欠く、または正当防衛の観念を容れる余地がないとした) 喧嘩闘争に対する判例の考えに近いもの[49]、防衛するための行為ではないとするもの[50]、正当防衛として備えるべき属性である緊急行為性を否定するもの[51]、X の権利性（法益性）を否定したもの[52]などとしている。これらの評釈が示すように、本決定は、特定の成立要件の充足を認めないというよりは、正当防衛概念に鑑みてそもそも正当防衛と認めるべきものではないと解したものといえよう。

(2) 本決定のもう一つの意義は、自招侵害の具体的な判断基準を示したことである。本決定は、①攻撃が、X の暴行に触発された、その直後における近接した場所での一連、一体の事態ということができること、②不正の行為により自ら侵害を招いたこと、③攻撃が自招行為の程度を大きく超えるもの

---

47) 佐伯・前掲注 (5) 21 頁は、「裁判員裁判の開始を前にして、積極的加害意思や防衛の意思といった主観的要件によって正当防衛の限界を画する従来の解釈から最高裁が距離を置こうとした可能性もあるように思われる。」と指摘している。
48) 赤松①26 頁。なお、山口⑧16 頁、照沼④18 頁、橋爪③ジュリ 163 頁。
49) 赤松①27 頁。これに対し、橋爪③重判解 175 頁は、「一団の連続的闘争行為」と解した場合、「本決定のように第一暴行と第二暴行の均衡性などの要件を導くことは困難であろう。」とされる。
50) 前田雅英「正当防衛行為の類型性—判例における正当防衛の構造」研修 734 号 (2009 年) 11 頁。
51) 山口⑧21 頁。なお、伊東 183 頁注 17。
52) 井田 288 頁。

でないことを理由に正当防衛を否定した。したがって，本決定は，すべての自招侵害について正当防衛を否定するわけではなく，自招行為が不正の行為でない場合や，自招行為に比べ相手方の侵害が甚大なものであった場合は，本決定の射程に入らず，正当防衛の成立が認められる余地がある。

　原審は，XがAからの侵害を予期していたかどうかに触れているが，本決定は，侵害の予期などのXの主観面には一切触れておらず，上述のような客観的事情のみで正当防衛の成否を判断している。3で述べたように，判例は，自招者の主観面（侵害を予期していたか，積極的加害意思を有していたかなど）に着目しており，学説の多くも，正当防衛を否定するにあたり自招者が侵害を予期していたことを要求している。そして，相手方からの侵害が予期していた程度を超えるものであったか，意図的場合であったかなど，自招者の内心に着目した議論がくりひろげられている。このような判例の流れおよび学説の議論状況において，本決定は，「多くの学説が予定する以上に正当防衛を制約する面を有している」と指摘されている。[53]

　本決定に従えば，たとえ自招者に侵害の予期がなかったとしても，①から③を充たす事案について正当防衛の成立が否定されうることになる。これまでの判例においても，自招者が侵害を予期していたかどうかという点に触れていないものもあったが，それらは，少なくとも自招者による侵害の予期の可能性には触れていた。2で述べたように，自招侵害は実質的違法性論における問題として違法性阻却原理に基づいて解決すべきであり，正当防衛の名のもとに相手を侵害しようと意図して自招行為を行い，当該自招行為から防衛行為までの事象を支配・操作していたといえる場合，当該防衛行為はもはや正当防衛として違法性を阻却すべきではないと考える。[54] したがって，自招者Xがこのように事象を支配・操作していたといえるか判断するために，Xが侵害を予期していたかどうかなどの内心も判断資料とされるべきであったと思われる。

---

53) 松原・前掲注（18）96頁。
54) 詳細については，岡本昌子「我が国における自招侵害の議論の展開について」同法53巻3号（2001年）337頁以下を参照されたい。

【参考文献】
　本決定の解説・評釈として
　　①赤松亨太「判批」研修 723 号（2008 年）
　　②吉田宣之「判批」判時 2025 号（2009 年）
　　③橋爪隆「判批」ジュリ 1391 号（2009 年），平成 20 年度重判解（2009 年）
　　④照沼亮介「判批」刑ジャ 16 号（2009 年）
　　⑤明照博章「判批」判評 611 号（2010 年）

　自招侵害について
　　⑥的場純男＝川本清巌「自招侵害と正当防衛」大塚仁＝佐藤文哉編『新実例刑法［総論］』（2001 年）
　　⑦橋爪隆『正当防衛論の基礎』（2007 年）
　　⑧山口厚「正当防衛論の新展開」曹時 61 巻 2 号（2009 年）

（岡本昌子）

5

量的過剰防衛
―灰皿投げつけ事件―

- 最高裁判所平成 20 年 6 月 25 日第一小法廷決定
- 平成 20 年（あ）第 124 号 傷害被告事件
- 刑集 62 巻 6 号 1859 頁／判時 2009 号 149 頁／判タ 1272 号 67 頁

I 事 案

　X（当時 64 歳）は，屋外喫煙所の外階段下で喫煙し，屋内に戻ろうとしたところ，A（当時 76 歳）に，「ちょっと待て。話がある。」と呼びかけられた。Xは，以前にもAに因縁をつけられて暴行を加えられたことがあり，今回も因縁をつけられて殴られるのではないかと考えたが，Aの呼びかけに応じて，共に上記屋外喫煙所の外階段西側へ移動した。

　Xは，同所において，Aからいきなり殴りかかられ，これをかわしたものの，腰付近を持たれて付近のフェンスまで押し込まれた。AがXをフェンスに押しつけながら膝や足で数回蹴ったため，XもAの体を抱えながら足を絡めたり，蹴り返したりした。その頃，2人がもみ合っている現場にAの友人2名が近づくなどしたため，Xは，1対3の関係にならないように，Aの友人らに「おれはやくざだ。」などと述べて威嚇した。そして，Aによってフェンスに押さえつけられていたXは，Aを離すようにしながらその顔面を1回殴打した。

　今度は，Aが，その場にあったアルミ製灰皿（直径 19 cm，高さ 60 cm の円柱形）を持ち上げ，Xに向けて投げつけた。Xは，投げつけられた灰皿を避けつつ，灰皿を投げつけた反動で体勢を崩したAの顔面を右手で殴打したところ，Aは，頭部から落ちるようにして転倒し，後頭部をタイルの敷き詰めら

れた地面に打ちつけ,仰向けに倒れたまま意識を失ったように動かなくなった(ここまでのXのAに対する暴行を「第1暴行」とする)。

Xは,憤激の余り,意識を失ったように動かなくなって仰向けに倒れているAに対し,その状況を十分に認識しながら,「おれを甘く見ているな。おれに勝てるつもりでいるのか。」などといい,Aの腹部等を足蹴にしたり,足で踏みつけたりし,さらに,腹部に膝をぶつけるなどの暴行を加えた(この段階のXのAに対する暴行を「第2暴行」とする)。第2暴行によって,Aは,肋骨骨折,脾臓挫滅,腸間膜挫滅等の傷害を負った。

Aは,付近の病院へ救急車で搬送されたが,約6時間後に,頭部打撲による頭蓋骨骨折に伴うクモ膜下出血によって死亡した。この死因となる傷害は,第1暴行から生じたものであった。

以上の事実について,第1審の静岡地裁沼津支部平成19年8月7日判決(刑集62巻6号1866頁参照)は,次のように述べて,全体として1個の過剰防衛による傷害致死罪が成立するとした(懲役3年6月)。「Xの行為は,当初は急迫不正の侵害に対して防衛の意思をもってした正当防衛の性質を有するものとして始まったものの,Aが転倒した以降は,急迫不正の侵害が終了し,Xにおいても専ら加害の意思で足蹴り等の暴行を加えており,この段階に至っては,正当防衛ないし過剰防衛の成立する基盤はなくなっていたというべきである。」「そこで検討するに,Xの上記各行為は,さほどの時間的間隔をおかない同一機会に,同一場所において,同一の被害者に対し,灰皿を投げ付けられたことなどに起因する同根の暴行の故意に基づき,数分間という短時間で連続的に行われたのであって,急迫不正の侵害に対する反撃行為に比して,その侵害が去った後の暴行行為が質的・量的に著しく変化したり,死の結果発生への寄与度が高いなどの事情が認められない限り,上記各行為を分断せずに一体のものとして評価することが自然である。」「そうすると,Aの転倒直前のXの殴打行為と,Aの転倒直後の足蹴り等の行為は,分断して評価せずにAの侵害に対する一連の反撃行為とみることが自然であり,これらの行為を全体的に観察して正当防衛ないし過剰防衛の成否を判断するのが相当である。」「そして,本件においては,Aの転倒前に殴打した行為につい

ては，前記のとおり正当防衛が成立する状況下にあったが，Aの転倒後に引き続いてなされた足蹴り等の暴行は，無抵抗のAに対して執拗に加えられたもので，脾臓挫滅等の高度な傷害を負わせており，Xによる反撃行為全体をみると，防衛に必要な程度を逸脱し，防衛手段としての相当性を欠くものというべきである。」「したがって，Xの行為については，全体として1個の過剰防衛が成立する。」

　第2審の東京高裁平成19年12月25日判決（刑集62巻6号1879頁参照）は，第1審と異なり，第1暴行と第2暴行を個別に評価し，前者には正当防衛を肯定する一方で，後者には過剰防衛すら否定した（破棄自判，懲役2年6月）。「第1の暴行と第2の暴行は，時間的，場所的には連続しているものの，第2の暴行の際には，外観上，侵害が終了していることが明らかであり，Xもそれを認識した上，攻撃の意思のみに基づいて第2の暴行に及んでいる。第1の暴行と第2の暴行は，Aからの侵害の継続性及びXの防衛の意思という点において，明らかに性質を異にし，その間に断絶があるというべきであって，急迫不正の侵害に対して反撃を継続するうちに，その反撃が量的に過剰になったものとは認められない。一般的に侵害現在時及び侵害終了後の一連の行為を全体として考察し，防衛行為としての相当性を検討するべきである，といわれているが，本件のような場合においては，第1の暴行と第2の暴行を一体のものとして全体として考察する基礎を欠いているというべきであり，第1の暴行と第2の暴行を分けてその点を検討するべきである。」「そうなると，第1の暴行については，正当防衛が成立するのに対し，第2の暴行については，正当防衛ないし過剰防衛が成立する余地はない。なお，死亡の結果は第1の暴行によって生じたものであって，第2の暴行はAの死の結果への因果関係がないのであるから，Xは，第2の暴行によって生じた傷害の限度で責任を負うというべきである。」

　この原判決に対して，Xの弁護人は，第1暴行について，正当防衛が成立する要件が整っているというのであるから，上記各行為を分断せず一体のものとして評価することが自然であるという以上，全体について正当防衛の成立を認め無罪とすべきである等と述べて，上告した。

II 決定要旨

上告棄却

最高裁は，上告趣意は刑訴法405条の上告理由に当たらないとしつつ，職権で以下のように判示した。

「第1暴行により転倒したAが，Xに対し更なる侵害行為に出る可能性はなかったのであり，Xは，そのことを認識した上で，専ら攻撃の意思に基づいて第2暴行に及んでいるのであるから，第2暴行が正当防衛の要件を満たさないことは明らかである。そして，両暴行は，時間的，場所的には連続しているものの，Aによる侵害の継続性及びXの防衛の意思の有無という点で，明らかに性質を異にし，被告人が前記発言をした上で抵抗不能の状態にあるAに対して相当に激しい態様の第2暴行に及んでいることにもかんがみると，その間には断絶があるというべきであって，急迫不正の侵害に対して反撃を継続するうちに，その反撃が量的に過剰になったものとは認められない。そうすると，両暴行を全体的に考察して，1個の過剰防衛の成立を認めるのは相当でなく，正当防衛に当たる第1暴行については，罪に問うことはできないが，第2暴行については，正当防衛はもとより過剰防衛を論ずる余地もないのであって，これによりAに負わせた傷害につき，Xは傷害罪の責任を負うべきである。」

III 解説

1 問題の所在

量的過剰が問題になるのは，通常，侵害終了後になお反撃が継続する場合である[1]。量的過剰も，刑法36条2項の過剰防衛に含まれるとするのが一般的

---

1) これに加えて，侵害継続を前提としつつ途中から防衛行為が相当性を逸脱した場合を量的過剰に含めるかについては争いがある（松田①291頁注1参照）。

であるが[2]，近時では，これを否定する見解も有力に主張されている[3]。

本決定は，第1暴行と第2暴行を個別に判断し，過剰防衛の成立を否定した。即ち，本決定では，第1暴行と第2暴行との間には，侵害の継続性および防衛意思の有無の点で断絶があり，全体で1個の過剰防衛の成立を認めることはできず，第1暴行は正当防衛，第2暴行は過剰防衛にもなりえない単なる傷害行為として処断された。

いわゆる量的過剰事例において重要なのは，侵害継続中に行われる反撃行為と侵害終了後の加害行為との関係である。なかでも，両者を一体として捉え1個の過剰防衛の成否を検討するいわゆる一体的評価方法について，その当否が吟味されなければならない。

さらに，第1暴行と第2暴行を個別に判断した本決定が，一体的評価方法自体を否定したものか否かについても検討する必要がある。

2 刑の減免根拠との関係

量的過剰に過剰防衛規定が適用できるか否かを検討する前提として，過剰防衛の減免根拠との関係が検討されなければならない。

一般的に，量的過剰を過剰防衛の一種として捉える見解によれば，行為者における恐怖，驚愕等による内心の動揺という点は量的過剰の場合も同様であり，責任減少を根拠に，刑法36条2項が適用可能とされる。これに対して，違法減少を重視すると，過剰部分には，攻撃者の急迫不正の侵害から被攻撃者の正当な利益を守ったという違法減少の前提が存在しないので，過剰防衛の成立は認められないとされる[4]。

しかし，典型的な量的過剰においても，一体的評価を前提とするならば，

---

[2] 浅田236頁，小野清一郎「正当防衛における違法性と責任」愛学3巻2号（1961年）13頁，内藤（中）348頁，平野Ⅱ246頁，藤木171頁等。なお，中義勝『講述犯罪総論』（1980年）139頁は，違法な侵害が既に終了しもしくはまだ生じていないのにこれに対して「防衛」的反撃を加える場合を外延的過剰と呼び，刑法に定める過剰防衛は外延的過剰も内含するとする。

[3] 内田・概要（中）112頁，橋田⑥229-30頁，松宮145頁等。なお，林⑧18頁参照。

第1行為時に存在する急迫不正の侵害に対する反撃という側面も当然含まれることになり，量的過剰を違法減少の面から説明することも可能になる。[5]

結局，量的過剰を過剰防衛の一種として肯定するか否かにとって決定的なのは，一体的評価方法の採否ということになろう。

3 一体的評価方法の是非

量的過剰を過剰防衛に含める見解の多くは，急迫不正の侵害が消滅する前後の行為，即ち，急迫不正の侵害に対する反撃行為と急迫不正の侵害消滅後の追撃行為を一体として評価し，1個の過剰防衛の成立を肯定するという構成を採る。その根拠としては，量的過剰の場合，急迫不正の侵害に対し当初はやむなく反撃を行った者が，勢いの余り侵害行為の終了後に行った追撃行為につき，刑の減免を受けられなくなってしまうのは酷であるという点が挙げられる。[6]

また，「結果惹起の根拠となるべき行為を拡張する機能（あるいは結果帰属の対象となる行為を拡張する機能）」が，一体的評価方法の機能的意義とされる。即ち，「第1行為のみから，あるいは第2行為のみから結果が生じたことが明らかとは言えず，第1行為と第2行為とが相俟って結果が発生したと評価せざるを得ない場合に，結果惹起の根拠となる行為として，第1行為及び第2行為からなる『一連の行為』であると記述し，『一連の行為』のどの段階で結果が惹起されたのかを明確に特定せずとも済ませるためにこそ，『一連の行為』論は機能する」とされる。[7]

---

4) 曽根威彦「侵害の継続性と量的過剰」研修654号（2002年）11頁，東公明「判批」創法32巻1・2号（2002年）177-8頁，山本輝之「優越的利益の原理からの根拠づけと正当防衛の限界」刑法35巻2号（1996年）210頁，同「防衛行為の相当性と過剰防衛」現刑9号（2000年）56頁等。
5) 深町晋也「「一連の行為」論について」立教ロー3号（2010年）128頁。また，山口厚「正当防衛と過剰防衛」刑ジャ15号（2009年）56頁は，「刑の減免根拠を責任の減少に加え，反撃行為が防衛行為であることから違法性の減少にも求める立場からも，侵害終了前の行為と終了後の行為との連続的一体性，そして心理的圧迫状態の継続性を肯定しうる限りで，量的過剰防衛を肯定することができることになる」とする。
6) 初又④9頁参照。

さらに，一体的評価方法を採らず，急迫不正の侵害終了前後で分断して評価する場合，重い結果がどの段階で生じたか分からない場合，起訴の対象にならない正当防衛行為から生じた疑いのある結果については，刑事責任を問うことができないことになるとの指摘がある[8]。

　これに対して，一体的評価方法の抱える問題点が指摘されるようになり，量的過剰事例に刑法36条2項を適用すべきでないとする主張も有力に展開されている。

　一体的評価方法の最大の問題点として挙げられるのは，正当防衛たるべき反撃行為がその後の追撃行為を理由にこれと併せて違法な過剰防衛とされる点，即ち，一旦なされた適法判断がその後の行為を根拠に遡及的に覆されてしまう点である。違法評価が遡及することによって，反撃行為に対する正当防衛が可能になるという問題や反撃行為のみに加担した第三者における正当防衛の成否といった問題も生じるとされる[9]。

　やはり，一体的評価方法は，事後的な違法判断の変更という致命的欠陥を有しており，採用しえないであろう。また，分断的評価方法に対する批判は

---

7) 深町・前掲注(5)118頁。もっとも，論者は，「第1行為のみから結果が惹起されたと記述し得る場合には，第1行為のみが構成要件該当性の判断として切り取られるため，そもそも『一連の行為』論に言及する前提を欠くことになる。このような場合にまで『一連の行為』論を用いるのは過剰適用」としている（同論文131頁）。

8) 永井敏雄「量的過剰防衛」龍岡資晃編『現代裁判法大系30〔刑法・刑事訴訟法〕』(1999年)134頁，松田①297頁。この点，深町・前掲注(5)120頁は，第1行為と第2行為とが相俟って結果を生じさせたような事例についてまで分断的思考を徹底させるのは不当とし，「こうした場合についてまで分断的思考を徹底させるのであれば，例えば，第1暴行については正当防衛が成立し得るが第2暴行については過剰防衛になるといった場合で，法益侵害結果は両方の暴行が相俟って生じたような事例においては，『疑わしきは被告人の利益に』原則に従い，およそ法益侵害結果についての帰責ができないことになる」としている。しかし，第1暴行と第2暴行が相俟って結果を生じさせたのであれば，当該結果につき第2行為に帰属可能であり，この批判は失当である。さらに，同論文は，「分断的思考を採用する場合には，無限の行為の分断が可能になり，そのような行為のうちの一つでも正当防衛が成立すると判断できる場合には，『疑わしきは被告人の利益に』原則が適用されることになりかねない」とするが，少なくとも，典型的な量的過剰における分断的評価方法は，急迫不正の侵害の終了前後で区別して評価すべきという主張であって，無限の細分化の指摘は必ずしも妥当しない。

9) 橋田③26頁，橋田⑥234頁。

必ずしも説得的でない。重い結果がどの段階で生じたか分からない場合の処理について，その結果が正当防衛行為から生じた疑いがあるのであれば，当然，「疑わしきは被告人の利益に」の原則が妥当するのであり，一体的評価によって刑事法上の大原則が潜脱されてはならないことはいうまでもない。

もっとも，分断的評価方法を採ると必然的に量的過剰防衛否定説に至るのか否かについては検討を要するであろう。この点，近時，事後的な違法判断の変更を否定しつつ，量的過剰を過剰防衛の一種として肯定する見解が主張されている。即ち，分断的評価方法による量的過剰防衛否定説は，事後的過剰部分が先行する不正の侵害に向けられたものであること，および，不正な侵害に対して防衛を行う側において生じた行き過ぎであることを無視するものであると批判した上で，防衛事象的性格が維持されていることを前提に，責任減少を考慮して事後的過剰防衛を肯定する見解がそれである[10]。従来の分断的評価方法の課題は，事後的過剰部分に対して刑法 36 条 2 項による刑の減免の余地が否定される点であった。分断的評価方法を採用することで，事後的な違法判断の変更を回避した上で，事後的過剰部分に刑法 36 条 2 項による刑の減免の余地を残すこの見解は，きわめて有益な示唆をもたらすものといえよう[11]。

4　量的過剰をめぐる判例の動向

最高裁で量的過剰が肯定されたものとして，最高裁昭和 34 年 2 月 5 日判[12]

---

10)　安田⑦ 250-2, 255 頁。なお，山口・前掲注 (5) 57 頁は，「第 1 暴行について正当防衛が成立する場合……，第 1 暴行について正当防衛が成立するという評価は，その後の行為者の行為によって事後的に変更されないはずである」とし，「量的過剰防衛においては，第 1 暴行と第 2 暴行は連続的・一体的なものとして捉えられるのであるが，第 1 行為だけをみれば正当防衛が成立する場合，両者の法益侵害は区別されて，過剰となった第 2 暴行のみが処罰を基礎づけることになる」とする。この見解に対しては，「両行為の違法評価を峻別し，それを構成要件該当性の評価に反映させるものであり，分断説との差は紙一重ではないか」との指摘がある（橋田③ 26 頁）。

11)　その他，一体的評価と分断的評価に関する論稿として，小野晃正「防衛行為の個数について」阪法 60 巻 6 号 (2011 年) 1119 頁以下，高橋則夫「犯罪論における分析的評価と全体的評価」刑ジャ 19 号 (2009 年) 39 頁以下参照。

決(刑集13巻1号1頁=**判例1**)がある。屋根鋏をもって向かってきたAに対し，被告人Xは，殺意をもって付近にあった鉈でAの頭部を一撃し，Aが横転しAのXに対する侵害的態勢が崩れ去った後，恐怖，驚愕，興奮，狼狽から追撃行為に出てAを死亡させたという事案で，第1審の水戸地裁土浦支部昭和31年7月1日判決(刑集13巻1号12頁参照)は，頭部の一撃につき刑法36条1項，追撃行為につき盗犯等ノ防止及処分ニ関スル法律1条2項をそれぞれ適用し不処罰とした。これに対して，第2審の東京高裁昭和33年2月24日判決(高刑集11巻1号43頁)は，「そもそも，同一の機会における同一人の所為を可分し，趣旨を異にする二つの法律を別々に適用するがごときことは，立法の目的に副わない措置であつて，とうてい許されない所である」として，被告人の一連の行為は，それ自体が全体として，過剰防衛に当たるとした。最高裁は，次のように述べて，原審を支持した。「原審の是認した第一審の認定にかかる被告人の本件一連の行為は，それ自体が全体として，その際の情況に照らして，刑法三六条一項にいわゆる『已ムコトヲ得サルニ出テタル行為』とはいえないのであつて，却つて同条二項にいわゆる『防衛ノ程度ヲ超エタル行為』に該るとして，これを有罪とした原審の判断は正当である」と。本件は，被告人の一連の行為を一体的に評価し全体として過剰防衛に当たるとしたもので，典型的な量的過剰事例に一体的評価方法を適用したリーディングケースということができる。[13]

　下級審判決には，第1行為が既に質的過剰となり，さらに，急迫不正の侵害終了後に第2行為に及んだ場合について，全体的に一個の過剰防衛が成立

---

12) 量的過剰に関する大審院判例としては，大審院大正14年12月15日判決(新聞2524号5頁)が挙げられる。事案は，次のとおりである。出刃包丁を持って「遣って仕舞ふぞ」と放言しながら襲ってきた兄Aに対して，被告人Xは，揉み合いの末，出刃包丁を奪い取り，同包丁でAの胸部を突き刺し，急を知った父Bも鎌でAの腰に切りつけた。Aが現場から逃走したことで，防衛の必要は既に消滅したにもかかわらず，Xは，Aの後を追い，さらに出刃包丁で胸部を刺突し，上記防衛行為の創傷と相俟ってAは死亡した。大審院は，「法律ニ照スニ被告人ノ判示前段ノ所為ハ刑法第三十六條第一項ニ該當スルモノナルヲ以テ之ヲ罰スベキモノニアラズ其ノ後段ノ所為ハ同法第二百四條ニ該當スル處該處為ハ同法第三十六條第二項ニ所謂防衛ノ程度ヲ超エタル行為ナルヲ以テ同條項ヲ適用」すると判示した。

するとしたものがある。

　富山地裁平成11年11月25日判決（判タ1050号278頁）の事案は次の通りである。被害者Aとその次男である被告人Xおよび長男である被告人Yが揉み合いとなり，Aは，割れた一升瓶でXに切り傷を負わし，なおもその一升瓶でXの左膝付近を押し続けた。XがYに対し「台所に包丁があるから刺せ」と指示したところ，Yは，意思を通じて，Aが死亡するかもしれないと認識しながら，ステンレス洋包丁でAの左側胸部，左側腹部及び右背面などを連続して十数回突き刺した。さらに，その直後，Yから包丁を受け取ったXが，ほとんど動かなくなったAの左側頸部を右包丁で一回突き刺し，よって，Aを右各刺創に基づく失血のため死亡させた。富山地裁は，Yの刺突行為を過剰防衛とした上で，Xの刺突行為について，これを独立して取り上げるならば，急迫不正の侵害がほぼ消失した時点で行われたものであって防衛行為と評価することはできないが，Xの刺突行為とYの刺突行為の時間的連続性，行為態様の同一性，刺突行為の一回性，死因の点でXの刺突行為がより重大ということはできないこと等に鑑みて，「Xの右行為は，それ以前の，Xと意思を相通じてされたYの防衛行為に引き続き，同じ興奮状態の下で余勢に駆られた一連の行為とみるべきであって，このような場合には，行為全体を一個の殺人行為とみた上で過剰防衛の成立を認めるのが相当である」とした。

　東京地裁平成12年8月29日判決（判時1811号154頁）は，夜間室内に侵入し素手で暴行を加える男性2名に対して，被告人Xが登山ナイフで両名を刺突し，被害者両名が重傷を負って倒れ込んだ後，とどめを刺すべく，無抵抗の両名を同ナイフで多数回突き刺し死亡させたという事案で，当初の刺突

---

13)　急迫不正の侵害に対して，複数人が共謀の上，防衛行為としての暴行に及び，相手方の侵害が終了した後に，一部の者が追撃して暴行を続けたという事案で，侵害終了後に暴行を加えていない被告人につき，最高裁平成6年12月6日判決（刑集48巻8号509頁）は，「被告人に関しては，反撃行為については正当防衛が成立し，追撃行為については　新たに暴行の共謀が成立したとは認められないのであるから，反撃行為と追撃行為とを一連一体のものとして総合評価する余地はな」いとして，被告人に無罪を言い渡した。

行為を過剰防衛とし，被害者両名が倒れ込んだ後の刺突行為については，急迫不正の侵害は終息し，被告人も防衛の意思をなくし専ら積極加害の意思で攻撃したものであるとした上で，被告人の刺突行為全体は，場所的時間的接着性，被害者の同一性，故意の同一性，特に後者の刺突行為が死亡結果に対して寄与しているといった特段の事情がないこと等から，「Xによる刺突行為を急迫不正の侵害が存在する段階とそれが終息した段階で分断することは妥当ではなく，全体的に一個の過剰防衛行為に当たると評価せざるを得ないというべきである」とした。[14]

上記2判決は，質的過剰である第1行為と量的過剰である第2行為を一体として1個の過剰防衛とするものであって，典型的な量的過剰事例とは趣を異にする。[15]また，東京地裁平成12年判決は，第2行為について，もっぱら積極的加害意思によるものとしつつ，一体的評価を行っている点が特徴的である。

他方，津地裁平成5年4月28日判決（判タ819号201頁）は，次のような事案で，一体的評価を否定した。実兄Aがいきなりパン切り包丁を持って切りかかってきたところ，被告人Xは，揉み合ううちにAが落とした包丁を拾い上げ，咄嗟に殺意をもって上記包丁および同所に散乱していたボールペン等でAの顔面，頭部等を数十回に渡り突き刺した。そのうちAが動かなくなったので，Xは，一旦Aの様子を見守ったが，Aが動いた感じがしたので，Aの頸部を両手で圧迫し扼殺した。津地裁は，Aが動かなくなる以前のXの刺突行為について，相当か否かはともかく当該行為は急迫不正な侵害に対するものとしたが，Aが動かなくなった後のXによる頸部圧迫行為の時点では，既に急迫不正の侵害は消失しているとした。その上で，頸部圧迫行為について，この時点で興奮状態は相当程度治まっていたこと，殺人の実行方法

---

14) 但し，本判決では，過剰の程度が著しいとして刑の減免は否定されている。
15) その他，量的過剰防衛を肯定したかどうかは判然としないが，一体的評価により過剰防衛を認めた下級審判決として，京都地裁昭和57年2月17日判決（判タ468号173頁）がある。また，広島高裁昭和26年3月8日判決（判特20号12頁），および，仙台高裁昭和32年10月22日判決（高刑特4巻20号542頁）も参照。

も頸部圧迫というより確実な方法に変更されていること，および，先行する刺突行為から生じた傷害がAの死因とはなっていないこと等から，「Xの一連の殺人実行行為を全体的に観察して，過剰か否かはともかく，急迫不正の侵害に対する防衛行為であると判断するのも……相当ではない」と判示した[16]。本件では，一体的評価による量的過剰防衛の成否が問題とされているが，第1行為の相当性判断がなされていない上，一連の殺人行為全体が過剰かどうかも判断されていない。

5 まとめ

(1) 本最高裁決定の位置づけ

判例1がリーディングケースとされるが，量的過剰事例において一体的評価方法によることは，確立した判例の立場と解されている[17]。典型的な量的過剰事例ではないが，急迫不正の侵害の継続性が肯定される事例でも，判例は基本的に一体的評価方法を採用している。中でも，最高裁平成21年2月24日決定（刑集63巻2号1頁＝**判例2**）は，分断的評価方法によれば，第1暴行は正当防衛，第2暴行は過剰防衛となるような場合で，しかも，傷害結果と直接の因果関係を有するのは第1暴行のみであるという事例において，一体的評価を行い，傷害罪につき全体として1個の過剰防衛が成立すると判示した[18]。ここでは，被告人に不利益に作用する場合にもこの一体的評価方法が採用され，傷害結果が正当防衛行為から生じた点は，被告人に有利な情状として考

---

[16] もっとも，津地裁判決は，量刑の理由において，「本件犯行は，確定的殺意をもって被害者の頭部等を集中的に狙いパン切り包丁やボールペン等で執拗に突き刺し，更に被害者の首を両手で二回にわたり圧迫して止めを刺したというもの」としており，分断的評価方法を採ったものか否かは判然としない。

[17] 安廣文夫「正当防衛・過剰防衛に関する最近の判例について」刑法35巻2号（1996年）246頁。

[18] 本件事案は，覚せい剤取締法違反の罪で起訴され，拘置所に勾留されていた被告人が，同拘置所内の居室において，同室の被害者が被告人に向けて折り畳み机を押し倒してきたことから，反撃として同机を押し返し（第1暴行），さらに，同机に当たって押し倒され，反撃や抵抗が困難な状態になった被害者に対し，その顔面を手拳で数回殴打するなどの暴行（第2暴行）を加えて同人に加療3週間を要する傷害を負わせたというものであった。

慮すれば足りるとされた[19]。判例の一体的評価方法への固執がここに垣間みられる。

本最高裁決定の後に下された**判例2**が一体的評価方法を採用していることからも推察されるように[20]，一体的評価方法自体が否定されたものとして本最高裁決定を捉えるべきではなく，むしろ，一体的評価方法を採用してきたこれまでの判例の流れの中に位置づけて理解すべきであろう。その意味では，本最高裁決定は，事例判決の一つにすぎないが，一体的評価の前提要件を精確に示した上で，第1行為と第2行為との間に時間的・場所的連続性があるにもかかわらず，一体的評価方法を否定したものとして重要な先例的意義を有するといえる[21]。

正当防衛である第1行為から結果が生じたという点で共通する，本最高裁決定と**判例2**において，一方が分断的評価を行い，他方が一体的評価を行った点についての整合性も問題となりうるが，この点は，一体的評価の前提要件を具備したかどうかによる差異と考えれば，両者は整合的に理解されよう[22]。

(2) 結論

本最高裁決定を評価するにあたって，仮に，これを従来の判例と整合的に

---

19) 急迫不正の侵害が継続している事例で，一体的評価により過剰防衛の成立を肯定した最高裁判決として，最高裁平成9年6月16日判決（刑集51巻5号435頁），下級審判決として，広島高裁昭和31年6月18日判決（高刑特3巻12号625頁），大阪地裁昭和34年4月15日判決（下刑集1巻4号1026頁），福岡高裁昭和34年5月22日判決（判時193号33頁），大阪高裁昭和42年3月30日判決（下刑集9巻3号220頁），東京高裁昭和55年11月12日判決（判時1023号134頁），大阪高裁昭和58年10月21日判決（判時1113号142頁），東京高裁平成6年5月31日判決（判時1534号141頁），名古屋地裁平成7年7月11日判決（判時1539号143頁），大阪地裁平成8年11月12日判決（判時1590号159頁），東京地裁平成9年2月19日判決（判時1610号151頁），大阪高裁平成9年8月29日判決（判タ983号283頁），東京地裁平成9年9月5日（判タ982号298頁）がある。

20) もっとも，急迫不正の侵害が継続している事例については，第2行為時にも急迫不正の侵害が存在し，急迫不正の侵害が全体に及んでいる以上，典型的な量的過剰の場合よりも一体的評価が容易になる側面があるのは否定できない。

21) 本最高裁決定の評釈として，【参考文献】で挙げたものの他，豊田兼彦「判批」法セ645号（2008年）131頁，松田俊哉「判批」ジュリ1373号（2009年）124頁，成瀬幸典「判批」判例セレクト2008（2009年）29頁，川端博「判批」判時2048号（2009年）165頁がある。なお，前田雅英「正当防衛行為の類型性―判例における正当防衛の構造」研修734号（2009年）3頁以下も参照。

理解することができたとしても，一体的評価方法の抱える問題は看過されてはならないであろう。やはり，量的過剰の問題は，「疑わしきは被告人の利益に」の原則や個別行為責任の原則といった基本原理に立ち返って精査されるべきである。

　一体的評価方法を支持する論者は，分断的評価方法によれば，当該結果が第 1 行為から生じたのか第 2 行為から生じたのか明らかでない場合，第 1 行為が正当防衛であれば，無罪となってしまうと指摘する。しかし，正当防衛の場合にも，当然，「疑わしきは被告人の利益に」の原則は妥当するのであり，適法行為から生じた可能性が排除できない場合には，当該結果は適法行為に由来するものとして扱うべきである。[23] 他方，個別行為責任の原理からすれば，本来，分断的評価が原則であり，これを被告人に不利益な形で修正することは決して許されない。

　分断的評価を行うと第 2 行為に刑法 36 条 2 項による減免を何ら及ぼしえなくなるという問題点については，分断的評価をしつつ，一種の外延的過剰として，責任減少を根拠に第 2 行為に同項適用の余地を認めることも可能であろう。本件事案に関しては，この立場に依拠して検討した場合でも，第 2 行為に責任減少的側面はみられず，結果として，本最高裁決定の結論と同様となる。その意味で，本最高裁決定の結論は支持できるが，一体的評価方法に拘泥する判例の傾向は批判されてしかるべきといえよう。

【参考文献】
　本件に関する解説・評釈等の主なものとして
　　①松田俊哉「判解」曹時 62 巻 1 号（2010 年）
　　②山本輝之「判批」平成 20 年度重判解

22）　もっとも，**判例 2** には，一体的評価方法を採ってきた従来の判例との整合性の点で疑問が残る。この点，量的過剰防衛のリーディングケースである**判例 1** の最高裁判所判例解説において，寺尾調査官が，「本件は，最初の一撃が相手方の致命傷でないことが証拠上確認されていることを前提とする。もしそれが致命傷であれば被告人のその後の行動いかんにかかわらず正当防衛行為となろう」と述べているのが参考になる（寺尾正二「判解」最判解昭和 34 年度 8 頁）。なお，永井・前掲注（8）145 頁参照。

23）　林⑧ 18 頁，山本② 177 頁。

③橋田久「量的過剰防衛─最高裁平成20年6月25日第一小法廷決定を素材として─」刑ジャ16号（2009年）
④初又旦敏「判批」捜研58巻1号（2008年）
⑤中川深雪「判批」研修728号（2009年）

量的過剰防衛について
⑥橋田久「外延的過剰防衛」産大法学32巻2＝3号（1998年）
⑦安田拓人「事後的過剰防衛について」立石古稀
⑧林幹人「量的過剰について」判時2038号（2009年）

（井上宜裕）

6

誤想過剰防衛
——勘違い騎士道事件——

▤ 最高裁判所昭和62年3月26日第一小法廷決定
▤ 昭和59年(あ)第1699号 傷害致死被告事件
▤ 刑集41巻2号182頁／判時1261号131頁

I 事 案

　空手三段の腕前を有する英国人のX (身長が約180 cm・体重80 kg超) は，夜間帰宅途中の路上で，酩酊したA女とこれをなだめていたB (身長約160 cm・体重約60 kg) とが揉み合ううち同女が倉庫の鉄製シャッターにぶつかって尻もちをついたのを目撃して，BがAに暴行を加えているものと誤解し，同女を助けるべく両者の間に割って入った上，同女を助け起こそうとし，次いでBの方を振り向き両手を差し出して同人の方に近づいたところ，同人がこれを見て防御するため手を握って胸の前辺りにあげたのをボクシングのファイティングポーズのような姿勢をとり自分に殴りかかってくるものと誤信し，自己及び同女の身体を防衛しようと考え，とっさにBの顔面付近に当てるべく空手技である回し蹴りをして，左足を同人の右顔面付近に当て，同人を路上に転倒させて頭蓋骨骨折等の傷害を負わせ，8日後に右傷害による脳硬膜外出血及び脳挫滅により死亡させた。

　第1審の千葉地裁昭和59年2月7日判決 (判時1127号159頁) は，まず，①Xが選択した回し蹴りは，足の甲の部分で打つ，それ程強度な打撃を与えないもので，通常は相手方が簡単に倒れる程強力なものではない，②実際，蹴りの当たったBの右顔面付近には何らの損傷も生じていないことから，打撃の程度がそれ程強烈なものではなかったことを推認させるものである，③た

たまたまBは相当酔っていて，また不意打ちであったことで転倒し，コンクリート面での打ち所が悪かったことなども重なって脳挫滅により死亡したにすぎない，④Xとしては，咄嗟の出来事で，Bが酩酊していたことは知らなかったし，また，Bをひるませて攻撃の阻止を企図したもので，同人をコンクリート面に転倒させたり，ましてや，脳挫滅で死亡したことは全く予想外の結果であったと認定したうえで，「被告人の誤想を前提とする限り，その反撃として被告人がAに対して左回し蹴りに及んだ行為は，相互の行為の性質，程度その他当時の具体的な客観的事情に照らして考察するならば，B及び被告人の身体を防衛するためにやむことを得なかったものと言うべく，防衛手段としては相当性を有するものであって，防衛の程度を超えた行為ということはできない。確かに，反撃行為により生じた結果は重大であるが，反撃行為により生じた結果が偶々侵害されようとした法益より大であっても，その反撃行為そのものが防衛の程度を超えていないものである以上，過剰防衛となるものでないことは論を俟たない」とし，「また，日本語の理解力が十分でなく，英国人である被告人が，誤想したことについて過失があったものと認めることもできない」として無罪を言い渡した。これに対し検察官が控訴した。

　第2審の東京高裁昭和59年11月22日判決（高刑集37巻3号414頁）は，「本件においては急迫不正の侵害が存在したものとはいえないけれども，右の如く急迫不正の侵害があるものと誤認して防衛行為を行った場合に，右防衛行為が相当であったときは，いわゆる誤想防衛として事実の錯誤により故意が阻却され，犯罪は成立しないものと解するのが相当である。しかし，防衛行為が相当性を欠き，過剰にわたるものであるときは，少なくとも後記のように防衛行為の相当性を基礎づける事実につき錯誤の存しない本件の如き場合においては，事実の錯誤として故意の阻却は認められないものと解するのが相当である。ただこの場合においては正当防衛との均衡上，過剰防衛に関する刑法36条2項の規定に準拠して，刑の軽減又は免除をなし得るものと解するのが相当である（最高裁昭和41年7月7日第二小法廷決定（刑集20巻6号554頁））」とし，本件行為は傷害致死罪に該当するが，これは「急迫不正の侵害が

ないのにあるものと誤想したうえ自己及び他人の権利を防衛するために出た行為であるものの，防衛の程度を超えたものであるから同法36条2項，68条3号により法律上の減軽をした刑期の範囲内で処断すべき」として，原判決を破棄し，懲役1年6月，執行猶予3年を言い渡した。

　防衛の程度を超えたとした点について東京高裁は，①空手の回し蹴りは，枢要部の頭部，顔面を狙った，制御しにくい足技で，直接頭部等に損傷を与え，あるいは相手を転倒させ，打ちどころによっては重大な傷害や死の結果も発生しかねない危険なものである，②BはA女をなだめるなど同行者の中ではしっかりしていた方で，わずかの衝撃を受けて転倒するほどは酩酊していなかった，③巨漢のXがある程度力を加減しても，被害者に相当の衝撃を与えるものである，④担当医師は救命措置に必死で，細部まで外傷の確認ができなかったという事情があり，Bの右顔面に何らの損傷もないことが確認されたものではないといった諸事情に徴すると，Bが前記のような構えをしていたにもかかわらず，全く不意を突かれたように蹴りを受けて転倒し致命的傷害を負ったことは，Xの蹴りが敏速で，相当の衝撃力，威力を伴っていたことを示すもので，蹴った者の技量，彼我の体格，蹴られた部位，その時の相手方の状況等によっては，本件のように転倒することのあり得ることは容易に肯認し得るところであり，また，Xも，場合によれば被害者が転倒する可能性のあることも当然認識していたと認めるほかはなく，また，そもそも空手の技は社会一般の生活で容易に用いるべきものではなく，状況や体格差等に鑑みると，警告の声を発するなり，腕を引き続きさし出すなり，回し蹴りをするにしても相手の身体に当てないようにするなりして相手の殴打行為を押し止め，あるいは相手が殴打してきた段階でその腕を払うなり，つかまえるなり，もしくは身を引くなり，防衛のためには採るべき方法はいくらでもあったと考えられ，回し蹴りの空手技を用いる以外に方法がなかったものとは到底認めることができないと判示している。これに対し，被告人が上告。

II 決定要旨

上告棄却

最高裁は，上告趣意は刑訴法 405 条の上告理由に当たらないとしつつ，職権で判断した。

「右事実関係のもとにおいて，本件回し蹴り行為は，被告人が誤信した B による急迫不正の侵害に対する防衛手段として相当性を逸脱していることが明らかであるとし，被告人の所為について傷害致死罪が成立し，いわゆる誤想過剰防衛に当たるとして刑法 36 条 2 項により刑を減軽した原判断は，正当である（最高裁昭和 40 年（あ）第 1998 号同 41 年 7 月 7 日第二小法廷決定・刑集 20 巻 6 号 554 頁参照）。」

III 解説

1 問題の所在

本件では，行為者 X は，B が A 女に暴行を加え，さらに X に暴行を加えようとしていると誤解して，行為に及んでいる。このように急迫不正の侵害がないのに，あると誤信して防衛行為に出る場合を，誤想防衛という。さらに本件では，空手の有段者である X が比較的小柄な B の頭部をやにわに回し蹴りしているが，このように誤って想定された防衛状況が実際に存在することを前提としたとしても，過剰であると評価される防衛行為に及ぶ場合を，誤想過剰防衛という。

本件で 1 審と 2 審とで結論が分かれたのは，回し蹴りの評価が異なることによる。1 審では X の回し蹴りそれ自体は危険性が低いもので，B が死亡したのはたまたま生じた結果であるとして，行為の相当性を肯定している。このような相当性の判断方法は，最高裁昭和 44 年 12 月 4 日判決（刑集 23 巻 12 号 1573 頁）に沿うものといえよう。これに対して，2 審は，X と B の体格差を考慮するなど，より実質的な評価を加えたうえで，回し蹴りそれ自体重大な

結果を招来しかねないもので，また他にいくらでもとるべきより穏やかな手段はあったとして，必要最小限度の手段ではないことを強調して相当性を否定している。形式的な武器対等の問題にとどまらず，体格差や，行為態様なども含めてより実質的な観点から防衛行為の相当性を判断する手法は，最高裁平成元年 11 月 13 日決定（刑集 43 巻 10 号 823 頁）にもみられるものであり，近時の判例の傾向に合致するものといえよう。こうして誤想過剰防衛が問題となる事案では，必然的に 36 条 1 項の「やむを得ずにした行為」の解釈が反映されることになる。[1] 思うに，パンチやキックを頭部に受けた格闘家が脳しんとうを起こし，気を失ってリング上に倒れ込むシーンを想起すればわかるように，空手技としての頭部に向けた回し蹴りは，それ自体，生命に対する危険性すら孕む，凶器に準じた攻撃手段であり，みだりに用いられるべきものではない。しかも本件では，X が誤想した状況下においても，X や A 女の生命や身体の重要な部位の侵害の危険が迫っていたわけでもないことから，回し蹴りは，侵害法益と保全法益に著しい不均衡を生じさせる手段といえる。加えて，X と B の体格差，さらに X が空手に精通していたこと，B が素手であったことを考慮すると，いきなり回し蹴りを加える必要性など存在せず，他に容易にとりうる手段はいくらでもあったといえよう。以上のことから，防衛行為の相当性はおよそ認められない事案であったといえ，原審および本決定の判断は妥当であると思われる。

　誤想過剰防衛プロパーのものとして問題となるのは，故意犯の成否である。[2] すなわち，防衛状況を誤想している点において，完全な故意責任を問うことはできず，せいぜい過失犯でしか処罰できないのではないかという問題が生じるのである。この問題は，誤想防衛の場合における故意犯の成否の問題と関係するので，誤想防衛をめぐる議論状況を押さえておく必要がある。

　もう一つの重要論点は，過剰防衛について規定した 36 条 2 項を適用ないし準用して，刑の裁量的減免〔任意的減免〕を認めることの可否である。そ

---

1) この問題については，注釈刑法 (1) 450 頁以下〔橋爪隆〕参照。
2) 比較的詳細な記述をしている基本書・体系書として，内藤 347 頁以下，山中 492 頁以下等参照。

そもそも同条項は，1項を受けた規定である点を重視すれば，防衛状況が現実に存在しない誤想過剰防衛の場面では，適用ないし準用の前提を欠くともいえそうである。しかし，防衛行為に及んだ行為者の心理的圧迫状況に焦点を当てた規定であると理解すれば，防衛状況の有無にかかわらず，恐怖，驚愕，興奮，狼狽などの心理状態で行為に出ているのは同じであるから，同条項を適用・準用すべきであるともいいうる。結局のところ，この問題の解決は，そもそも過剰防衛の場合における刑の裁量的減免の根拠をどのように理解するかにかかっているのである。

2 誤想防衛

誤想防衛の処理をめぐって特に議論されているのは正当防衛の成立要件を基礎づける事実を誤信した場合である。典型例は，①急迫不正の侵害が客観的には存在しないのに，存在していると誤解している場合であるが[3]，さらに②防衛行為の必要性・相当性を基礎づける事実の誤信も含まれると，最近では一般に理解されている（過失の過剰防衛ともいう）。例えば，暗がりで相手が素手で向かってきているのに，ピストルを構えていると誤信して，斧を投げつけるような場合である。もちろん①と②が競合する場合もある（過失の誤想過剰防衛ともいう）。本件の事案でいえば，被害者がけん銃を構えて，銃口を自分に向けているという誤信が付け加わった場合が，これにあたる[4]。

誤想防衛の場合に，故意阻却を認めるか否かにつき，従来より，学説上激しい対立がある[5]。厳格責任説の立場からは，構成要件該当事実について正し

---

3) なお，およそ存在しない正当化状況を誤想する場合だけでなく，侵害時期の誤想，例えば相手方が威嚇的な態度をとっているのを，直ちに攻撃を加えてくるものと誤信するような場合も含まれよう（ただし場合によっては，防衛行為が正当防衛状況の直前段階に，時間的な範囲において過剰にわたったと捉え，量的過剰〔外延的過剰〕の問題とみる余地もある）。
4) さらに，暴漢に襲われたので，これに対抗するため石を投げつけたところ，無関係の通行人に当ててしまったという場合のように，③正当防衛状況下における方法の錯誤の場合も，誤想防衛の一種であるといわれることもある。しかし，この類型は上記①②と局面を異にすることから，誤想防衛とよぶ見解は，少数説にとどまっている（団藤242頁注29，前田375頁）。なおこの問題を誤想防衛の問題として処理した下級審裁判例として，大阪高判平成14年9月4日判タ1114号293頁参照。

く認識しているときには、規範の問題が与えられているのだから、故意の成否には影響せず、せいぜい錯誤に相当の理由が認められる場合に責任が阻却されるにすぎないとする。しかし通説は、誤想防衛の場合、行為者の認識事情は適法な事実なのであるから、なお規範の問題は与えられていないとして、故意阻却を認め、錯誤に陥ったことにつき過失が認められる場合には、過失犯が成立するにとどまるとする。

誤想防衛の問題を直接取り扱った最高裁判例はないが、上記の類型①②において、故意阻却を認めた下級審判例がある（①につき広島高判昭和35年6月9日高刑集13巻5号399頁、②につき盛岡地一関支判昭和36年3月1日下刑集3巻3=4号252頁）。

3　誤想過剰防衛

(1) 故意犯の成否

急迫不正の侵害を誤信している点を重視して、誤想防衛の場合と同様に故意阻却を認めるべきか問題となる。誤想防衛の場合に故意阻却の余地を認めない厳格責任説の立場からは、この場合にもおよそ故意阻却の可能性がないことはいうまでもない。

これに対し、誤想防衛の場合に故意責任を否定する通説の立場の中には、誤想過剰防衛の場合にも、故意阻却を認める見解が、少数説ではあるが存在している。この少数説は、そもそも行為者は急迫不正の侵害について誤信し

---

5)　近時の議論の詳細は、注釈刑法（1）463頁以下〔橋爪隆〕参照。なお、かつては厳格故意説ないし制限故意説の立場から、誤想防衛の問題を法律の錯誤に分類して、故意の成否を論じる見解も存在していたが、今日では、かかる見解を唱える論者はほとんどみられない（かつての議論状況の詳細は、団藤重光編『注釈刑法（2）のⅡ』（1969年）360頁以下〔福田平〕参照）。また行為者の誤信に合理的理由がある場合には、正当防衛そのものであり、違法性が阻却されるとする立場もある（藤木172頁、川端384頁）。
6)　大谷297頁
7)　井田350頁、曽根199頁、西田183頁、前田395頁、松宮148頁、山口193頁、山中446頁等。
8)　石原明「殺人未遂罪につき誤想過剰防衛が認められた事例」論叢81巻1号（1967年）97頁以下等。

たからこそ過剰な行為に及んだのであるから，この錯誤が行為全体に対する支配力を及ぼしており，一連の行為が全体として過失犯的性格をもつというのである。しかしこの説に対しては，通常の過剰防衛の場合には故意犯が成立するのに，誤想過剰防衛の場合に故意犯が成立しないというのは均衡を失すると批判され，一般的に支持されていない。

そこで，通説によれば，たしかに正当防衛状況の存在について誤認している点に過失的な要素は認められるものの，違法な過剰事実を認識しつつ行為に及んでいる以上は，反対動機を形成する機会が与えられており，規範に直面しつつも行為に及んでいるといえるとして，故意は阻却されないとされている。

(2) 36条2項の適用・準用の可否

故意犯が成立するとしても，過剰防衛について規定した36条2項を適用または準用して，刑を減軽，免除することができるだろうか。先述の通り，1項を受けた規定であることを重視すれば，正当防衛状況が客観的に存在しない誤想過剰防衛の場面では，本条項の適用・準用の前提が欠けることになる。これに対し，心理面を重視した規定であるという前提に立てば，正当防衛状況が客観的に存在するか否かに関係なく，本条項の適用・準用の道が開かれることになる。こうして，この問題は本条項における刑の裁量的減免の根拠をいかに解するかにかかっている。この論点をめぐっては，違法減少説，責任減少説，違法・責任減少説という3つの学説が対立している。

違法減少説によれば，過剰防衛の場合，一方では過剰な防衛行為を行ったという点において違法であることに違いはないが，他方では客観的に存在している急迫不正の侵害に対する防衛の効果があった点において，正当な利益が維持されており，違法性が減少しているということができるとされる。この説によれば，誤想過剰防衛の場合，何ら正当な利益は維持されていないことから，36条2項を適用・準用することはできない。[9]

責任減少説によれば，緊急状況下では，恐怖，驚愕，興奮，狼狽といった

---

9) 町野⑤52頁。

心理状態に陥り，過剰な行為に出ることはありうることであり，そのことについて普通の場合と同様の責任非難を向けることはできないことを理由に，責任が減少することが36条2項の存在理由であるとされる。本見解によれば，誤想過剰防衛の場合のように，客観的には正当防衛状況が存在しない場合にも，行為者は通常の過剰防衛の場合と同様の心理状態に陥ることはありうることから，同条項の準用はもちろん，適用も認められることになる[10]。

違法・責任減少説は，上記2つの学説を合わせたものである。すなわち，正当な利益の維持という点において違法減少が認められる一方で，異常な心理状態下で過剰な行為に出たことについて強く非難することができない点に責任減少が認められ，これらが合わさって刑の裁量的減免が根拠づけられるとされる[11]。もっともこの見解内部では，違法減少と責任減少のいずれを重視するかで争いがあり，この争いが誤想過剰防衛の処理をめぐる議論に反映する。違法減少重視型の見解の1つによれば，36条2項の適用・準用はできないとされ，せいぜい一般的な期待可能性の理論によって，責任減少・阻却を認めうるにすぎないとされる[12]。これに対し，責任減少重視型の見解によれば，違法減少がない以上は適用はできないが，準用は可能であるとされる[13]。もっとも違法減少がみられない点で，通常の過剰防衛とは明らかに異なるのであるから，免除までは認めるべきではないという指摘もなされている[14]。さらに，違法減少と責任減少を並列的に捉え，どちらか一方の減少があれば，刑の減免を認めうるとする説[15]，あるいは少なくとも減軽は認めるべきだとする説[16]も唱えられている。

最近では，従来の違法・責任減少説に，処罰の必要性の減少という観点も加えて，刑の減免の根拠を説明する見解もある（可罰的責任減少説）。この説に

---

10) 西田184頁等。
11) 山口134頁等。
12) 曽根・重要問題121頁以下。
13) 内藤379頁等。
14) 前田447頁。
15) 井田293頁以下。
16) 松原芳博「正当防衛（その2）—防衛行為（広義）・対立闘争状況・過剰防衛」法セ663号（2010年）97頁。

よれば，違法の量は責任の量に反映することを理由に，すでに違法減少によって責任は減少し，さらに期待可能性の減少によっても責任は減少するとされる（二重の責任減少）。そして，後者の期待可能性の減少は，心理的例外状況のみならず，こうした心理状態下で過剰な行為に出た者の特別予防の必要性は乏しく，また模倣可能性も低いため一般予防の必要性も減少することに求めるのである。[17]

なお，36条2項の減免根拠論と誤想過剰防衛に対する準用の可否は「全く関係がない」とする見解がある。[18] 急迫不正の侵害を誤想した行為者の主観面は過剰防衛の場合と同等であるため，犯罪は責任の限度で成立するという理解から，過剰防衛と同等の扱いをすべきであり，これは違法減少説をとったとしても，同様の結論を採用することができる[19]というのである。

(3) 誤想防衛の場合との均衡

36条2項の適用・準用を認めるとしても，誤想防衛より有利な取り扱いとならないよう配慮すべきであるという指摘がなされている。すなわち，急迫不正の侵害を誤想した行為者が，必要かつ相当な防衛行為を行った場合，通説によれば，過失犯が成立しうるが，その際，刑の免除の可能性はない。にもかかわらず過剰な防衛行為を行えば，36条2項により刑の免除の可能性があるというのは不均衡だというわけである。よって，誤想過剰防衛の場合，誤想防衛において成立しうる過失犯よりも軽い扱いをすべきでない，具体的にはせいぜい刑の減軽にとどめ，免除までは認めるべきではないとされている。

以上のような均衡論に加えて，36条2項それ自体の刑の減免の根拠論における，違法・責任減少説の責任減少重視型の中には，誤想過剰防衛の場合に違法減少が認められないことを免除が認められないことの根拠とするものが

---

17) 山中498頁。同様の見解に立つものとして，曽根威彦＝松原芳博編『重点課題刑法総論』（2008年）91頁〔三上正隆〕。さらに浅田237頁も概ね同様の見解に立つが，法確証を正当防衛の正当化根拠としていない点，免除は無罪を意味すると理解している点が異なる。

18) 山口厚『基本判例に学ぶ刑法総論』（2010年）115頁。

19) 山口196頁以下注12。

ある。

これに対し,責任減少説からは,行為者の心理的動揺に基づく非難可能性の減少にのみ焦点を当てる学説である以上,過剰防衛と誤想過剰防衛の取り扱いを異にすることを理論的に根拠づけることは困難である。そこで,責任減少説の中には,誤想防衛との均衡といった問題を議論する実益が乏しいとするものもある。すなわち,誤想防衛の場合に過失犯で処罰する場合も具体的な量刑は裁判官の裁量に委ねられるところ,誤想過剰防衛に36条2項を適用する場合にも,刑の減免は裁量的なものであるし,減軽した場合の量刑も,前記の刑の不均衡を考慮した量刑は可能であるから,結局は裁判官の裁量に委ねるべき問題だというわけである。[20]

4 判 例

本決定でも引用されている最高裁昭和41年7月7日決定（刑集20巻6号554頁＝**判例1**）では,傷害致死等の前科を有する無法者の噂が高いAが自転車でやってきたのを見て,見張りに出ていた高校生の長男Yが機先を制するため所携の自転車チェーンで同人を数回殴りつけて攻撃したが,Aから追いつめられたので,「父ちゃん何か持って来たぞ」と大声で叫んだところ,これを聞いたXが表に飛び出した際,前方約5.35メートル付近で,包丁を擬し,Yと対峙しているAの姿を認めたため,Yを防衛する意思で猟銃を発射し,散弾10発をAの右頸部前面鎖骨上部に命中させ,治療1ヶ月を要する重傷を負わせたという事案において,「YがAから一方的に攻撃を受けているものと誤信し,その侵害を排除するためAに対し猟銃を発射し,散弾の一部を同人の右頸部前面鎖骨上部に命中させたものであること,その他原判決認定の事実関係のもとにおいては,被告人の本件所為は,誤想防衛であるが,その程度を超えたものとして,刑法第36条第2項により処断したのは相当である」と判示し,故意阻却を認めず,殺人未遂罪が成立するとしたうえで,36条2項による減軽を認めた原審を支持したのであった。これをリーディン

---

[20] 西田185頁,堀内159頁等。

グケースとして，その後下級審において同旨の裁判例が相次ぐこととなる。本決定は，この**判例1**の流れに沿うものといえる。

　もっとも，**判例1**においては，36条2項による裁量的減軽を認めたにすぎず，免除も可能なのかどうかは明らかにしていない。これに対し，本件では，**判例1**を引用しつつ「過剰防衛に関する刑法36条2項の規定に準拠して，刑の軽減又は免除をなし得るものと解するのが相当である」とした原審を支持していることから，免除の余地を認めたともみることも可能であろう。刑の免除を認めた下級審裁判例として，名古屋高裁昭和45年8月25日判決（刑月2巻8号789頁）があり，比較的新しいものとして，大阪高裁平成9年6月25日判決（判タ985号296頁）の原審（判例集未登載）がある（大阪高裁は量刑不当を理由に減軽にとどめた）。

　ちなみに，36条2項の「適用」か「準用」かは，なおはっきりしない。本決定の原審では「刑法36条2項の規定に準拠して」という表現が用いられたが，比較的新しい下級審判例において，「類推適用」という表現が用いられることもあるなど（大阪高判平成12年6月2日判タ1066号285頁），裁判実務において，必ずしも統一的な考えがあるわけではないようである。

5　検　討

　まず，本件のような誤想過剰防衛の場合，行為者は過剰な防衛行為という違法な事実を認識している以上，故意犯の成立を認めるべきであろう。

　次に，36条2項の適用・準用の可否についてであるが，同条項の適用・準用を問題とする以上は，その刑の減免の根拠に遡ってその可否を論じるべきであろう。また，日本の規定の場合，裁量的減免であるけれども，事後的な検証可能性を担保するためにも，一定の指針を設けることが刑法解釈論の役割であり，とりわけ，いかなる場合に免除が可能なのか，考慮すべき諸要素を提示すべきではないかと思われる。

　そこで，まず過剰防衛の場合における刑の減免の根拠について検討する。違法減少説は，36条2項が正当防衛規定を受けたものであることを強調した点は妥当である。しかし，正当な利益が維持されたことを根拠としている点

は疑問である。というのも過剰な防衛行為を行うことで，生命が奪われるなど，はるかに深刻な結果に至る以上，もはや優越的利益が維持されたとか結果価値が実現されたとはいえないからである。また防衛行為者は，特に過剰事実を認識しつつ防衛行為に出た場合，はるかに重大な法益の侵害に向けた行為に出ているのであるから，優越的利益の保持，結果価値の実現に向けた行為を行っているとはいえず，したがって行為価値も存在しないし，かかる過剰な行為に出た段階で，正当な利益の保持者としての地位も喪失するといわざるをえないというのもその理由である。また責任減少説は，行為者の心理的圧迫状況に焦点を当てた点は妥当であるが，36条2項が1項を受けた規定である点をうまく反映しておらず，過剰防衛と誤想過剰防衛の区別を相対化している点に問題点があるように思われる。違法・責任減少説は，両説の難点を克服しようとする意図は妥当であるが，違法減少説の難点を克服するものではなく，また，最終的には，責任減少説と同じ問題に直面することになろう。可罰的責任減少説も，刑罰の目的との関係を意識しつつ，議論を展開している点は妥当であるが，いずれにせよ違法減少説の難点を克服するものではない。

　私見によれば，責任減少説がいうように，急迫不正の侵害にさらされた者が心理的圧迫状況から行きすぎた防衛行為を行うことについては強く非難できないという点こそが刑の減免の根拠の中核であると思われる（期待可能性，非難可能性の減少）。なお，ここでいう心理的圧迫状況についてであるが，規範的責任論の見地から，すなわち純粋に心理的にではなく，あくまでも規範的に，刑罰の目的から考察されるべきである。情動は，怒り・憤激・闘争熱中といった強性情動と，驚愕・恐怖・興奮・狼狽といった弱性情動に分けるこ

---

21) 林④7頁以下は，過剰防衛は不必要な行為なのだから，結果価値は実現されておらず，したがって違法減少を語ることはできないとするJakobsやRoxinの見解を紹介しながらも，結局，被侵害者の法益が維持された点で，正当防衛状況にない場合と比べて，違法性が減少すると結論づけている。しかし，過剰防衛も全体として結果無価値を実現するものであり，完全な違法行為であることに変わりはないのに，（裁量的とはいえども）刑の減免の根拠とすることは奇妙といわざるをえない（せいぜい量刑事由であることしか説明できないであろう）。

22) これら一連の弱性情動は，盗犯1条2項にみられる。

とができるが，36条2項は，特に後者の弱性情動を念頭に置いた規定であると理解すべきであろう。弱性情動の場合，規範に対して明確な形で敵対的な態度を示していない以上，規範の動揺はささいなものであることから，規範妥当の回復の見地から発動されるべき応報としての刑罰というリアクションもより軽いものとなり，自ずとその枠内で考慮されうる一般予防や特別予防の必要性も減弱するからである。36条2項が1項を受けた規定であるという点は，まず，そもそも36条1項において，なぜ急迫不正の侵害者は，場合によっては，生命侵害までも甘受すべき立場におかれるのかという観点から考察されるべきであろう。それは，急迫不正の侵害者は，法益の衝突状況を有責的に惹起していることから，その解消を自らの負担において行われることを甘受すべきであるという思想に求められるように思われる（答責性原理）[23]。そして2項はこの思想を受ける形で，過剰防衛の場合にも，いきすぎた防衛行為につき，そもそも法益の葛藤状況を作出した急迫不正の侵害者も一定程度責任を負うべきであるという思想を反映し，刑の減免が規定されたものと解される[24]。こうして，答責性原理を考慮した責任減少説が提唱されることになる[25]。以上のような見地から，過剰防衛や誤想過剰防衛における刑の減免の

---

[23] Günther Jakobs, Strafrecht. Allgemeiner Teil, 11/3. Jakobs は，正当防衛や防御的緊急避難の正当化の原理として，答責性原理（Prinzip der Verantwortung），誘発の原理（Prinzip der Veranlassung）を挙げている。なお日本で答責性原理による正当防衛論を展開するものとして，齋野彦弥「ワークショップ・正当防衛論の理論的基礎と課題」刑法45巻2号（2006年）159頁以下における豊田兼奈子報告の要約を参照。同様の方向を示すものとして，髙山佳奈子「正当防衛論（上）」法教267号（2002年）83頁以下。答責性原理に着目した日独の諸見解については，橋爪隆『正当防衛論の基礎』（2007年）57頁以下参照。

[24] Jakobs・前掲書20/28. 極めて類似したアプローチを採用するものとして，安田拓人「過剰防衛の判断と侵害終了後の事情」刑雑50巻2号（2010年）293頁以下。なお，このように答責性原理や誘発の原理を採用する以上，過剰避難の規定の適用領域は大幅に限制されることになる。

[25] 責任の段階で答責性原理という客観面の問題を取り扱うことは不当であるという批判が予想されるが，規範的責任論に立つ以上，純粋な心理的事実を問題とするわけではないので，客観面も考慮しつつ，非難可能性や期待可能性の存否や量を判断することは不当ではないと思われる。よって，緊急避難の法的性質論において，責任阻却事由説に対して，法益較量という客観的な問題を責任段階で取り扱うことは不当だという周知の批判は，当たっていないと思われる。

問題の可否は，①法益衝突状況の作出及びその解消に対する責任の度合い，②非難可能性の度合いという2つの要素を総合判断して決するべきである。

このような観点からは，刑が免除されるべき場合とは，侵害者が故意的に一方的に攻撃を加えたのに対して，弱性情動から過剰な防衛行為に出た場合で，しかも過剰の程度が軽微な場合に限定すべきように思われる[26]。これに対し，法益衝突状況に対して防衛行為者にも非があるとき（挑発など），弱性情動がささいなとき，過剰の程度が軽いとはいえないときは，せいぜい減軽しかできないものと考える。また急迫不正の侵害が終了していることが明らかな量的過剰の場合も，減軽しかできないことになろう。

誤想過剰防衛の場合における36条2項の準用可能性も同じ観点から考察されなければならない。まず，挑発的・威嚇的な態度を示したり，あるいは（暗い夜道を歩いている交際相手の女性をびっくりさせる目的で背後からやにわに抱きつくような場合のように）度の過ぎる冗談で急迫不正の侵害の誤想を誘発したときは，この誘発者に後の防衛行為について帰責性があるといえる。あるいは旺盛かつ強力な一方的侵害行為により侵害の終了時期を見誤らせる場合もこれに含まれよう。これらの場合に，誤想に基づく防衛行為者が弱性情動から過剰な行為に出たときは，刑を減軽できると解される。さらに，防衛行為者に帰責性がなく，しかも弱性情動の程度が著しく，かつ過剰の程度がそう大きくないときは，刑を免除すべきであろう[27]。

判例1の事案については，喧嘩闘争ともみられる事案であったが，そもそも相手方が傷害致死罪などの前科を有し，粗暴と評判な者であり，実際，当日は包丁を携えて行為者宅を訪れたこと，これに対して高校生の長男の先制攻撃は見方によっては既に正当防衛行為ともいいうるものであったこと，相手方が包丁を擬していたことなどに照らすと，侵害時期の誤想を誘発したことにつき，相手方に落ち度があったことは否めないと思われる。2審による

---

[26] これらの要素を総合判断した結果，期待可能性が完全に欠如するとみられる場合には，超法規的に免責し，無罪としてもよいと思われる。

[27] この場合にも，期待可能性の完全な欠如を理由に，超法規的に免責し，無罪とすることは可能である。

と（盗犯 1 条 2 項の適用に関してではあるが）「恐怖，驚愕，興奮又は狼狽のためであつたとも認められない」と判示されており，少なくとももっぱら弱性情動から発砲に至ったわけではないようであるが，少なくとも強性情動から防衛行為に及んだことは窺われず，しかも包丁で攻撃をしている者に対して，猟銃を発砲することは，著しく過剰な防衛行為とまではいえないことから，36 条 2 項により刑の減軽を認めうる事実であったと思われる。

　これに対し，本件の場合，B は A 女をなだめていたにすぎず，また X に挑発的な態度や紛らわしい態度を示したわけでもない。すなわち B は，法益衝突状況に見えるような状況を落ち度のある形で作出していないのだから，X の誤想に対して何ら責任を負わされるべき立場にないというべきである。むしろ X は一方的に誤想したにすぎず，外国人とはいえ，誤想における不注意の程度は小さくなく，また，X の誤想を前提としても，（2 審の判決文でも言及されているように）体格差や B の態度に鑑みれば，いきなり回し蹴りに出る必要などおよそなかったのであるから，一連の事実経過について，もっぱら X に帰責性があるといわざるを得ない。しかも，X は弱性情動から行為に及んだわけではないことから，免除はもちろんのこと，減軽すら否定されるべきではないだろうか。X の一連の勘違いは，せいぜい量刑事情として考慮すれば足りる事案であったように思われる。[28]

6　まとめ

　全くの勘違いで急迫不正の侵害を誤想するというケースは，教室事例ではよくお目にかかるが，現実には，ほとんど発生しておらず，むしろ**判例 1** の事案のように，相手方が何らかの犯罪的なアクションを起こしたことで，侵害の開始時期や終了時期について誤信したという場合が多い。勘違い騎士道

---

[28]　裁判例においても，相当性の範囲の逸脱が著しいことを理由に，刑の減軽すら認めなかった事案（東京地判平成 5 年 1 月 11 日判時 1462 号 159 頁，前記大阪高判平成 12 年 6 月 2 日）がある。いずれも確定的殺意による刃物での刺殺が問題となった事案であった。また両事案は，それまでに行っていた小競り合いに誤想が起因している点においても共通している。

事件は実務上は極めて珍しいケースといえるだろう。本決定は現時点でのリーディングケースであり，どうしても最高裁の採る結論に引きずられ，本件の事案を誤想過剰防衛の典型例と考えがちであることから，36条2項により刑を減軽したという帰結について疑問を抱きにくいところがある。しかし，2審の判決文を丹念に読み，はたして減軽を認めることが妥当だったのか改めて検証する必要があろう。

【参考文献】
　本件の解説・評釈として
　　①山本輝之「判批」百選5版
　　②小名木明宏「判批」百選6版

　誤想過剰防衛について
　　③井上宜裕『緊急行為論』（2007年）
　　④佐久間修・争点
　　⑤塩谷毅「誤想防衛と誤想過剰防衛」法教359号（2010年）
　　⑥林美月子「過剰防衛と違法減少」神奈32巻1号（1998年）
　　⑦町野朔「誤想防衛・過剰防衛」警研50巻9号（1979年）

（森永真綱）

7

抽象的事実の錯誤
―薬物所持事件―

最高裁判所昭和61年6月9日第一小法廷決定
昭和61年（あ）第172号 大麻取締法違反, 麻薬取締法違反被告事件
刑集40巻4号269頁／判時1198号157頁／判タ606号54頁

I　事　案

　被告人は, 大麻と共に, 覚せい剤であるフェニルメチルアミノプロパン塩酸塩を含有する粉末を麻薬であるコカインと誤認して所持した。
　第1審（横浜地川崎支判昭和60年8月20日刑集40巻4号287頁参照）は, 上記事実につき麻薬所持罪（麻薬取締法66条1項, 28条1項）の成立を認めたうえで, その他の大麻取締法違反の罪との併合罪とし, 麻薬と誤認して所持した覚せい剤を覚せい剤取締法41条の6本文により没収した。被告人側は量刑不当を理由として控訴したが, 原審（東京高判昭和60年12月27日刑集40巻4号291頁参照）により棄却されたため, さらに上告し, 第1審が覚せい剤を麻薬と誤認して所持した事実につき必要な説明を示すことなく麻薬取締法を適用したことには判決に影響を及ぼすべき法令の違反がある旨主張した。

II　決定要旨

上告棄却
　最高裁は, 上告趣意は刑訴法405条の上告理由に当たらないとしつつ, 職権で次のように判断した。
　「本件において, 被告人は, 覚せい剤であるフエニルメチルアミノプロパン

塩酸塩を含有する粉末を麻薬であるコカインと誤認して所持したというのであるから，麻薬取締法66条1項，28条1項の麻薬所持罪を犯す意思で，覚せい剤取締法41条の2第1項1号，14条1項の覚せい剤所持罪に当たる事実を実現したことになるが，両罪は，その目的物が麻薬か覚せい剤かの差異があり，後者につき前者に比し重い刑が定められているだけで，その余の犯罪構成要件要素は同一であるところ，麻薬と覚せい剤との類似性にかんがみると，この場合，両罪の構成要件は，軽い前者の罪の限度において，実質的に重なり合つているものと解するのが相当である。被告人には，所持にかかる薬物が覚せい剤であるという重い罪となるべき事実の認識がないから，覚せい剤所持罪の故意を欠くものとして同罪の成立は認められないが，両罪の構成要件が実質的に重なり合う限度で軽い麻薬所持罪の故意が成立し同罪が成立するものと解すべきである（最高裁昭和52年（あ）第836号同54年3月27日第一小法廷決定・刑集33巻2号140頁参照）。

　次に，本件覚せい剤の没収について検討すると，成立する犯罪は麻薬所持罪であるとはいえ，処罰の対象とされているのはあくまで覚せい剤を所持したという行為であり，この行為は，客観的には覚せい剤取締法41条の2第1項1号，14条1項に当たるのであるし，このような薬物の没収が目的物から生ずる社会的危険を防止するという保安処分的性格を有することをも考慮すると，この場合の没収は，覚せい剤取締法41条の6によるべきものと解するのが相当である。」

　なお，本決定には谷口裁判官の補足意見が付されている。

III　解　説

1　問題の所在

　本件被告人は，覚せい剤を麻薬であると誤信して所持していたのであるから，麻薬所持罪を犯す意思で，客観的には覚せい剤所持罪に当たる行為を行っている。このように，行為者が表象した事実が該当する構成要件と，客観的

に存在した事実が該当するそれとが異なる場合を抽象的事実の錯誤という。抽象的事実の錯誤には，軽い犯罪に当たる事実を認識（予見）して客観的には重い犯罪を実現した場合，重い犯罪に当たる事実を認識して客観的には軽い犯罪を実現した場合[1]，および認識された事実が該当する犯罪の法定刑と実際に生じた事実が該当する犯罪のそれとが同一の場合がある。本件当時，覚せい剤所持罪の法定刑が10年以下の懲役（覚せい剤取締法41条の2第1項1号，14条1項）であるのに対して，麻薬所持罪のそれは7年以下の懲役（麻薬取締法66条1項，28条1項）であった。したがって，本件事案は，抽象的事実の錯誤のうち，軽い犯罪を行うつもりで重い犯罪を実現した場合に当たる。

刑法38条2項は，「重い罪に当たるべき行為をしたのに，行為の時にその重い罪に当たることとなる事実を知らなかった者は，その重い罪によって処断することはできない」と規定する。ここから明らかなのは，抽象的事実の錯誤のうち，軽い罪を行う意思で重い罪を実現した場合には，行為者を重い犯罪の規定によって処罰することはできない，ということのみである。したがって，このような場合に，成立する罪名も科刑も軽い罪に従うのか，それとも罪名は重い罪によるが科刑のみが軽い罪の法定刑に従うのかは明らかでない。また，重い罪を犯す意思で軽い罪を実現した場合，および法定刑が同一の場合がどのように解決されるのかについては規定がなく，これらの点も解釈に委ねられている。

法定的符合説（通説，判例）は，行為者が表象した事実と現実に生じた事実とが同一構成要件内にある限りで故意を認める見解である[2]。この立場からは，抽象的事実の錯誤に陥っている行為者は実際に生じた構成要件に該当する事実を正しく認識していないから，原則として故意が阻却されることになる。

---

1) 現時点で，このような場合を直接扱った最高裁判例は存在しない。
2) 方法の錯誤（打撃の錯誤）の処理に関して具体的符合説（具体的法定符合説）をとる場合には，異なる構成要件間での方法の錯誤についても，行為者には実際に結果が生じた客体についての認識・予見が欠けるという理由で故意が否定される。したがって，具体的符号説の立場からは，抽象的事実の錯誤において故意犯の成否が問題になるのは客体の錯誤の事案に限られることになるが，この場合には法定的符合説（抽象的法定符合説）と同様の結論を導く。

例えば，客体を他人の飼い犬であると信じてこれを殺すつもりで発砲したところ，客体は実際には人であったという場合，行為者には器物損壊の認識はあるが，殺人の構成要件に該当する事実の認識が欠けるから，殺人罪の故意を肯定することはできず，せいぜい過失致死罪の成立しか認められない。しかし，他人の飼い犬を殺すつもりでその通りの結果を生じさせて器物損壊罪が成立する場合と比較すると，刑が軽すぎて不都合ではないか，ということが問題になりうる。

実際，この点は，抽象的符合説が主張される根拠でもある。抽象的符合説にはいくつかの理論構成があるが，おしなべて言えば，本説は，故意を抽象化し，およそ犯罪の意思で犯罪の結果を生じさせた以上，少なくとも軽い犯罪との関連では故意犯処罰が認められる，とする見解である[3]。つまり，他人の飼い犬を殺すつもりで実際には人を死亡させた場合には，少なくとも器物損壊罪での処罰を肯定するのである。しかしながら，ここでの「故意」は特定の構成要件に該当する事実の認識ではなく，このように構成要件関連性から解放され，抽象化された認識はもはや故意たり得ない。また，本説は主観主義刑法学の立場からのみ主張可能な見解であり，行為者の認識内容とは無関係に生じた結果に応じて故意犯処罰を肯定することは，結果責任を負わせるに等しいのであって，これを支持することはできない。

とはいえ，例えば，業務上横領罪を犯す意思で実際には単純横領罪を実現したような場合にまで，行為者が認識・予見した犯罪と実現した犯罪の構成要件が異なるとして，直ちに故意を阻却するのは不合理であり，刑事政策的にも不都合であろう。そこで，通説および判例は，法定的符合説の「法定」を形式的な意味での構成要件と解するのではなく，それらが実質的にみて法的に同じ評価が加えられている範囲で故意の符合を認めようとする。したがって，抽象的事実の錯誤のうち一定の場合について，法定的符合説を前提

---

3) 牧野英一『刑法総論下巻』(1959年) 574頁以下，宮本英脩『刑法大綱』(1935年) 143頁以下，草野豹一郎『刑法要論』(1956年) 93頁以下，植松正『刑法概論Ⅰ総論〔再訂版〕』(1974年) 280頁以下。植松の見解については，日髙義博『刑法における錯誤論の新展開』(1991年) 36頁以下も参照。

としつつ故意犯の成立を認めるための理論的根拠づけと，その限界づけが問題となる。

2 判例

最高裁はすでに，その昭和25年7月11日判決（刑集4巻7号1261頁）において，XがYにA方への住居侵入窃盗を教唆したところ，YがB方に侵入して強盗を犯したという事案につき，「犯罪の故意ありとなすには，必ずしも犯人が認識した事実と，現に発生した事実とが，具体的に一致（符合）することを要するものではなく，右両者が犯罪の類型（定型）として規定している範囲において一致（符合）することを以て足るものと解すべきものであるから，いやしくもYの判示住居侵入強盗の所為が，被告人Xの教唆に基づいてなされたものと認められる限り，被告人Xは住居侵入窃盗の範囲において，右Yの強盗の所為について教唆犯としての責任を負うべき」であるとしていた。やはり法定的符合説を前提としながらも，故意犯の成立を認めるにあたり，形式的な構成要件の一致までは要求していないのである。

大審院および最高裁はこれ以外にも，例えば嘱託殺人罪と普通殺人罪（大判明治43年4月28日刑録16輯760頁），窃盗罪と強盗罪（最判昭和23年5月1日刑集2巻5号435頁），恐喝罪と強盗罪（最判昭和25年4月11日集刑17号87頁，最決昭和35年9月29日集刑135号503頁）傷害罪と殺人罪（最判昭和25年10月10日刑集4巻10号1965頁）との間で，法定刑が軽い罪を犯す意思で重い罪を実現した場合につき，前者の成立を肯定しているが，特にその理由は示していない。他方で，公文書無形偽造の教唆を共謀して公文書有形偽造の教唆を実現したという法定刑が同一の抽象的事実の錯誤の事案について，「両罪は犯罪の構成要件を異にするも，その罪質を同じくするものであり，且法定刑も同じである」ことを理由に，被告人の錯誤は公文書有形偽造教唆の故意を阻却しない

---

4) いわゆる共犯の錯誤の事案であるが，基本的には単独犯の錯誤の理論が当てはまる。

5) ただし，傍論。本判決は，Xの教唆行為とYの所為との間の因果関係の存在に疑問があるとして，審理を原裁判所に差し戻している。

と判示した（最判昭和23年10月23日刑集2巻11号1386頁）。また，下級審においても，大阪高裁昭和31年4月26日判決（高刑集9巻3号317頁）が，覚せい剤と誤信して麻薬を所持した被告人につき，罪質の同一性に言及して軽い罪（覚せい剤所持罪）での処断を認め，福岡地裁飯塚支部昭和45年3月25日判決（刑月2巻3号292頁）は，殺人の故意を有する者と傷害の故意を有する者とが共謀して被害者を襲撃した事案において，殺人罪と傷害罪との間には構成要件的重なり合いと罪質の同質性が認められることとを理由に，傷害の範囲で共同正犯が成立する，としていた（ほかに，鹿児島地判昭和52年7月7日刑月9巻7=8号439頁）。

　このような中で，最高裁昭和54年3月27日決定（刑集33巻2号140頁＝**判例1**）は，①覚せい剤と誤認して営利目的で麻薬を輸入し，②税関長の許可を受けないで麻薬を覚せい剤と誤認して輸入した，という事案につき，以下のように判示した。なお，本件当時，営利目的覚せい剤輸入罪および営利目的麻薬輸入罪の法定刑は，いずれも無期もしくは3年以上の懲役または無期もしくは3年以上の懲役および500万円以下の罰金であったから，①の事実は法定刑が同一の場合の抽象的事実の錯誤に，輸入禁制品（麻薬）無許可輸入罪は5年以下の懲役もしくは50万円以下の罰金または併科，輸入制限物件（覚せい剤）無許可輸入罪は3年以下の懲役もしくは30万円以下の罰金または併科であったから，②は軽い犯罪を行うつもりで重い犯罪を実現した場合に当たる。

　最高裁は①の事実に関して，「麻薬と覚せい剤とは，ともにその濫用による保健衛生上の危害を防止する必要上，麻薬取締法及び覚せい剤取締法による取締の対象とされているものであるところ，これらの取締は，実定法上は前記二つの取締法によつて各別に行われているのであるが，両法は，その取締の目的において同一であり，かつ，取締の方式が極めて近似していて，輸入，輸出，製造，譲渡，譲受，所持等同じ態様の行為を犯罪としているうえ，それらが取締の対象とする麻薬と覚せい剤とは，ともに，その濫用によってこれに対する精神的ないし身体的依存（いわゆる慢性中毒）の状態を形成し，個人及び社会に対し重大な害悪をもたらすおそれのある薬物であつて，外観上も

類似したものが多いことなどにかんがみると、麻薬と覚せい剤との間には、実質的には同一の法律による規制に服しているとみうるような類似性があるというべきである」と述べたうえで、覚せい剤輸入罪と麻薬輸入罪とは「その目的物が覚せい剤か麻薬かの差異があるだけで、その余の犯罪構成要件要素は同一であり、その法定刑も全く同一であるところ、前記のような麻薬と覚せい剤との類似性にかんがみると、この場合、両罪の構成要件は実質的に全く重なり合つているものと見るのが相当であるから、麻薬を覚せい剤と誤認した錯誤は、生じた結果である麻薬輸入の罪についての故意を阻却するものではないと解すべきである」から、「麻薬取締法64条2項、1項、12条1項の麻薬輸入罪が成立し、これに対する刑も当然に同罪のそれによるものというべきである」と判示した。

また、②については、「覚せい剤を無許可で輸入する罪と輸入禁制品である麻薬を輸入する罪とは、ともに通関手続を履行しないでした類似する貨物の密輸入行為を処罰の対象とする限度において、その犯罪構成要件は重なり合つているものと解するのが相当である」として、「被告人は、覚せい剤を無許可で輸入する罪を犯す意思であつたというのであるから、輸入にかかる貨物が輸入禁制品たる麻薬であるという重い罪となるべき事実の認識がなく、輸入禁制品である麻薬を輸入する罪の故意を欠くものとして同罪の成立は認められないが、両罪の構成要件が重なり合う限度で軽い覚せい剤を無許可で輸入する罪の故意が成立し同罪が成立するものと解すべきである」とした。

つまり、**判例1**は、行為者が認識した犯罪と実現した犯罪の「構成要件の実質的重なり合い」を要件として、①両罪の法定刑が同じ場合には実現した罪が成立し、②軽い罪を犯す意思で重い罪を実現した場合には軽い罪の故意が認められて同罪が成立することを明らかにしたのである。このルールは、暴行・傷害を共謀した共犯者のうちの一人が殺人を犯した場合に、殺意のなかった者については「殺人罪の共同正犯と傷害致死罪の共同正犯の構成要件が重なり合う限度で軽い傷害致死罪の共同正犯が成立する」とした最高裁昭和54年4月13日決定（刑集33巻3号179頁）でも確認されている。

本決定において最高裁は、麻薬であると誤信して覚せい剤を所持した被告

人の行為につき，麻薬所持罪と覚せい剤所持罪とはその目的物と法定刑が異なるだけで，その余の犯罪構成要件要素は同一であるから，麻薬と覚せい剤との類似性に鑑みると，「両罪の構成要件は，軽い前者の罪の限度において，実質的に重なり合っている」としたうえで，被告人には「両罪の構成要件が実質的に重なり合う限度で軽い麻薬所持罪の故意が成立し同罪が成立する」と判示して，麻薬所持罪の適用を認めた第1審の判断を是認した。したがって，本判決は，薬物の取り違えにかかる抽象的事実の錯誤における「構成要件の実質的重なり合い」判断をも含めて，**判例1**を踏襲し，そのルールを再確認したものと評価することができる。

3　構成要件の実質的重なり合い

(1)　「実質的重なり合い」の限界

それでは，本決定および**判例1**にいう「構成要件の実質的重なり合い」はいかなる場合に認められるのであろうか。例えば，傷害罪と殺人罪（前記最判昭和25年10月10日，前記福岡地飯塚支判昭和45年3月25日，前記鹿児島地判昭和52年7月7日），脅迫罪と恐喝罪（大判大正元年11月8日刑録18輯1445頁）のように，一方の犯罪の構成要件が他方を完全に包摂する場合には，客観的事実である重い罪の実現には軽い罪が含まれているとみることができる。そうすると，行為者が軽い罪を犯す意思で重い罪を実現した場合，軽い罪の構成要件は主観的にも客観的にも充足されているということができる。したがって，この場合，軽い罪の故意犯が成立するのは当然である。反対に，重い罪を犯す意思で軽い罪を実現した場合にも，重い罪の故意は軽い罪の故意を含んでいると考えれば，前者を以て後者に代えることは可能であろうから，やはり軽い罪の故意犯が成立することになる。

しかし，判例は，窃盗罪と強盗罪（前記最判昭和23年5月1日，前記最判昭和25年7月11日），恐喝罪と強盗罪（前記最判昭和25年4月11日，前記最決昭和35年9月29日），遺失物横領罪と窃盗罪（東京高判昭和35年7月15日下刑集2巻7＝8号989頁）[6]，麻薬所持罪と覚せい剤所持罪（前記大阪高判昭和31年4月26日），嘱託殺人罪と普通殺人罪（名古屋地判平成7年6月6日判時1541号144頁）との間で抽象的

事実の錯誤が問題となった事案でも，それぞれ軽い罪の故意犯成立を認めている。この場合，行為者が認識した犯罪と客観的に実現された犯罪の構成要件は，せいぜいその一部が共通しているにすぎない。例えば，窃盗罪と強盗罪，恐喝罪と強盗罪，および遺失物横領罪と窃盗罪では，それぞれ「他人の物を自己の占有下に移す」という部分にしか「重なり合い」は存しないのである。本決定および**判例1**がいう構成要件の「実質的」重なり合いは，上記のような包摂関係が存しない場合にも軽い罪の限度で故意犯の成立を肯定してきた従来の裁判例の立場に沿うものである。

本決定および**判例1**では，麻薬取締法と覚せい剤取締法の取締の目的および方式，行為態様，麻薬と覚せい剤の性質および外観が，麻薬所持罪と覚せい剤所持罪あるいは麻薬輸入罪と覚せい剤輸入罪の共通点として挙げられている。しかし，これは，両事案がそのような指摘を行いうる場合であるからであって，両決定が挙げている共通点・類似点の一部でも欠ければ符合が認められないというわけではないと解すべきであろう[7]。いずれにせよ，両決定の判示から，直ちに「重なり合い」判断の一般規準を導き出すことは不可能である。

法定的符合説に立つ論者の多くは，「法定」の意味を構成要件に認めながら，異なる構成要件間にまたがる錯誤の場合にも，それらの構成要件が重なり合う限度で故意の成立を認める（構成要件的符合説）。構成要件の重なり合いを厳格に解する立場は，それが肯定される場合を表象された犯罪と実現された犯罪とが法条競合の関係に立つ場合に限定するが[8]，この見解に対しては，符合

---

[6] なお，遺失物横領罪と窃盗罪との間で構成要件の符合を認めた判例として，大審院大正9年3月29日判決（刑録26輯4巻211頁）が紹介されることがある。確かに，本判決の原々審は，他人の占有物を遺失物であると誤信して領得した被告人の行為に38条2項を適用して254条により処断している。しかし，大審院は，被告人の所為は単に遺失物を横領したものにすぎないとして254条を適用した原審の事実認定を基に「被告の所為は刑法第254条に該当する」と述べているから，本判決は，そもそも抽象的事実の錯誤に関する判断をしたものではないと解すべきであろう（ただし，本判決を紹介する論者は，大審院が原々審に言及した部分を傍論と読むのかも知れない）。

[7] 安廣①98頁。
[8] 香川268頁。ただし，財産犯については比較的広範に重なり合いを認める。

の範囲が狭すぎるのではないか，との疑問が提示されている[9]。

そこで，多数説は，基本構成要件と加重・減軽構成要件のように構成要件が形式的に重なり合う場合だけでなく，構成要件が「実質的に」重なり合う場合にも符合が認められるとして，「構成要件の実質的重なり合い」を肯定した裁判例の結論を基本的に支持する[10]。この立場は，保護法益や構成要件要素の共通性がある場合，法益侵害およびその危険の共通性が認められる場合[11]，あるいは保護法益の共通性ないし重なり合いが認められる場合に構成要件の実質的重なり合いを認めるが[12]，具体的な規準を提示することには成功していない。また，行為者が認識した事実と発生した事実とが犯罪として類似の性格を有する場合には故意の阻却を認めるべきではないとして，「罪質」に着目し，一般人がほぼ同意義に考えるような法益侵害に向けられたものであれば，法益侵害の方法に多少相違があっても符合を認める，とする罪質符合説も主張されている[13]。しかし，ここでいう「罪質」はほぼ法益に一致するから，同種の法益の範囲内で符合を認めることになり，その理解の如何によっては非常に広範な符合が肯定されることになろう。

法定的符合説の立場からは，さらに，故意の成立にとっては，行為者が，刑法が予定する，ある行為規範の内容を理解したか否かが決定的であるとして，「行為規範レベルでの重なり合い」を問題とする見解（規範的符合説）も主張されている[14]。構成要件該当事実の認識は，法的概念によって認識される必要はなく，いわゆる意味の認識で足る。そうすると，行為者の認識した犯罪と客観的に実現された犯罪とが形式的には別の構成要件に規定されていても，なお日常用語的な意味の認識レベルにおいては符合している場合がありうるのかも知れない。この見解が，「行為規範のレベル」というキーワードに

---

9) 内藤（下）I 976頁。
10) ただし，論者によっては，公文書偽造罪と虚偽公文書作成罪との間に重なり合いを認める（例えば，前記最判昭和23年10月23日）ことには反対する。
11) 林幹人「抽象的事実の錯誤」上法30巻2＝3号（1987年）254頁（同『刑法の現代的課題』（1991年）所収）。
12) 山口223頁。同⑧153頁以下も参照。
13) 西原（上）227頁。
14) 井田・理論構造108頁以下。

よって意味の認識をどこまで抽象化するのかという問題はあるが，行為者がいかなる事実を認識していれば当該犯罪の故意が認められるか，という視点からのアプローチである点で支持しうる。[15]

この意味では，故意に必要とされる認識は，行為を犯罪たらしめている事実，即ち，不法・責任事実に及ばなければならず，構成要件の実質的内容である不法・責任の認識があれば故意が認められるとして，抽象的事実の錯誤においても両罪の構成要件が不法・責任内容において符合していれば故意の成立を認める不法・責任符合説も正しいものを含んでいる。[16]しかし，この見解は，構成要件の故意規制機能を正面から否定し，したがって故意の構成要件関連性を否定して，故意の成立にとって構成要件に該当する事実の認識は不要であるとする点で多くの批判に晒されている。[17]

(2)「実質的重なり合い」の意義

本決定において最高裁は，被告人が所持していた覚せい剤は麻薬所持罪の客体たりえず，同罪の構成要件が充足されていないのにもかかわらず，麻薬所持罪の成立を認めている。**判例1**の判旨②においても同様である。ここでは，「構成要件の実質的重なり合い」という要件によって，いわば客体の欠如が補完されて犯罪の成立が肯定されている。しかし，なぜ，構成要件が完全に充足されていないのにもかかわらず，その犯罪の成立が認められるのであろうか。学説には，軽い罪の故意が存在しないことを認めたうえで，両罪の構成要件の重なり合う場合には，「錯誤論の適用として」軽い罪の既遂犯の成立を肯定することができる，とするものがある。[18]しかし，これは錯誤論をいわばブラックボックスのように用いるものであって，何も説明していないに等しい。[19]

---

15) 葛原⑤83頁参照。
16) 町野⑦(下)8頁以下。なお，本決定に付された谷口裁判官の補足意見は，この立場に依拠している。
17) ただし，実現された構成要件が規定する不法・責任内容の認識を要求する点で，実質的には，規範符合説や後述の共通構成要件の認識を要求する見解との間に大きな相違はない。
18) 例えば，福田②67頁。
19) 安廣①96頁。

そこで，軽い罪を犯す意思で重い罪を実現する場合には，構成要件の符合が認められる限りで，重い犯罪の構成要件が刑法38条2項により修正を受けて，軽い罪の範囲で故意犯が成立するとの説明がなされる[20]。つまり，38条2項に依拠して，実現された重い罪の事実を客観的には実現されていない軽い罪の事実に転用するのである。行為者が認識した犯罪と実現した犯罪とにまたがる「共通構成要件」を想定して，これが客観的にも主観的にも充足されている場合には軽い罪の故意犯が成立する，とする見解も[21]，38条2項を適用することで，共通構成要件の客観的事実の充足をもって軽い罪の事実が存在しているとみなすのであろう。しかし，このような説明に対しては，そもそも38条2項は重い罪の成立を否定しているだけであって，軽い罪の構成要件を拡張するものではなく，軽い罪での処罰を要求しているわけではないから，同条のみに依拠してこのような理論構成をとることはできない，との批判が向けられている[22]。

なお，近時，判例および通説が政策的考慮から「あえて故意概念を修正し，罪刑法定主義違反の危険を冒してまで……『実質的重なり合い』を持ち出す」ことを批判し，このような場合には，実際には未必の故意ないし概括的故意が認められることが多い，との指摘がなされており[23]，傾聴に値する。

4　没収の適条

本件では，押収してある覚せい剤を，麻薬取締法と覚せい剤取締法のいずれの規定により没収すべきかも問題となった。本決定はこの点について，覚せい剤取締法41条の6を適用して，いわゆる従物説を採用することを明らかにした[24]。しかし，ここまでみてきたように，本決定は，被告人が麻薬と誤信して覚せい剤を所持した事実につき，覚せい剤所持罪ではなく麻薬所持罪

---

20)　町野⑦（下）16頁以下，井田・理論構造105頁ほか。
21)　山口222頁。同⑧153頁以下も参照。
22)　松宮孝明「事実の錯誤と故意概念」現刑6号（1999年）36頁，葛原⑤83頁。ただし，本決定が是認した第1審判決は，38条2項を適用していない。
23)　齋野⑨48頁以下，葛原⑤83頁。
24)　没収に関する学説について詳しくは，安廣①104頁参照。

が成立するとしている。そうすると，本件において覚せい剤取締法の規定による没収を認めることは，覚せい剤取締法上の犯罪が成立していないのにもかかわらず，本件覚せい剤が同法41条の6にいう「前5条の罪にかかる覚せい剤」に含まれるとすることになり，文理に反するのではないか，という疑問が生ずる。

この点につき本決定は，①処罰の対象とされているのは覚せい剤を所持した行為であり，これは客観的には覚せい剤取締法41条の2第1項1号に該当すること，②「このような薬物の没収は目的物から生ずる社会的危険を防止するという保安処分的性格を有する」こと，を理由として同法41条の6による本件覚せい剤の没収を認めた。しかし，これに対しては，薬物の没収は保安処分的性格を有するものではあるが，現行法上は附加刑であり，刑罰である以上，故意がないために犯罪が成立しない場合に没収を認めることは罪刑法定主義に反する解釈であるとの疑問が呈示されている[25]。

【参考文献】
本件の解説・評釈として
　①安廣文夫「判解」最判解昭和61年度
　②福田平「判批」判例評論337号（判時1218号）
　③山口厚「判批」法教73号
　④伊東研祐「判批」警研58巻9号
　⑤葛原力三「判批」百選5版
　⑥専田泰孝「判批」百選6版

抽象的事実の錯誤について
　⑦町野朔「法定的符合について（上）（下）」警研54巻4号（1983年），5号（1983年）
　⑧山口・探究総論
　⑨齋野彦弥「事実の錯誤と故意概念」現刑6号（1999年）
　⑩井田・理論構造

（一原亜貴子）

---

25) 山口③127頁。福田②214頁，伊東④84頁も参照。

8

違法性の錯誤
―百円紙幣模造サービス券作成事件―

- 最高裁判所昭和62年7月16日第一小法廷決定
- 昭和60年(あ)第457号 通貨及証券模造取締法違反被告事件
- 刑集41巻5号237頁／判時1251号137頁／判タ647号124頁

I 事案

　Xは，自己の経営する飲食店「五十三次」の宣伝に供するため，写真製版所に依頼し，まず，表面は，写真製版の方法により日本銀行発行の百円紙幣と同寸大，同図案かつほぼ同色のデザインとしたうえ，上下2か所に小さく「サービス券」と赤い文字で記載し，裏面は広告を記載したサービス券Aを印刷させ，次いで，表面は，前回と同じデザインとしたうえ，上下2か所にある紙幣番号を「五十三次」の電話番号に，中央上部にある「日本銀行券」の表示を「五十三次券」の表示に変え，裏面は広告を記載したサービス券Bを印刷させて，それぞれ百円紙幣に紛らわしい外観を有するものを作成した。

　Yは，Xが作成したサービス券Aをみて，自分が営業に関与している飲食店「大黒家」でも，同様のサービス券を作成したいと考え，Xの承諾を得て，前記写真製版所に依頼し，表面は，Xが作成した各サービス券と同じデザインとしたうえ，上下2か所にある紙幣番号を「大黒家」の電話番号に，中央上部にある「日本銀行券」の表示を「大黒家券」の表示に変え，裏面は広告を記載したサービス券Cを印刷させて，百円紙幣に紛らわしい外観を有するものを作成した。

　通貨及証券模造取締法(明治28年4月5日法律第28号)1条は，「銀行紙幣」に「紛ハシキ外観ヲ有スルモノ」の製造を禁じている。そして，同法2条は，「前

条ニ違犯シタル者」を1月以上3年以下の有期懲役に処するとしている。本件は，XやYによる前記の行為が同条の罪で訴追された事案であるが，次のような事情があったため，両名がその違法性を意識していなかったことについて，相当の理由があるか否かが争点になった。

まず，Xは，サービス券Aの作成前に，製版所側から片面が百円紙幣の表面とほぼ同一のサービス券を作成することはまずいのではないかなどといわれたため，北海道警察本部札幌方面西警察署防犯課保安係に勤務している知合いのP巡査を訪ね，同人およびその場にいた同課防犯係のQ係長に相談した。すると，同人らから通貨及証券模造取締法の条文を示されたうえ，紙幣と紛らわしいものを作ることは同法に違反することを告げられ，サービス券の寸法を真券より大きくしたり，「見本」，「サービス券」などの文字を入れたりして誰がみても紛らわしくないようにすればよいのではないかなどと助言された。

しかし，Xとしては，その際の警察官らの態度が好意的であり，得られた助言も必ずそうしなければいけないというような断言的なものとは受け取れなかったことなどから，この助言を重大視せず，当時百円紙幣が市中に流通することは全くないし，表面の印刷が百円紙幣と紛らわしいものであるとしても，裏面には広告文言を印刷するのであるから，表裏を全体としてみるならば問題にならないのではないかと考えた。その後，製版所側からの忠告により，表面に「サービス券」の文字を入れたこともあって，サービス券Aを作成しても処罰されるようなことはあるまいと楽観し，前記警察官らの助言に従わずにサービス券Aの作成に及んだ。

サービス券Aを作成したXは，帯封をかけたサービス券1束約100枚を西警察署に持参し，助言を受けたQ係長らに差し出した。すると，格別の注意も警告も受けず，かえってP巡査が珍しいものがあるとして同室者らにサービス券を配付してくれたりしたので，ますます安心し，さらに，サービ

---

1) 禁じられているのは製造と販売のみで，所持や頒布は禁じられていない。
2) 同条の定める法定刑のうち，重禁錮については，刑法施行法19条1項本文と同法2条を参照。罰金の付加については，同法19条2項を参照。

ス券Bの印刷を依頼してこれを作成した。

　しかし，前記サービス券の警察署への持参行為は，署員の来店を促す宣伝活動の点に主たる狙いがあり，サービス券の適否について改めて判断を仰いだ趣旨のものではなかった。

　一方，Yは，Xから，このサービス券は百円札に似ているが警察では問題ないといっており，現に警察に配付してから相当日時が経過しているが別に何の話もないなどと聞かされ，近時一般にほとんど流通していない百円紙幣に関することでもあり，格別の不安を感ずることもなく，サービス券の作成に及んだ。

　しかし，Yとしては，自ら作成しようとするサービス券が問題のないものであるか否かにつき独自に調査検討をしたことは全くなく，もっぱら先行するXの話を全面的に信頼したにすぎなかった。

　両名の弁護人は，それぞれ，両名に違法性の錯誤があり，その錯誤には相当の理由があると主張した。しかし，第1審（札幌地判昭和59年9月3日刑月16巻9=10号701頁）は，本件各サービス券が製造された経緯を検討したうえで，「いずれも違法性の錯誤につき相当な理由を有する場合ではなく，所論は，前提を欠き，採用することができない」と述べて，Xを懲役3月・執行猶予1年，Yを懲役1月・執行猶予1年に処した。

　一方，控訴審（札幌高判昭和60年3月12日刑集41巻5号247頁参照）は，これよりもさらに踏み込んで，違法性の錯誤に相当の理由があれば「例外的に犯罪の成立が否定される」との解釈を示したが，第1審同様，本件では，相当の理由があるとはいえないとし，両名の控訴を棄却した。本件のようなあてはめの錯誤で「この例外的な判断を下すべき」場合について，控訴審判決は，「本件の刑罰法規に関し確立していると考えられる判例や所管官庁の公式の見解又は刑罰法規の解釈運用の職責のある公務員の公の言明などに従って行動した場合ないしこれに準ずる場合などに限られる」とし，両名に認められる本件の事情だけではそれに足りないとする。

　これに対し，XY両名は，本件の場合，違法性の錯誤に相当の理由があるというべきだと主張して，それぞれ上告した。

Ⅱ 決定要旨

上告棄却

最高裁は，両名の弁護人による上告趣意を，いずれも刑訴法405条の上告理由にあたらないとしたが，違法性の錯誤に関しては，前記の事実を前提にして，次のように述べた。

「このような事実関係の下においては……（Xがサービス券Aおよびサービス券Bを作成する行為の，また，YがサービスCを作成する行為の）……各違法性の意識を欠いていたとしても，それにつきいずれも相当の理由がある場合には当たらないとした原判決の判断は，これを是認することができるから，この際，行為の違法性の意識を欠くにつき相当の理由があれば犯罪は成立しないとの見解の採否についての立ち入った検討をまつまでもなく，本件各行為を有罪とした原判決の結論に誤りはない。」

Ⅲ 解　説

1 違法性の錯誤

(1) 従来の判例と学説の状況

違法性の錯誤が，犯罪の成否に及ぼす影響については，さまざまな考え方がある。かつては，違法性の錯誤があるとそれだけで故意が否定されるとする立場も有力であった。これは，故意の成立に違法性の意識が必要だとする，いわゆる必要説を前提としている。しかし，現在では，違法性の錯誤があるというだけでなく，その錯誤に相当の理由があるとき，犯罪の成立を否定する立場が通説である。これは，行為者に行為の違法性を意識する可能性がなかったといえるとき，故意または責任を否定する可能性説を前提としている。

一方，この問題をめぐっては，違法性の錯誤がいかなる場合にも犯罪の成否に影響を及ぼさないとする立場もある。これは，犯罪の成立に違法性の意識もその可能性も要しないという不要説を前提としている。判例の主流は，

古くからこの立場をとってきた（大判大正13年8月5日刑集3巻611頁，最判昭和26年11月15日刑集5巻12号2354頁等）。しかし，この立場では，行為の違法性を意識する可能性がなかった場合にまで，違法行為を避けるべきだったといって処罰することになるため，責任主義に反するという批判が強い。[3]

このような状況を受けて，本件控訴審判決のように，可能性説をとる下級審判例も増えている（実際に相当の理由を認めて犯罪の成立を否定したものだけでも，東京高判昭和27年12月26日高刑集5巻13号2645頁，東京高判昭和44年9月17日高刑集22巻4号595頁，東京高判昭和51年6月1日高刑集29巻2号301頁，東京高判昭和55年9月26日高刑集33巻5号359頁，大阪高判平成21年1月20日判タ1300号302頁がある）。最高裁判例にも，昭和50年代からは，不要説の立場を明言するものがみられなくなったといわれている。このため，違法性の錯誤に相当の理由があり，行為の違法性を意識する可能性がないと評価できる事案が，最高裁で取り扱われることになれば，この点の判例は，変更されるのではないかと期待されている。[4]

(2) 厳格故意説と制限故意説

違法性の意識，あるいは違法性を意識する可能性が，犯罪の成立に必要か，必要だとすると，それはいかなる犯罪要素の成立を認めるために必要か，という問いに対し，故意の成立を認めるために必要だとする立場を故意説という。前記(1)の分類でみた場合，故意説には，必要説に至るものと，可能性説に至るものがある。まず，故意説のうち，行為者が行為の違法性を意識していることそのものを「厳格」に要求し，前記の必要説に至る考え方を厳格故意説という。[5]これに対して，違法性の意識そのものがなくても，行為者に行為の違法性を意識する可能性があれば故意を認めることができるとし，違法性の意識に関する故意説の要求を「制限」して，可能性説に至る考え方を制限故意説という。[6]

---

3) 曽根・重要問題214頁等。
4) 中森喜彦「違法性の錯誤」芝原邦爾編『刑法の基本判例』（1988年）44頁。
5) 長井⑦22-8頁等。
6) 佐久間300頁等。

厳格故意説に対しては，さまざまな問題点が指摘されている。例えば，刑法38条1項本文によると，犯罪は故意がなければ処罰されないのが原則である。そして，この原則は，刑法8条本文により，「他の法令の罪についても」適用される。したがって，行政取締法規の犯罪でも，故意犯の処罰が原則ということになる。しかし，一般市民の側にしてみれば，行政取締法規の知識など，ないのが普通であるし，仮に違法性の意識を持たない方が処罰を免れうるとすると，わざわざ行政取締法規を調べて自己の行為の違法性を確認するインセンティブも失われる。一方，行政取締法規の犯罪は，過失犯処罰規定を持たないものが大部分である。それゆえ，厳格故意説を前提にすると，行政取締法規の犯罪は，行為者に違法性の意識がないため，故意がないということで，ほとんど処罰できなくなる恐れがあるといわれる[7]。

　この指摘で重要なのは，行政取締法規の犯罪を処罰できなくなるという結果ではない。重要なのは，それにもかかわらず，行政取締法規の大部分が，それに対処するための過失犯処罰規定をおいていないことである。すなわち，厳格故意説をとると，前記のような結果に陥り，取締まりの目的を達成できないことが当然予想されるにもかかわらず，これらの法規が，それに対処するための過失犯処罰規定をおいていないというのは，これらの法規が，厳格故意説をとらないことを前提にしているからだと考えられるだろう[8]。このような現行法の趣旨からすると，厳格故意説は，立法論としてはありうるかもしれないが，現行法の解釈論としては，無理があるということになる。

　また，制限故意説に対しては，主に故意概念との整合性に問題があるのではないかという指摘がある。もともと故意とは，刑法38条1項本文にいう「罪を犯す意思」のことであるが，「罪を犯す意思」であるというためには，その意思の内容が「罪を犯す」ことでなければならない。そして，「罪を犯す」ことが意思の内容となるためには，それが現に認識されていなければならない。

---

[7] 曽根・重要問題218頁等。
[8] 違法性の錯誤に関する過失犯のみを処罰するという「特別の規定」（刑38条1項ただし書）をおくことが許されない理由は何もないのだから，過失犯をすべて処罰すると処罰範囲が広くなりすぎるというのは，理由にならない。

例えば，殺人であれば，行為者が，人を殺すことを現に認識して行為にでた場合に，人を殺す意思があったということができる。このように，行為者は，現に認識したことを前提に意思の内容を形成するのであり，現に認識していなければ，いかに認識する「可能性」があったとしても，それが意思の内容になることはない。そうだとすると，それは，故意説を前提にして，違法性の意識が意思の内容になりうるかを考えるときも，同じであろう。行為者が現に行為の違法性を意識していれば，それが行為者の意思の内容になるということはあるかもしれない。しかし，そうだとしても，行為者に行為の違法性を意識する「可能性」があったというだけで，それが行為者の意思の内容になることはない。[9]

　刑法38条1項本文は故意犯処罰の原則を定め，故意がない場合の処罰を否定する。したがって，行為の違法性を意識する可能性がないときは故意がないということができれば，違法性を意識する可能性がないときの犯罪の不成立を，この規定で説明できる。しかし，刑法38条1項本文が要求しているのは，あくまで「罪を犯す意思」であり，この規定は，意思の内容によって犯罪の成否を決めることを求めている。そうだとすると，意思の内容とは関係ない，違法性を意識する「可能性」で故意の有無を決めるというのは，この規定の解釈になりえないだろう。[10]

(3) 不要説と責任説

　一方，前記の故意説に反対する立場には，可能性説をとるものと，不要説をとるものがある。これらの考え方は，犯罪事実の認識があれば，違法性の意識やその可能性がなくても，故意を認めることができる点では一致している。このように，違法性の意識やその可能性が故意の成否に影響を与えないとすると，行為者に行為の違法性を意識する可能性がなかったとしても，刑法38条1項本文で犯罪の成立を否定することはできない。そうすると，違法性を意識する可能性がないとき，犯罪の成立を否定できる実定法上の根拠規

9）　平野Ⅱ263頁。
10）　平野Ⅱ266頁。

定は存在しないことになる。そして，この点を重視すれば，違法性を意識する可能性がなくても犯罪の成立を認める不要説に至る[11]。

これに対して，実定法上の根拠規定はなくても，責任主義の見地から，行為者に行為の違法性を意識する可能性がないときは，超法規的に責任阻却を認めるのが責任説である[12]。したがって，責任説は，前述の制限故意説と並ぶ可能性説の1つであるが，違法性を意識する可能性がなかったというとき，制限故意説が故意を否定して刑法38条1項本文で犯罪の成立を否定するのに対し，責任説は責任を否定し，それを刑法38条3項ただし書（＝任意的減軽）の延長線上に認められる超法規的責任阻却事由とするのである。

不要説に対しては，前述のとおり，責任主義に反するという批判がある。期待可能性の欠如を理由とする責任阻却がそうであるように，超法規的責任阻却事由は，たしかに，実定法の解釈適用を主たる任務とする実務にとって，あまり使いやすいものではないかもしれない。また，これらの責任阻却が濫用されれば，処罰規定の実効性を失わせ，法の弛緩を招くという懸念も，理解できないことではない[13]。

しかし，刑法38条以下の犯罪成立阻却事由に関していうと，それらの基盤にあるのが，責任主義の要請であることは否定しがたい。そうだとすると，実定法の基盤にある趣旨を汲み取って，実定法の欠けた部分を補うことは，実定法の解釈論としても，本来あるべき方向だといえるであろう。違法性を意識する可能性の欠如や期待可能性の欠如が実定法上の責任阻却事由とならなかったのは，通常の場合，そのような事態が生じるとは考えられなかったからであって，そのような事態が生じてしまった特異な場合にまで，それを否定する趣旨ではないと考えられる。刑法38条以下に挙げられた事態に比べれば，それが特異な場合であり，その意味で，そう多く認められるものではないことを前提とするなら，処罰規定の実効性と責任主義の要請を双方満

---

11) 判例が不要説の立場をとる理由の説明として，平野Ⅱ264頁。
12) 井田372-3頁等。
13) 判例が不要説の立場をとる理由の説明として，仙波②149-50頁，平野Ⅱ266-7頁。

足させられる調和点をみいだすこともできるのではなかろうか。[14]

2 違法性の意識の内容

制限故意説や責任説に立った場合，可能でなければならない違法性の意識の内容については，反条理性等の前法的な規範違反の意識とする立場[15]，法的に許されないことの意識とする立場[16]，刑法上の違法性の意識とする立場[17]，可罰性の意識とする立場[18]が考えられる。

まず，可罰性の意識とする立場であるが，少なくとも実際に警察の摘発を受けるとか，実際に処罰されることの予測可能性までは，要求すべきでないだろう。さもないと，行為の時点では誰の目からみても「完全犯罪」になるとしか考えられない巧妙な犯行の場合は，そもそも犯罪自体が成立しないことになる。ここで問題になっているのは，非難可能性を基礎づける法的評価が認識できたかということであるから，訴訟条件や摘発可能性等，行為に対する法的評価と無関係な事情まで認識できる必要はない[19]。

しかし，犯罪の責任が刑罰にみあうだけの非難可能性だとするなら，その責任を認めるには，前法的な規範違反や単なる違法性ではなく，刑法上の違法性を意識できることが必要であろう。効果に刑罰を予定している規定の違法性こそが，その刑罰にみあった非難可能性を基礎づけるのである。刑法上の違法性を意識できる状態でなければ，刑法上の非難が可能とはいえない。違法性や非難可能性について，質や量を観念できない形式的なものと考えるならともかく，そうでないなら，ここでは，刑法上の違法性を意識できることが必要だと思われる[20]。

この対立は，違法性の錯誤における相当の理由を判断する場面でも意味を

---

14) 川端博・判刑研 (3) 143 頁。
15) 瀧川幸辰『改訂犯罪論序説〔第5版〕』(1951年) 126-8 頁等。
16) 松原 (久) ⑧ 43-5 頁等。
17) 髙山⑥ 286-306 頁等。
18) 町野朔「『違法性』の認識について」上法 24 巻 3 号 (1981 年) 221-8 頁等。
19) 髙山⑥ 292-5 頁，松原芳博「違法性の意識」法セ 668 号 (2010 年) 117 頁。
20) 井田 377-8 頁，髙山⑥ 288-92 頁，松原 (芳)・前掲注 (19) 117 頁。

持ちうる。例えば，ある行為者が，検察や警察から，自分が行うつもりの行為について，「民事法や行政法上の違法性も認められないかということは別途検討する必要があるが，少なくともそれを罰するような処罰規定は存在しない」といわれていたとしよう。このような回答を受けただけなのに，民事法上も行政法上も違法性はないだろうと軽信してしまったら，その行為者には，違法性の意識がないが，刑法以外の違法性を意識する可能性はあったということになる。そのような状態で，行為者が行為を行い，そして，実際には処罰規定があったとすると，この場合，当局から「処罰規定は存在しない」と断言されていたのに，その行為者を（存在しなかったはずの）処罰規定で処罰するのが，果たして適切かは疑問である。[21]

しかし，このような場合でもない限り，行為が法的に許されないことを意識できるのであれば，それに対する処罰規定もあるのでないかということは当然思い至ることであるから，刑法上の違法性を意識する可能性だけが存在しないということは，実際上考えにくい。すなわち，法的に許されないことを意識できるのであれば，通常は，それを契機として，刑法上の違法性を意識することも可能になるから，違法性の意識の内容を，法的に許されないことの意識とするか，刑法上の違法性の意識とするかによって，相当の理由の判断に差がでることは，あまりないと思われる。[22]

本件においても，違法性を意識する可能性について，法的に許されないことを意識する可能性と考えると，相当の理由を認めることは難しいが，刑法上の違法性を意識する可能性と考えると，相当の理由を認めやすいといわれることがある。[23]しかし，本件の事案は，法的に許されないという評価を意識することはできたが，刑法上の違法性を意識することはできなかったという

---

21) 井田378頁。あるいは，それまで「可罰的」違法性がないとして，処罰を否定していた判例が突如変更され，行為のときには全く予測できなかった処罰が始まった場合も，同様である。松原（芳）・前掲注（19）117頁参照。なお，この点については，最高裁平成8年11月18日判決（刑集50巻10号745頁）における河合伸一裁判官の補足意見も参照。
22) 髙山⑥ 298-9頁も参照。
23) 松原久利「判批」百選5版93頁。

ものではない。もともと本件の各行為を違法と評価する規定が，本件で問題になった通貨及証券模造取締法以外にあるわけではない。また，本件では，それらの行為が（同法1条の禁止に違反することなら知りうるのに）同法2条の罪にあたる点に限って知りえなくなるような事情があるわけでもない。そうだとすると，違法性の意識の内容について，前記2つのいずれの立場に立ったとしても，相当の理由の判断に差がでることはないであろう。

3　相当の理由

(1) 本決定をめぐる議論の状況

行為者が違法性の錯誤に陥ったとしても，その錯誤に「相当の理由」がなければ，行為の違法性を意識する可能性はあったと考えるのが一般である[24]。そして，本件控訴審判決は，相当の理由が認められる場合として，行為者が，刑罰法規に関し確立していると考えられる判例に従って行動した場合，所管官庁の公式の見解に従って行動した場合，刑罰法規の解釈運用の職責にある公務員の公の言明に従って行動した場合，あるいはこれに準ずる場合を挙げる。これらの場合に相当の理由が認められることは，おそらく異論ないであろう。

しかし，本決定が本件で相当の理由を否定したことについては，賛否両論がある。本決定に賛成する見解も多いが[25]，サービス券BないしCの作成については相当の理由を認めるべきだとする見解[26]や，あるいはさらに，本件行為のすべてについて相当の理由を認めるべきだとする見解[27]もある。

(2) サービス券Aの作成と相当の理由

まず，Xによるサービス券Aの作成については，本決定を支持する見解が

---

24) 曽根・重要問題220頁等。
25) 阿部純二「判批」昭和62年度重判解157頁, 川端博「判批」法教87号(1987年) 87頁, 仙波②157-9頁, 林弘正「判批」新報95巻1＝2号(1988年) 199-200頁, 半田④164-5頁, 松原(久)⑧187-91頁, 吉田宣之「判批」百選6版95頁等。
26) 伊東①58-9頁, 曽根威彦＝松原芳博編『重点課題刑法総論』(2008年) 161-2頁〔北川佳世子〕, 齋野⑤215頁, 曽根③95-6頁, 髙山⑥349頁, 長井長信「判批」百選3版103頁等。
27) 内藤(下) I 1030-1頁。

圧倒的多数である。本決定によると，Xは，Q係長らによる助言に従わなかったとされている。しかし，このようにいうためには，助言がサービス券Aの作成を違法とする内容だったことが前提になる。そして，これは，コミュニケーションを全体としてみたとき，助言をそのような内容と理解すべきかということだと考えられる。そうだとすると，たとえ助言のなかに適切な内容が一部含まれていたとしても，それだけで助言が適切な内容だったと判断すべきではない。本件のような事案では，警察官の発言を部分的に取り上げて，安易に助言が適切だったという判断に至ることが危惧される。したがって，この点は，慎重な配慮が必要であろう[28]。

　この点との関係で，もう1つ付け加えるなら，本件においては，助言にあたった警察官の側が，サービス券の違法性をどのように考えていたのかも，よく検討しなければならないと思われる。もしも助言にあたった警察官自身が，作成後にサービス券Aをみせられて違法と思わなかったのであれば，同じ警察官が，作成前に相談されたときにだけ，それを違法とする趣旨の助言を与えていたとは考えにくいからである。

　第一審および控訴審によると，本件では，サービス券Aが警察署に持ち込まれた際，Q係長らは，「先の助言に沿っているとは言い難い」と感じたが，それが違法であるとの「確信が持てなかった」ことから，サービス券Aを受け取ったとされている。しかし，Q係長らが，その場でXに対して何もいわずにサービス券Aを受け取ったことからすると，このときQ係長らはそれを違法でないと考えていたという見方もありえたと思われる。たとえ「確信が持てなかった」としても，違法の疑いがあると思えば，その検討が済むまで一般に対する配布は待ってほしいなどの要請が，その場で行われてしかるべきであろう。

　とくに，通貨及証券模造取締法3条は，同法1条違反の物件について，刑法により没収する場合のほかは，何人の所有を問わず，「警察官ニ於テ之ヲ破毀スヘシ」と定めている。そうだとすると，刷り上がった後だからといって，

---

28) 松宮201頁も，助言の内容について事実認定上の問題を指摘する。

警察官がサービス券Aを放置してよいわけではない。もともとＱ係長らは，Ｘから最初に相談を受けたとき，「六法全書を開いて」同法（１条および２条）について説明したというのであるから，それにもかかわらずＱ係長らが同法３条の存在を知らなかった，とは考えにくい。この意味で，サービス券Aが持ち込まれたときのＱ係長らの認識と，その対応の相互関係については，事実認定の問題ではあるが，もう少し詳しい検討があってもよいように思われる。

　しかし，この点の疑問をおいて，本決定が前提にしたように，ＸがＱ係長らから事前に適切な助言を与えられていたにもかかわらず，それに従わなかったのだとするなら，本件で，サービス券Aの作成について，相当の理由を肯定するのは，難しいであろう。その意味では，本決定の判断も支持できると思われる。

　(3) サービス券Bの作成と相当の理由

　次に，サービス券Bの作成については，Ｘが，事前に警察官に対してサービス券Aを配布し，その際に得た反応から，その適法性を誤信するに至っている点が問題になる。すなわち，サービス券Bの作成は，警察官の「公の言明」に従って行動した場合とはいえないかもしれないが，少なくとも「これに準ずる場合」にはあたるのでないかということである。

　そして，この点については，警察官の黙認を信頼して違法性の錯誤に陥った場合に相当の理由を認めてよいかという形で議論されている。[29] しかし，警察官の黙認といっても，いろいろであるから，場合を分けて考える必要がある。警察官の黙認は，刑法上の違法性があっても，行為に対する法的評価以外の理由で行われることがあるからである。黙認だけでは，実際に摘発されることが予測できなかったとしかいえず，それだけで行為に刑法上の違法性があることを意識する可能性がないとはいえない。[30]

　したがって，この点については，ほかの理由からではなく，行為に刑法上の違法性がないことから黙認されていると信ずべき場合に，相当の理由を認

---

29)　伊東①58-9頁，松原（久）・前掲注（23）93頁等。
30)　半田④163頁。

めるべきであろう。行為者の側からみて，行為の違法性以外に摘発されない理由があると考えることができる場合には，行為の違法性を意識する可能性も否定できないと思われる。

例えば，贈賄罪を構成する警察官への利益供与を（警察官の側から請われて）行ったという場合や，業務上横領罪を構成する警察官の裏金作りに協力したという場合を考えると，黙認はもちろん，当該警察官からこの程度なら許されるといわれていたとしても，行為者が単純にそれを信じてよいかは疑問である。黙認する警察官自身が利益を受けることが明白な場合は，黙認の理由として，当該警察官の腐敗も当然考えられるから，この場合は，当該警察官を監督する機関か，あるいは少なくとも利害関係がない他の警察官に確認したのでない限り，相当の理由を否定すべきだと思われる。

本件の場合，XがサービスAを持参したときにQ係長らがそれを黙って受け取ったのは，第1審および控訴審によると，「余りなじみのない通貨及証券模造取締法に関することであり」そのサービス券が「直ちに同法違反の物件であると断定するほどの確信を持てなかった」からだとされている。また，その後も，（3年以下の懲役という重い罪が成立するかもしれないのに）サービス券Aを作成したXの罪責について「格別の検討を行わなかった」のは，「他の事務に忙殺」されたから（＝警察署内部における事務処理上の優先順位が低かったから）だという。

このような警察官の側の純粋な内部事情を，何もない状態で行為者の側が推知するのは不可能であるから，仮にこのような事情しかないのであれば，行為者にそれが告げられていたか，あるいは少なくとも，それを認識させる何らかの契機があった場合に限って，相当の理由を否定すべきであろう。[31]

ただ，本件では，Xの行為を黙認したとされるQ係長らに，X自身がサービス券Aを供与している。これは，金額にすれば微々たるものかもしれないが，受け取ったときのP巡査の反応からすると，それがその場の警察官らに

---

31) 髙山⑥343頁は，「行為時の行為者にとって理解可能な推論により，違法性の意識に到達しうること」を要するとする。同348頁も参照。

「喜ばれる贈り物」だったことは否定できないと思われる。そうだとすると，その限度では，本件にも，前述の「警察官自身が利益を受ける場合」と似た側面があるということになる。

　第1審および控訴審によると，Q係長らがXの摘発に関し実際に手心を加えたという事実は認定されていない。しかし，通貨及証券模造取締法になじみがないとか，他の事務に忙殺されたという，Xの側からは知りえない事情を除外して考えたとしても，すでにサービス券の作成を違法と判断できる内容の助言が一度与えられていたことを前提にするならば，前回の助言内容と，今回サービス券を供与した形になっていることをつきあわせて，Q係長らの黙認が，サービス券に対する法的評価以外の理由から行われたのでないかと考えることは，Xにも不可能ではないだろう。そうだとすると，Q係長らの黙認が，（前回の助言で生じた）違法性を意識する契機を完全に打ち消したとまではいえず，Xが，Q係長らの黙認を受けて直ちにサービス券作成の法的許容性を信じたことには，相当の理由がないという余地がある。

　この点，本決定は，サービス券Aを持参したときのXの狙いが，サービス券の適否に関する相談でなかったことを挙げて，相当の理由を否定している。しかし，Xの狙いが何であれ，このときのQ係長らの対応にほかの理由が考えられないなら，Xとしては，サービス券に対する法的評価に基づいて黙認されたと考えざるをえないであろう[32]。この意味で，本決定の理由づけには疑問が残るが，相当の理由を否定した結論自体は，かろうじて，支持できる範囲にあると思われる。

　(4) サービス券Cの作成と相当の理由

　最後に，YによるサービスCの作成については，YがXから誤った情報を聞かされていた点が問題になる。たしかに，Yが信じたのは，X個人の見解ではなく，Xから聞いたにせよ「警察官の見解」である。したがって，私人の個人的見解を信じた場合とは区別して考える必要があるという指摘も理解できないわけではない。

---

[32] 髙山⑥347-9頁も参照。

しかし，Xには，Yに対して正確な情報を伝える義務も責任もないのであるから，YがXから聞いた情報は，正確性について何の裏づけもない無責任な伝聞であることは否めない。[33]これが，法的な専門知識を持ち，依頼人のために善管注意義務を負う弁護士に依頼して，当局の見解を伝え聞いたというのであれば，行為者自身が直接問い合わせた場合に準じて考えることもできるかもしれないが，[34]少なくとも本件で，YがXを信頼したことを，それ自体相当の理由と考えることは，難しいであろう。

これに対して，YがXから聞いた情報のうち，サービス券を警察署に持参したが「何の話もない」という部分は，誤った情報ではなく，事実である。しかし，これも，Yに関する限り，結局は，Xの話を信用できるか否かの問題に帰着すると思われる。Xのいうとおり，本当に持参したのに「何の話もない」のか，それとも，実際にはXがいうのと異なる事情，例えば，単にサービス券の存在がまだ警察に露見していないなどの事情により，Xが摘発を受けるに至っていないだけなのかは，（信頼できる情報源に確認しない限り）Yにはわからないのだから，前記のように，Xの話を鵜呑みにすることができないとすれば，当時Xが摘発されていなかったことについても，行為の違法性以外の理由によるのでないかと考えることは，なお可能であろう。

本決定は，サービス券Cを作成する前にYが独自の調査を行わなかったことを挙げて，相当の理由を否定している。しかし，ここでの問題は，Yがサービス券作成の法的許容性を誤認したことに相当の理由があるか否かであり，Yに調査義務違反があったか否かではない。[35]本件では，Yが信じたXの話が（行為の時点で）信頼に値するものだったか否かを，まず問うべきであり，独自調査義務が独り歩きすることには警戒しなければならないが，相当の理由を否定した本決定の結論自体は，支持できると思われる。

---

33) 半田④165頁。
34) もちろん，弁護士の個人的見解に従った場合については，また別論である。
35) 伊東①59頁。

4　本決定の意義

　本件は、従来の判例がとる不要説の立場を前提にすると、XやYが違法性の意識を欠いたことについて「相当の理由がある場合」にあたるか否かを判断する必要がない事案である。それにもかかわらず、その必要がないはずの判断をわざわざ行っていることからすると、本決定も、不要説を不動の前提としているわけではないということができる。本決定には、「行為の違法性の意識を欠くにつき相当の理由があれば犯罪は成立しないとの見解の採否についての立ち入った検討をまつまでもなく」とする部分もある。これは、本決定の判断が、その「見解」の採否について検討するための前提としてなされたことを示していると読むのが自然であろう。そうだとすると、本決定は、判例を変更し、その「見解」をとる可能性を示唆した点に意義があるといえる。

　また、本決定には、相当の理由の判断に関する事例判例としての意味もある。可能性説をとった場合、違法性の錯誤に相当の理由があるか否かを判断する必要があるが、本決定は、本件の事実に即して、その判断を示してみせたわけである。もともと本決定は、本件に関する控訴審判決の判断を支持しただけで、相当の理由に関する一般的な判断基準を示そうとしたものではない。しかも、その判断は、判例変更に踏み切ることなく、可能性説を仮定的に前提としたものにすぎない。それゆえ、その判断に、可能性説をとった場合の事例判例として、どの程度の意義を認めるべきかは難しいところであるが（今後、可能性説を採用することになったとき、あわせて相当の理由についても新たな判断が示されることが考えられないではない）、しかし、それでも、本決定には、「相当の理由がある場合」についての、現段階における裁判所のさじ加減を窺わせるものとして、一定の意味があるということはできるだろう。[36]

【参考文献】
　本件の解説・評釈として

---

[36] 本決定の意義につき、仙波②160-1頁、松原（久）⑧130-1頁。

①伊東研祐「判批」警研 60 巻 6 号（1989 年）
②仙波厚「判解」最判解昭和 62 年度
③曽根威彦「判批」同『刑法における実行・危険・錯誤』（1991 年）
④半田靖史「判批」小林充＝植村立郎編『刑事事実認定重要判決 50 選（上）［補訂版］』（2007 年）

違法性の錯誤について
⑤齋野彦弥『故意概念の再構成』（1995 年）
⑥髙山佳奈子『故意と違法性の意識』（1999 年）
⑦長井長信『故意概念と錯誤論』（1998 年）
⑧松原久利『違法性の錯誤と違法性の意識の可能性』（2006 年）

（専田泰孝）

9

過 失 犯
―薬害エイズ・厚生省ルート事件―

最高裁判所平成 20 年 3 月 3 日第二小法廷決定
平成 17 年（あ）第 947 号 業務上過失致死被告事件
刑集 62 巻 4 号 567 頁／判時 2004 号 158 頁／判タ 1268 号 127 頁

I 事　案

1　本件の事実関係

本件において，最高裁が判断の前提とした事実関係は，以下に引用するとおりである。

「(1) 被告人の地位

被告人は，昭和 59 年 7 月 16 日から昭和 61 年 6 月 29 日までの間，公衆衛生の向上及び増進を図ることなどを任務とする厚生省の薬務局生物製剤課長として，同課所管に係る生物学的製剤の製造業・輸入販売業の許可，製造・輸入の承認，検定及び検査等に関する事務全般を統括していた者であり，血液製剤等の生物学的製剤の安全性を確保し，その使用に伴う公衆に対する危害の発生を未然に防止すべき立場にあった。

(2) 薬務行政に関する法令上の規定

厚生省薬務局における医薬品等に関する行政事務の遂行は，薬務行政と称され，その基本法として薬事法が存在していた。同法については，サリドマイド事件，スモン事件等のいわゆる薬害事件の発生を教訓として，昭和 54 年 10 月 1 日に公布された薬事法の一部を改正する法律（昭和 54 年法律第 56 号）により，医薬品の使用による被害発生を未然に防止するとの観点からの改正が

行われた。同改正後の薬事法（被告人が生物製剤課長に在任していた当時のもの。以下同じ。）には，医薬品の品質，有効性及び安全性を確保するための諸規定が置かれ，厚生大臣には，同法74条の2第1項の承認取消し等を前提とする同法70条の回収命令の権限，同法69条の2の緊急命令の権限等が与えられていた。

(3) **血友病及び血友病治療用製剤**

血友病は，人体の血液凝固因子のうち第VIII因子又は第IX因子の先天的欠乏又は活性の低下のため，出血が止まりにくい症状を呈する遺伝性疾患であり，第VIII因子の先天的欠乏等によるものを血友病A，第IX因子の先天的欠乏等によるものを血友病Bという。血友病には根治療法は存在せず，患者に対しその欠乏する血液凝固因子を補充するいわゆる補充療法が行われるところ，その治療用血液製剤として，血液中の血液凝固第VIII因子又は同第IX因子を抽出精製した濃縮血液凝固因子製剤が開発され，血友病A患者については濃縮血液凝固第VIII因子製剤（以下『第VIII因子製剤』という。）が，血友病B患者については濃縮血液凝固第IX因子製剤（以下『第IX因子製剤』という。）がそれぞれ使用されるようになり，我が国の医療施設でも，かねてより厚生大臣の承認を受けて製造又は輸入された米国等の外国での採取に係る人血液の血しょうを原料とする外国由来の非加熱第VIII因子製剤及び非加熱第IX因子製剤が，血友病患者に投与されていた。また，非加熱第IX因子製剤は，その承認事項である『効能又は効果』が『血液凝固第IX因子欠乏症』などとされ，先天性のみならず，後天性の欠乏症にも適応があるとされており，特に，肝機能障害患者については，肝臓で産生される血液凝固因子が減少して出血しやすいことから，手術等に際して同製剤を投与することが広く行われていた。

(4) **被害者の死亡**

ミドリ十字株式会社（以下『ミドリ十字』という。）は，米国から輸入した血しょうと国内血しょうとの混合血しょうを原料とした非加熱第IX因子製剤であるクリスマシンを製造販売していたものであるが，昭和61年1月13日から同年2月10日までの間，商事会社に対して，上記クリスマシン合計160本を販売し，同商事会社は，同年3月27日及び同月29日，大阪医科大学附属病院

に対し，これらのうち合計7本を販売した。同病院医師は，同年4月1日から同月3日までの間，同病院において，肝機能障害に伴う食道静脈りゅうの硬化術を受けた患者（以下『被害者』という。）に対し，そのうちの合計3本（合計1200単位）を投与して，そのころ，被害者をヒト免疫不全ウイルス（以下『HIV』という。）に感染させ，その結果，被害者は，平成5年9月ころまでに後天性免疫不全症候群（以下『エイズ』という。）の症状である抗酸菌感染症等を発症して，平成7年12月，同病院において死亡した。

(5) 結果予見可能性及び結果回避可能性に関する事実

ア 昭和57年に米国において予後不良の新たな疾患として定義されたエイズの患者が同国において増加の一途をたどり，血友病患者におけるエイズ発症例も増加するとともに，その後のエイズの本態に関するウイルス学的研究等の進展により，エイズが血液等を媒介とするHIVの感染による疾病であり，血友病患者のエイズり患の原因が従来の血液製剤の投与にあると考えられることなどの知見が医学界に広く受入れられるようになった。そして，我が国においても，血友病患者中のHIV感染者の割合が相当の高率に及んでいることが知られるようになるとともに，昭和60年3月21日には帝京大学病院の血友病患者からエイズ患者2名が発生した等の新聞報道がされ，厚生省保健医療局感染症対策課が運営するAIDS調査検討委員会においても，昭和60年5月30日には血友病患者3名（うち2名は帝京大学病院の上記患者）が，同年7月10日には血友病患者2名が，それぞれエイズ患者と認定され，うち4名は既に死亡しているという事態が生じていた。

イ 米国立衛生研究所及び米国防疫センターと国連世界保健機関（WHO）とが共同で企画したエイズに関する国際研究会議が，昭和60年4月15日から同月17日まで米国ジョージア州アトランタ市で開催され，日本からは厚生省AIDS調査検討委員会会長塩川優一医師，同省エイズ診断基準小委員会委員長栗村敬医師，国立予防衛生研究所外来性ウイルス室長北村敬医師が出席した。そして，同会議直後の同月19日，WHOは，加盟各国に対し，血友病患者に使用する血液凝固因子製剤に関しては，加熱その他，ウイルスを殺す処置の施された製剤を使用するよう勧告し，同勧告を紹介した上記北村医

師執筆に係る報告記事が,『日本医事新報』誌同年6月8日号に掲載された。また,同年11月,当時の厚生省薬務局長は,国会答弁で繰り返し『加熱第Ⅸ因子製剤についても大急ぎで優先審査していること,年内には承認に至ること,そうなれば血友病患者に使用する血液凝固因子製剤はまず安全であること』等の認識にあることを表明していた。さらに,同年12月19日の中央薬事審議会血液製剤特別部会血液製剤調査会(第8回)において,委員の間から,『加熱製剤が承認されたときには,非加熱製剤は使用させないよう厚生省は指導すべきである』旨の意見が出されて,座長の要望により,調査会議事録にその旨の記載がされ,同月26日の血液製剤特別部会(第4回)においても,委員から同旨の意見が出され,厚生省の係官によって,議事録には『血液凝固因子については,加熱処理製剤を優先的に審査し,承認していることから,非加熱製剤は承認整理等を速やかに行うべきであり,また非加熱製剤のみの承認しかない業者には早急に加熱処理製剤を開発するよう指導するべきである』旨の意見としてまとめられ,被告人にも,各議事録は供覧されていた。

　ウ　被告人は,昭和60年3月下旬ないし同年4月初めころ,生物製剤課長として,HIV不活化効果が報告され,当時臨床試験が行われていた加熱第Ⅷ因子製剤の早期承認を図る方針を示し,その結果,同年7月には製薬会社5社の加熱第Ⅷ因子製剤が承認された。さらに,被告人が,同月,生物製剤課長として,加熱第Ⅸ因子製剤についても,その承認を急ぐ方針を示した結果,同年12月,カッター・ジャパン株式会社(以下『カッター』という。)及びミドリ十字の加熱第Ⅸ因子製剤が輸入承認され,昭和61年1月までにはこの2社による同製剤の販売が開始された。加えて,その当時,非加熱第Ⅸ因子製剤中には,HIVが混入していないとされていた我が国の国内で採取された血しょうのみを原料とするもの及びHIV不活化効果が報告されていたエタノール処理がなされたものが存在していた(以下,加熱第Ⅸ因子製剤及びこれら非加熱第Ⅸ因子製剤の3者を総称して『本件加熱製剤等』といい,それ以外の非加熱第Ⅸ因子製剤を『本件非加熱製剤』という。)。したがって,加熱第Ⅸ因子製剤の供給が開始されるようになってからは,血液凝固第Ⅸ因子の補充のためには本件加熱製剤等の投与で対処することが,我が国全体の供給量の面からも可能になっ

ており，また，カッター及びミドリ十字においても，それぞれ従前の非加熱第IX因子製剤の販売量を上回る量の加熱第IX因子製剤の供給が可能であった。しかも，肝機能障害患者等に対する止血のためには，第IX因子製剤の投与以外の手段による治療で対処することも可能であった。」

2 第1審判決および原判決が認定した被告人の過失

第1審判決（東京地判平成13年9月28日刑集62巻4号791頁参照）および原判決（東京高判平成17年3月25日刑集62巻4号1187頁参照）は，被告人の過失を，大要，以下に引用するように認定した。

「前記1 (5) ア，イのような事情によれば，被告人は，昭和60年末ころまでには，我が国医療施設で使用されてきた本件非加熱製剤の投与を今後もなお継続させることによって，その投与を受けるHIV未感染の患者をしてHIVに感染させた上，エイズを発症させて死亡させるおそれがあることを予見することができ，同ウのような事情は，被告人も現に認識していたか又は容易に認識することが可能なものであった。したがって，被告人には，カッター及びミドリ十字の2社の加熱第IX因子製剤の供給が可能となった時点において，自ら立案し必要があれば厚生省内の関係部局等と協議を遂げその権限行使を促すなどして，上記2社をして，非加熱第IX因子製剤の販売を直ちに中止させるとともに，自社の加熱第IX因子製剤と置き換える形で出庫済みの未使用非加熱第IX因子製剤を可及的速やかに回収させ，さらに，第IX因子製剤を使用しようとする医師をして，本件非加熱製剤の不要不急の投与を控えさせる措置を講ずることにより，本件非加熱製剤の投与によるHIV感染及びこれに起因するエイズ発症・死亡を極力防止すべき業務上の注意義務があった。しかるに，被告人は，この義務を怠り，本件非加熱製剤の取扱いを製薬会社等に任せてその販売・投与等を漫然放任した過失により，前記1 (4) のとおり被害者を死亡させた。」

3 上告趣意における被告人側の主張

被告人側が上告し，その上告趣意においては，大要，以下に引用するよう

に主張した。

すなわち,「行政指導は,その性質上,任意の措置を促す事実上の措置であって,公務員がこれを義務付けられるものではないこと,薬品による被害の発生の防止は,第一次的にはこれを販売する製薬会社や処方する医師の責任であり,厚生省は,第二次的,後見的な立場にあるものであって,その権限の発動は,法律に定める要件に従って行わなければならず,また,民事的な国の損害賠償責任ではなく,公務員個人の刑事責任を問うためには,法律上の監督権限の発動が許容される場合であるなど,強度の作為義務が認められることが必要なところ,本件においては,そのような要件が充足されていないこと,本件において発動すべき薬事法上の監督権限の行使は生物製剤課の所管に属するものではないことなどを挙げて,被告人には,刑事法上の過失を認めるべき作為義務が存在しない」,と。

II　判　旨

上告棄却

弁護人・被告人いずれの上告趣意についても,実質は事実誤認,単なる法令違反の主張であって,刑訴法405条の上告理由に当たらないとしたうえで,業務上過失致死罪の成否について,前記Iに引用した説示を踏まえて,以下の職権判断を示した。

「確かに,行政指導自体は任意の措置を促す事実上の措置であって,これを行うことが法的に義務付けられるとはいえず,また,薬害発生の防止は,第一次的には製薬会社や医師の責任であり,国の監督権限は,第二次的,後見的なものであって,その発動については,公権力による介入であることから種々の要素を考慮して行う必要があることなどからすれば,これらの措置に関する不作為が公務員の服務上の責任や国の賠償責任を生じさせる場合があるとしても,これを超えて公務員に個人としての刑事法上の責任を直ちに生じさせるものではないというべきである。

しかしながら,前記事実関係によれば,本件非加熱製剤は,当時広範に使

用されていたところ，同製剤中にはHIVに汚染されていたものが相当量含まれており，医学的には未解明の部分があったとしても，これを使用した場合，HIVに感染してエイズを発症する者が現に出現し，かつ，いったんエイズを発症すると，有効な治療の方法がなく，多数の者が高度のがい然性をもって死に至ること自体はほぼ必然的なものとして予測されたこと，当時は同製剤の危険性についての認識が関係者に必ずしも共有されていたとはいえず，かつ，医師及び患者が同製剤を使用する場合，これがHIVに汚染されたものかどうか見分けることも不可能であって，医師や患者においてHIV感染の結果を回避することは期待できなかったこと，同製剤は，国によって承認が与えられていたものであるところ，その危険性にかんがみれば，本来その販売，使用が中止され，又は，少なくとも，医療上やむを得ない場合以外は，使用が控えられるべきものであるにもかかわらず，国が明確な方針を示さなければ，引き続き，安易な，あるいはこれに乗じた販売や使用が行われるおそれがあり，それまでの経緯に照らしても，その取扱いを製薬会社等にゆだねれば，そのおそれが現実化する具体的な危険が存在していたことなどが認められる。

　このような状況の下では，薬品による危害発生を防止するため，薬事法69条の2の緊急命令など，厚生大臣が薬事法上付与された各種の強制的な監督権限を行使することが許容される前提となるべき重大な危険の存在が認められ，薬務行政上，その防止のために必要かつ十分な措置を採るべき具体的義務が生じたといえるのみならず，刑事法上も，本件非加熱製剤の製造，使用や安全確保に係る薬務行政を担当する者には，社会生活上，薬品による危害発生の防止の業務に従事する者としての注意義務が生じたものというべきである。

　そして，防止措置の中には，必ずしも法律上の強制監督措置だけではなく，任意の措置を促すことで防止の目的を達成することが合理的に期待できるときは，これを行政指導というかどうかはともかく，そのような措置も含まれるというべきであり，本件においては，厚生大臣が監督権限を有する製薬会社等に対する措置であることからすれば，そのような措置も防止措置として

合理性を有するものと認められる。

被告人は，エイズとの関連が問題となった本件非加熱製剤が，被告人が課長である生物製剤課の所管に係る血液製剤であることから，厚生省における同製剤に係るエイズ対策に関して中心的な立場にあったものであり，厚生大臣を補佐して，薬品による危害の防止という薬務行政を一体的に遂行すべき立場にあったのであるから，被告人には，必要に応じて他の部局等と協議して所要の措置を採ることを促すことを含め，薬務行政上必要かつ十分な対応を図るべき義務があったことも明らかであり，かつ，原判断指摘のような措置を採ることを不可能又は困難とするような重大な法律上又は事実上の支障も認められないのであって，本件被害者の死亡について専ら被告人の責任に帰すべきものでないことはもとよりとしても，被告人においてその責任を免れるものではない。

以上と同旨の原判断は，正当なものとして是認できる。」

III 解説

1 本件の争点

(1) 2つの公訴事実

最高裁は，本決定において，前記 I.1 (4) に示された大阪医科大学病院の患者を被害者とする訴因（以下，「第2訴因」という）につき第1審判決および原判決が有罪とした判断を是認した。ところで，本件第1審および原審においては，検察官によって，別の患者を被害者とする訴因（以下，「第1訴因」という）も，業務上過失致死罪を構成する事実として主張されていた。しかし，原判決によって，第1審判決が無罪とした判断が維持され，検察官は上告しなかった。その第1訴因は，大要，以下のとおりである。

被告人は，「①我が国医療施設で使用されてきた外国由来の非加熱第VIII因子製剤が少なからず HIV により汚染されているため，今後もなおその投与を継続させれば，HIV 未感染の血友病 A 患者をして高い確率で HIV に感染

させた上,その多くにエイズを発症させてこれを死亡させることを予見し得,かつ,②生命に対する切迫した危険がないものについてはHIV感染の危険がないクリオ製剤による治療等で対処することが可能であったから,③自ら立案して同省内の関係部局等と適時適切に協議を遂げその権限行使を促すなどして,血友病A患者の治療に当たる医師をしてその出血が生命に対する切迫した危険がないものであるときは外国由来の非加熱第Ⅷ因子製剤の投与を控えさせる措置を講じることにより,HIV感染及びこれに起因するエイズ発症・死亡を極力防止すべき業務上の注意義務があるのに,これを怠り,何らの措置を講ずることなくその投与を漫然放任した過失により,昭和60年5月12日から同年6月7日までの間,3回にわたり,……同〔筆者註:帝京大学〕病院において,同病院医師をして,……血友病A患者1名……に対し,外国由来の同製剤であるクリオブリン合計2000単位を投与させた……ことにより,そのころ,同人をしてHIVに感染させた上,平成3年10月ころまでにエイズの症状である悪性リンパ腫を発症させ,よって,同年12月,同病院において,同人を死亡させ」た。[1]

(2) 判断の分岐点

　第1訴因の無罪判断は,前記Ⅲ.1(1)の引用中,まず①の予見可能性に関して,外国由来の非加熱製剤によるHIV感染・エイズ発症・死亡の危険が,検察官の主張する程度に「高い確率」で「多く」に生じるものとしてではなく,それが「ありうる」程度の予見可能性が認められるにとどまり,また②の回避可能性に関して,クリオ製剤増産の指示・指導や加熱製剤の緊急輸入等の措置が,客観的に実現可能であったものとはいいがたく,よって③業務上の注意義務違反を認定できない,という論理に支えられていた。

　他方,第2訴因の有罪判断は,予見可能性に関して,昭和60年末ころまでには,ヨリ高度のそれが認められる事情が生じており,回避可能性に関して,すでに加熱製剤の供給が開始され,血液凝固第Ⅸ因子の補充を加熱製剤等の

---

1) 第1審判決の理由中「第1　本件公訴事実の要旨」(前掲刑集800頁)から引用。ただし,丸付き数字は筆者が挿入した。

投与で対処することが可能な状況に至っており、それゆえ被告人には、本件非加熱製剤の販売中止・製品回収等の措置を講ずることによって、その投与による HIV 感染・エイズ発症・死亡を防ぐべき業務上の注意義務がある、という論理に支えられており、これが最高裁により是認された。

2 過失（注意義務違反）の認定

(1) 過失犯の構造

過失犯の成立を肯定するためには、行為者の行為が「注意義務」に反することが認められる必要がある。かねてより学説上、この「注意義務違反」の評価をいかにして基礎づけるべきか、という点に関して、いわゆる「過失構造論」が展開されてきた。すなわち、「旧過失論」によれば、注意義務違反は、必要とされる精神の緊張を怠ったこと（「結果予見義務違反」）により基礎づけられ、「新過失論」によれば、それにくわえて、必要とされる適切な行為を逸脱したこと（「結果回避義務違反」）により基礎づけられる。[2]

もっとも、両者の差違は、実際上は大きくない。そもそも「旧過失論」は、結果回避可能性を犯罪論上不要とする見解ではない。[3] これを「結果回避義務違反」と呼ぶか否かは、用語上の問題であり、それ自体として違法性を基礎づける要素と解するか否かは、理論上の問題である。その点は措くとしても、少なくとも本件においては、過失不作為犯の成否が問われるため、行為者に課せられた作為義務およびその違反の認定の成否こそ決定的な重要性を有し、過失構造論の如何により結論が左右されるわけではない。

現に判決自身、とくに詳細な説示を展開する第 1 審判決も、何らかの一般的な過失構造論を定立し、そこから個別的な適用を演繹する、というスタンスではない。むしろ判文上は、「認められる予見可能性の程度を前提として、なお被告人に結果回避義務違反が認められるかどうか」という問いの立て方

---

2) 大コンメ (3) 296 頁以下〔神山敏雄〕、アクチュアル 128 頁以下〔小林憲太郎〕、注釈刑法 (1) 541 頁以下〔上嶌一高〕参照。
3) 橋爪隆「過失犯（下）」法教 276 号 (2003 年) 39 頁以下、山口・新判例 65 頁以下参照。

をしており、この観点は「危惧感説」に類似しうる。しかし、抽象的な親和性を指摘するのみでは何も明らかにならないのであって、予見可能性・回避可能性の具体的な認定のありようが検証されなければならない。

(2) 予見可能性の認定

予見可能性については、第1審判決の認定が、一貫して維持されている。まず、検察官は、すでに第1訴因当時、①エイズが特定のウイルスによる感染症である、②当該ウイルス抗体陽性が同ウイルス感染を意味する、③帝京大学病院の血友病患者であって抗体検査結果陽性者のうち2名がエイズを発症した、といった事実が認識可能であったことを論拠として、非加熱製剤の投与継続により血友病患者に高い確率で同ウイルスに感染させ、その多くにエイズを発症させ、死亡させることが予見しえた旨を主張した。

しかし、第1審は、上記①～③について、「当初から明白な客観的事実として認識可能であったものではない。本件当時、我が国のエイズ対策の中心的機関として活動していたAIDS調査検討委員会においても、その共通理解としてこれらをすべて確実なものとして受け入れ、公にするに至ったのは、第1訴因当時より後の時点であったと認められる」として、検察官の主張するように「高い確率」で「多く」に感染・死亡が生じることは予見しえず、ヨリ低い程度の予見可能性が肯定されるにとどまる、と判断した。

他方で、昭和60年5月ころから昭和61年3月ころまでの間には、エイズに対する危険性認識において、少なからぬ進展があった旨の認定から、非加熱製剤によるHIV感染・エイズ発症・死亡の危険に関する被告人の予見可能性については、「第2訴因当時は第1訴因当時よりも明らかに濃密な認識が可能であったものと認められる」と説示している。この点は原判決により維

---

4) 第1審判決の理由中「7.7　本件における結果予見可能性のまとめ」(前掲刑集1056頁)。

5) 井田良「薬害エイズ帝京大学病院事件第1審無罪判決をめぐって」ジュリ1204号 (2001年) 31頁以下 (同『変革の時代における理論刑法学』(2007年) 所収)、北川⑩45頁参照。

6) 第1審判決の理由中「7.7　本件における結果予見可能性のまとめ」(前掲刑集1055頁)。

持され，本決定も，エイズに関する知見の向上を示す具体的な事情として前記 I.1 引用中 **(5) ア，イ**を挙げ，予見可能性の認定を継承している[8]。

　第1訴因・第2訴因に通有する裁判所の判断は，そもそも非加熱製剤投与による HIV 感染が「高い確率」であったことが客観的に認めがたく，たしかに HIV に感染すれば「その多く」がエイズ発症・死亡に至ることは（現在の知見によれば）客観的に認められるが，本件当時においては予見しえないので，低い程度の結果予見可能性しかない，というものである。客観的な確率如何は事実認定の問題であるから，解釈論上議論の対象とされるのは，それを前提として「低い」予見可能性を認定する判断の当否である。

　けだし，結果の予見が「可能である」ことが犯罪の成否に影響する所以は，結果の予見が「容易である」から（にもかかわらず注意を怠ったことに対して）刑罰による非難を正当化しうる，という理に他ならない。そうすると，予見の「可能性」の程度如何は，予見の「容易性」の程度如何を意味し，結果発生の確率の高低と直結しない[9]。裁判所が，低い確率の予見しかできないから予見可能性の「程度が低い」と判断しているとすれば，そこには論理の飛躍がある[10]。だが，裁判所の認定は，決してそう単純ではない。

　すなわち，前記①〜③の事実について，本件当時は医学上明白な理解が確立されていなかったこと，要するに，非加熱製剤投与→HIV 感染→エイズ発症・死亡という因果的機序が，必ずしも正しいものとして認識されていたわけではないことから，その予見可能性の「程度が低い」ことが導かれている[11]。換言すれば，結果発生へ至る因果経過が（当時の認識を前提とすると）いわば「そうであるかもしれないし，そうでないかもしれない」不分明さの残るものであるがゆえに，予見可能性の程度が低いと判断された。

---

7)　第1審判決の理由中「7.7　本件における結果予見可能性のまとめ」（前掲刑集 1056 頁）。
8)　原判決の理由中「第 2. I .2 (2)　結果予見可能性に関する事実関係」（前掲刑集 1202 頁以下）参照。
9)　橋爪隆「過失犯（上）」法教 275 号（2003 年）80 頁，島田⑫㉙頁参照。
10)　町野朔＝伊東研祐＝小幡純子＝鈴木利廣＝松本孝夫「座談会・薬害エイズ事件をめぐって」法教 258 号（2002 年）35 頁〔鈴木発言〕参照。
11)　町野ほか・前掲注（10）35 頁〔町野発言〕参照。

この点を捉えて，学説においては，「行為から結果が発生する因果法則が十分認識できなかった」以上，それは犯罪論上有意な「具体的予見可能性」に当たらない，という批判もある。[12]しかしながら，現実の因果経過のすべてが予見されていることが故意犯の成立にとって必要でないのと同様に，現実の因果経過のすべてが予見可能であることは過失犯の成立にとって必要でない。[13]機序は明確でなくても，非加熱製剤投与からエイズ発症・死亡の生じうることが認識可能であれば，結果予見可能性は肯定されるべきである。[14]

そう解したからといって，直ちに過失犯が成立するわけではない。上述したとおり，本件当時の被告人に認められる結果予見可能性は，なにゆえ非加熱製剤投与からエイズ発症・死亡が生じうるのか，という因果的機序に関する情報が十分に蓄積されておらず，それゆえ「程度の低い」ものであった。それにくわえて，発生の確率もまた，低いものとしてしか認識されえなかった。このような事情は，被告人が結果回避のためにとるべき措置如何の論定において当然に（義務内容を制約する要素として）作用する。

(3) 回避可能性の認定

第1訴因について，検察官は，被告人には前記Ⅲ.1 (1)の引用中③の結果回避義務があった旨を主張した。しかし，第1審は，その主張にいう「生命に対する切迫した危険がないものであるときは外国由来の非加熱第Ⅷ因子製剤の投与を控え」ることについて，かかる治療方針の転換は，当時の血友病専門医らにおいても提唱されていなかった事実から，まして「血友病治療の経験もない行政官にすぎない被告人が，そのような例のない治療方針を自ら考え出すべきであったなどとは到底認められない」と判示した。[15]

さらに，検察官の「クリオ製剤増産の指示・指導」や「加熱製剤の承認申

---

12) 大塚裕史「薬害エイズと具体的予見可能性」佐々木喜寿156頁。なお，同「薬害エイズ3判決と予見可能性論」刑法42巻3号（2003年）73頁以下も参照。
13) 佐伯仁志「過失犯論」法教303号（2005年）43頁，山口厚「判批」百選6版107頁参照。
14) 前田雅英「国民の安全を守る義務と許された危険」研修615号（1999年）11頁，島田⑫29頁参照。
15) 第1審判決の理由中「9.1.1 血友病専門医らの現実の行動との対比」（前掲刑集1116頁）。

請基準の簡易化あるいは緊急輸入」といった方策が可能であった旨の主張に答えて，いずれも客観的に実現可能であったことの証明がなく，それゆえ「被告人の立場において，そのような方策を講ずる法律上の作為義務があったとは認め難いといわざるを得ない」と判示した。被告人に結果回避可能性があったとは認められないので結果回避義務が認定できない，という判断は，原判決により維持され，検察官が上告しなかったため確定した。

そもそも実行不可能な結果回避措置は義務内容たりえない以上，第1訴因に関しては事実認定の問題で話が尽きているともいえるが，解釈論上議論の的となるのは，裁判所自身が，基本的な考え方として，ある医療行為の適否の判断にあたっては，その行為の時点における医学的知見に基づいて，プラス面・マイナス面を比較衡量する必要があり，かつ，本件についていえば，血友病の治療経験のない行政官たる被告人の立場も考慮に入れて，行政に求められる関与如何を論定する必要がある，と明示した点である。

上記視座の前半部分は，一般論としては異論のないところである。問題は，その衡量判断の具体的なありようとして，客観的に最高度の科学的知見に基づく（客観的標準）のではなく，行為者本人の知識・立場を前提とする（主観的標準）ことの当否である。学説においては，「本人が主観的に予見不能であっても客観的には予見可能で危険な行為はありうる。その場合，それだけで結果回避義務違反は生じうる」という批判もある。これは，行為者ごとに結果回避義務が異なること（個別化）を否とする見解である。

しかしながら，義務は可能を前提とする以上，ある行為者が何を知りえたか，どこまで判断しえたか，という主観的な能力が，その行為者が何をなすべきか，という当為性の認定に影響することは，むしろ必定の理と見るべき

---

16) 第1審判決の理由中「9.1.2.3 『クリオ製剤増産の指示・指導』に係る結論」（前掲刑集 1128 頁）および「9.1.4.5 加熱第Ⅷ因子製剤に係る結論」（同 1145 頁）。
17) 原判決の理由中「第 1.2 (2) 結果回避可能性に関する事実関係」（前掲刑集 1190 頁以下）参照。
18) 第1審判決の理由中「8.1 医療行為の評価に関する基本的な考え方等」（前掲刑集 1056 頁以下）参照。
19) 林⑪13 頁。なお，同「医師の刑事過失」曹時 58 巻 12 号 (2006 年) 14 頁以下も参照。

である。本件第1訴因当時の被告人の接しえた情報が，血友病専門医らの接しえたそれを超えるものではなく，また，当時の専門医らも治療方針の転換を提唱しておらず，それが不適切であったともいえないとすれば，非専門医たる被告人にとって，治療方針を転換する措置は不可能である。

これに対して，第2訴因当時においては，状況に大きな違いが生じていることが認められている。まず，前述したとおり，昭和60年末ころまでには，エイズに関する研究の進歩によって，非加熱製剤の投与からHIV感染・エイズ発症・死亡の生じる危険性につきヨリ高い程度の予見が可能となっている。また，代替製剤となるべき加熱製剤等の有用性が，非加熱製剤のそれに格段に優っている，という有用性の有意な差についても，被告人自身が，現に認識していたか，または容易に認識しえた，と認定されている。

くわえて，「カッター及びミドリ十字の加熱第Ⅸ因子製剤が承認され供給可能となった時点以降，本件クリスマシンの投与がなされた昭和61年4月初めまでの時点において，また，それ以後においても，当時の我が国の第Ⅸ因子製剤の必要量全体を本件加熱製剤等のみによって賄うことは，供給の面からは十分に可能であったと認められる」とする。このような，第2訴因当

---

20) 井田良「過失犯における『注意義務の標準』をめぐって」刑法42巻3号（2003年）56頁（同『変革の時代における理論刑法学』（2007年）所収），島田⑫31頁参照。
21) このような認定は，本件第1審と同一の裁判官構成による裁判体の下した，第1訴因に挙げられた帝京大学病院の医師Aに対する業務上過失致死被告事件（いわゆる帝京大ルート事件）の無罪判決（東京地判平成13年3月28日判時1768号17頁（検察官控訴後，控訴審係属中にAが死亡したことにより公訴棄却））においても現れており，その消極判断の重要な根拠を成しているが，Aが当時の血友病専門医のなかで最高権威の地位にあったことから，かかる事情の有する法的な意味如何について，学説上評価が分かれている。紙幅の関係上詳論できないが，好意的な論評として，井田・前掲注 (5) 26頁，大塚裕史「判批」法教257号（2002年）137頁，鎮目征樹「判批」百選6版112頁など，批判的な論評として，前田雅英「判批」判評516号（判時1767号，2002年）39頁，松宮孝明「薬害エイズと過失論」佐々木喜寿167頁（同『過失論の現代的課題』（2004年）所収），甲斐克則『医事刑法への旅Ⅰ〔新版〕』（2006年）159頁等参照。
22) 第1審判決の理由中「9.2.1.5 各第Ⅸ因子製剤の有用性の比較のまとめ」（前掲刑集1153頁以下）参照。
23) 第1審判決の理由中「9.2.1.6 本件加熱製剤等の供給可能量について」（前掲刑集1155頁）。

時の回避可能性に関する諸事情の変化の認定は，原判決により維持され[24]，本決定も，前記 I.1 引用中 **(5) イ，ウ** において，それを継承している。

要するに，裁判所の認定によれば，第2訴因当時までに被告人の入手(え)した情報を前提とすると，「通常の合理性を備えた者であれば，供給面での困難等の問題がない限り……当然に本件加熱製剤等を選択するであろうと思われる程度に[25]」非加熱製剤によるエイズの危険性が明らかとなっており，かつ，代替製剤の供給は客観的に十分可能な状況であった。したがって，もはや本件非加熱製剤の投与は，作為犯としては過失致死罪に当たる[26]。ところが，本件被告人の問責対象行為は，作為ではなく不作為であった[27]。

---

24) 原判決の理由中「第2.I.2 (3) 結果回避可能性に関する事実関係」(前掲刑集1205頁以下) 参照。

25) 第1審判決の理由中「9.2.1.5 各第IX因子製剤の有用性のまとめ」(前掲刑集1154頁)。

26) 現に第1審自身，第2訴因に挙げられた大阪医科大学病院の医師Mに関しても，「9.2.3.2 医師による本件クリスマシンの投与の選択について」と題して，本件「被害者に対する投与に限っていえば，そもそもHIV感染の危険性のある非加熱クリスマシンには，客観的に見れば，他の止血剤の投与の代替治療と比較した場合の有用性が認められなかったことは明らかであって，カッターやミドリ十字の加熱第IX因子製剤の供給開始を待つまでもなく，そうした投与はなされるべきではなかったとも考えられる。ところが，現実にはM医師は，それまでに第IX因子製剤を使用した経験がなかったのに，加熱第IX因子製剤の供給が開始されようとしていた時期に非加熱クリスマシンの投与を行うようになり，既に加熱第IX因子製剤が供給されるようになっていた昭和61年4月という時期に，……被害者に対する非加熱クリスマシンの投与を行ったものであった。こうして見ると，大阪医大病院における医師の治療行為についても，惜しまれる点があることは事実である」という (かなり踏み込んだ) 説示を展開している (前掲刑集1173頁以下)。

27) なお，第2訴因に挙げられたミドリ十字に関しても，その社長・副社長・専務であった3名が，業務上過失致死の事実で起訴され，いずれについても「非加熱クリスマシンの販売を継続するとともに，販売済みの非加熱クリスマシンを回収する措置を採らないという過失」が認定され (大阪地判平成12年2月24日判時1728号163頁)，被告人控訴後，控訴審係属中に専務が死亡したことにより同人については公訴棄却となり，社長・副社長については控訴審判決が第1審判決を破棄・自判して量刑を下げ (大阪高判平成14年8月21日判時1804号146頁)，さらにその後，両名の上告が棄却されて確定した (いわゆるミドリ十字ルート事件)。ここでも，不作為による過失の認定の問題が生じており (甲斐・前掲注 (21) 177頁参照)，また，過失の競合という理論上興味深い問題も含まれている (船山泰範「薬害エイズと過失犯」現刑38号 (2002年) 25頁参照) が，本章の取り扱う厚生省ルート事件の解説の範囲を超えるため，割愛せざるをえない。

3 不作為（作為義務違反）の認定

(1) 作為義務の発生根拠

かくして，結果の予見が可能であり，回避も可能であるとしても，不作為犯の成立を肯定するためには，作為義務違反の認定を要する。この点につき第1審は，まず，「関連法令上の規定と所掌事務の実態に照らすと」，生物製剤課こそ，本件非加熱製剤の使用に起因する「エイズ発症・死亡を防止する措置を，厚生省内において率先して検討すべき部署」であり，また，昭和60年末ころまでに「被告人が現に接していた情報」に，「本件非加熱製剤の使用中止の措置を検討する契機」が具体的に存在した旨を指摘する[29]。

そのうえで，たしかに販売される薬剤の安全性を確保すべき第一次的な義務は製薬会社等にあるものの，本件における，①非加熱製剤の販売・投与による死亡の危険が広範に生じていた，②その危険性を一般の医師が的確に認識することは困難であった，③本件非加熱製剤が国による承認を受けており，それを信頼または利用して販売・投与が継続されるおそれがあった，といった事情を根拠として，生物製剤課長たる被告人は「本件非加熱製剤の不要不急の投与を控えさせる」措置をとるべき義務を負う，と説く[30]。

さらに，たしかに加熱製剤の供給開始後直ちに本件非加熱製剤を全面回収することは非現実的であるとしても[31]，カッター・ミドリ十字の2社による加熱製剤の供給が可能となった時点において，同2社をして非加熱製剤の販売を中止させ，可及的速やかに回収させる措置が可能であり，また，ドクターレター等によって，第IX因子製剤を使用しようとする医師をして本件非加熱

---

28) 第1審判決の理由中「9.2.2.1 生物製剤課の立場」（前掲刑集1156頁）。
29) 第1審判決の理由中「9.2.2.2 『非加熱製剤の使用中止』検討の契機の存在」（前掲刑集1156頁以下）。
30) 第1審判決の理由中「9.2.2.3 結果回避義務の存否」（前掲刑集1158頁以下）。
31) 第1審において，検察官は，公訴事実第2の訴因として，そのような作為義務違反を主張していた（第1審判決の理由中「第1 本件公訴事実の要旨」前掲刑集801頁）参照）。
32) 第1審判決の理由中「9.2.2.4.1 『販売中止』と『回収』について」（前掲刑集1160頁以下）。

製剤の不要不急の投与を控えさせる措置も可能であったとして，これらの措置を内容とする作為義務が，被告人に生じたものと結論づける。

如上の判断は，原判決により維持され，本決定も，上告趣意に答える形で詳細に判示・是認している。されば，被告人の作為義務の認定こそ，本件の核心的な争点を成すが，過失犯論を取り扱う本章の射程を外れるので，簡潔な素描にとどめる。すなわち，端的にいえば，裁判所の評価を支えているのは，非加熱製剤の使用継続によるエイズ感染・死亡の危険の現存を前提に，その危険性に関する情報と，それを防止する措置を現実化する権能の双方が，生物製剤課長たる被告人に集中していた，という事実である。

問題は，かかる事実が，作為義務の肯否に対して有する意味如何である。比較的多数と目されるアプローチは，排他的な「支配」の観点を重視するが，その中でも，何に対する「支配」か（危険源か法益か），いかなる「支配」か（事実的か規範的か），といったヴァリエーションがみられる。他方，すでに流通ルー

---

33) 第1審判決の理由中「9.2.2.4.2 ドクターレター等」(前掲刑集1163頁)。
34) 第1審判決の理由中「9.2.4 公訴事実第2の結論」(前掲刑集1176頁)。手続上は，一種の縮小認定であり，その適法性は，原判決によっても肯認されている（原判決の理由中「第2.Ⅰ.2 (5) 小括」(前掲刑集1212頁以下) 参照)。
35) 原判決の理由中「第2.Ⅰ.2 (4) 結果回避義務の存否」(前掲刑集1208頁以下) 参照。
36) 林①58頁，岡部④27頁，齊藤⑤173頁参照。
37) 不作為犯論一般については，本書2事件の解説に譲る。なお，とくに瑕疵のある製造物や公務員の刑事責任が問題となる局面における作為義務論を取り扱う比較的近時の文献として，岡部雅人「公務員の過失不作為犯について」姫路49号 (2009年) 316頁，鎭目征樹「公務員の刑法上の作為義務」研修730号 (2009年) 3頁，甲斐克則「企業犯罪と公務員の刑事責任」早法85巻1号 (2009年) 1頁，岩間康夫『製造物責任と不作為犯論』(2010年)，山中敬一「刑事製造物責任論における作為義務の根拠」関法60巻5号 (2011年) 1頁など参照。
38) 前者に着眼する見解として，たとえば林幹人「国家公務員の作為義務」現刑41号 (2002年) 24頁，同①66頁，北川佳世子「欠陥製品回収義務と刑事責任」神山古稀 (1) 202頁，同③78頁，後者に着眼する見解として，たとえば山口⑨18頁，同「不真正不作為犯に関する覚書」小林＝佐藤古稀 (上) 32頁，齊藤彰子「公務員の職務違反の不作為と刑事責任」金沢49巻1号 (2006年) 94頁以下，同「公務員の職務違反の不作為と刑事責任」刑法47巻2号 (2008年) 58頁以下参照。
39) 前者を強調するものとして，たとえば北川⑩48頁，甲斐・前掲注 (21) 193頁，同⑧184頁，後者を強調するものとして，たとえば大塚裕史「薬害エイズ厚生省ルート第1審判決について」現刑35号 (2002年) 73頁，齊藤・前掲注 (38) (2006年) 92頁以下，林①66頁参照。

トに乗っている製剤，あるいは被害者たる患者の生命法益に対して，被告人の「支配」を認めうるか，という点につき懐疑的な立場から，社会的な期待[40]または制度的な地位を重視するアプローチもある。[41]

(2) 過失不作為犯の認定

以上のように，本件第2訴因の有罪判断にとっては，問題となった非加熱製剤の使用が継続されることにより，投与された患者にHIV感染・エイズ発症・死亡の生じる危険性に関して，被告人が，すでに高度な情報に接し（え）た事実が，決定的に重要な意味をもっている。そこから，結果予見可能性の程度の高さが導かれ，また，被告人のなしえた具体的な措置の実現可能性と併せて，客観的な結果回避可能性が導かれ，かつ，情報および権限の集中という事情と相俟って，被告人の作為義務違反が導かれている。

理論的な整理としては，たとえば，違法要素としての過失を重視する「新過失論」的には，予見可能性と（それを前提とする）結果回避義務違反により過失不法が肯定され，さらに作為義務違反の認定によって，作為による結果惹起と同視可能な実行行為性（構成要件的同価値性）が担保される；他方，責任要素としての過失を重視する「旧過失論」的には，作為義務違反と結果回避可能性により（客観的）構成要件該当性が肯定され，さらに結果予見可能性の認定によって，過失非難が正当化される，と解しうる。

しかしながら，それはいわば理念的な思考方法の違い（の一例）にすぎない。いずれかが「正しい」わけでも，いずれに与するかにより結論が決まるものでもない。とくに本件についていえば，被告人の接し（え）た「情報」如何が，複数の文脈において重要な役割を演じているため，一見複雑な体系論上の交錯問題が生じるように映るが，それは錯覚である。過失事犯の分析において大切なことは，具体的な認定・判断を支えている事実・評価の読解・検討である。本件は，それが試される格好の素材といえよう。

---

40) 塩見淳「瑕疵ある製造物を回収する義務について」刑法42巻3号（2003年）90頁以下参照。
41) 松宮⑦45頁，玄⑥135頁参照。

【参考文献】
　本決定の解説・評釈として
　　①林幹人「国家公務員の刑法上の作為義務」曹時60巻7号（2008年）
　　②家令和典「判解」ジュリ1361号（2008年）
　　③北川佳世子「判批」刑ジャ14号（2009年）
　　④岡部雅人「判批」判例セレクト2008
　　⑤齊藤彰子「判批」平成20年度重判解
　　⑥玄守道「判批」速報判例解説vol.4（2009年）
　　⑦松宮孝明「判批」判評602号（判時2030号，2009年）
　　⑧甲斐克則「判批」ジュリ1387号（2009年）

　薬害エイズと過失犯論について
　　⑨山口厚「薬害エイズ3判決と刑事過失論」ジュリ1216号（2002年）
　　⑩北川佳世子「薬害エイズ3判決における刑事過失論」法教258号（2002年）
　　⑪林幹人「エイズと過失犯」判時1775号（2002年）
　　⑫島田聡一郎「薬害エイズ事件判決が過失犯論に投げかけたもの」刑ジャ3号（2006年）

（古川伸彦）

10

原因において自由な行為
―限定責任能力に陥った場合―

- 最高裁判所昭和43年2月27日第三小法廷決定
- 昭和42年（あ）第1814号 恐喝，道路交通法違反被告事件
- 刑集22巻2号67頁／判時513号83頁／判タ219号136頁

I 事　案

　Xは，仕事を終えたのち，自己所有の自動車を運転して酒を飲みにバーに行き，飲み終われば酔って再び自動車を運転することを認識しながら3〜4時間位の間にビール約20本を飲み，心神耗弱状態に陥った。その後，Xは，路上に駐車してあったA所有の軽4輪貨物兼乗用自動車に乗り，血液1ミリリットル中0.5ミリグラム以上のアルコールを身体に保有して，その影響により正常な運転ができない恐れがある状態で軽4輪自動車を運転した。そして，軽4輪自動車を乗り回している際，はしご酒をして歩いていたBから停車を求められ，XはBを乗車させてBの指定する場所まで走らせた。指定された場所に到着したのち，Xは，乗車料金として2000円をBに要求したが，断られると「俺は普通の運転手じゃない新宿歌舞伎町のヤクザだ」等と申し向け，自動車の鍵などの束をBの股辺りに突きつけポケット等を捜し，生命身体にどのような危害を加えるかもしれないような態度，気勢を示してBを畏怖させ，現金700円および革製手提鞄1個を脅し取った。

　第1審の東京地裁八王子支部昭和41年10月15日判決（刑集22巻2号70頁参照）は，Xに窃盗罪，酒酔い運転の罪（道交65条・117条の2第1号，道交令26条の2），恐喝罪の成立を肯定し，それらは心神耗弱の状態でなされたとして，刑法39条2項を適用して刑の減軽を認めた。

それに対し，第2審の東京高裁昭和42年6月23日判決（刑集22巻2号74頁参照）は，窃盗の点について，被告人は「非常に酩酊していてこまかい思考ができず，たまたま取り違えた被害者の自動車のエンジンが……自分の所持していた自動車の鍵で始動してしまったため間違いに気付かなかったのではないかとの疑いがあり……被告人には当時他人の自動車であるとの認識を欠いていたのではないかとの疑い」があるとして無罪としたが，酒酔い運転の点については，「被告人が他の者に自動車の運転を代るようあらかじめ依頼してあったとか，あるいは自分の自動車の保管を依頼するなど，乗車運転しないで帰宅する考えであったことを示すものは何もない。従って，被告人は，心神に異状のない時に酒酔い運転の意思があり，それによって結局酒酔い運転をしているのであるから，運転時には心神耗弱の状態にあったにせよ，刑法第三九条第二項を適用する限りではない。」として刑の減軽を否定した。一方，恐喝罪については，東京高裁は第1審と同様に39条2項による刑の減軽を認めている。

以上の判断に対し，弁護側より，飲酒行為以前の被告人の状態を資料として，被告人は行為時に心神耗弱の状態にあったにもかかわらず刑法39条2項の適用を排除した原判決には法令の解釈の誤りがある等を理由に上告がなされた。

II 決定要旨

上告棄却

最高裁は，刑訴法405条の上告理由にはあたらないとし，括弧書きで以下のように判示した。

「なお，本件のように，酒酔い運転の行為当時に飲酒酩酊により心神耗弱の状態にあったとしても，飲酒の際酒酔い運転の意思が認められる場合には，刑法三九条二項を適用して刑の減軽をすべきではないと解するのが相当である。」

III 解　説

1　問題の所在

　犯罪が成立するためには，実行行為が行われる際に行為者に責任要素のすべてが認められなければならない。これを，行為（実行行為）と責任の同時存在の原則という。責任主義から導かれる要請である。しかし，責任能力の喪失・減弱を自ら招き，それを利用して犯罪行為にでた場合，行為当時に心神喪失，心神耗弱であったことを理由に直ちに刑法39条の適用を認め，不可罰，あるいは，刑の減軽を認めることには疑問が生じる。本件のXのように，事後に自動車を運転する意思で飲酒をしたが，自動車を運転した際は心神耗弱状態にあった場合や，他人を殺害する意思で景気づけのために飲酒し，結果として他人を死亡させたが，殺害行為時には心神喪失（心神耗弱）状態に陥っていた場合が問題となる。

　このような場合に，行為と責任の同時存在の原則は責任主義の要請であり，行為を実行行為と解することは罪刑法定主義の要請であることから，処罰は断念せざるを得ない，あるいは，現行法上は処罰を否定すべきであるが，処罰の必要性・当罰性は認められることから立法により解決すべきであるとする指摘もなされている。[1] しかし，犯罪を実現する意思をもって自ら有責に責任能力のない（責任能力の著しく低下した）状態を招き，犯罪を実現したにもかかわらず，39条を適用するというのは妥当ではないし，また，立法によらなくとも現行法の解釈から39条の適用を排除することは可能である。このような考え方を，「原因において自由な行為（actio libera in causa）」（以下，alicとする）の理論という。ここでは，alicとして，立法の手当てなしに39条の適用を排除することがどのような根拠により可能となるのかが問われることになる。

---

[1] 浅田293頁，平川宗信「原因において自由な行為」現刑2巻12号（2000年）39頁以下参照。

2 故意犯における原因において自由な行為

(1) 学説

　alic に関する学説は，構成要件モデルと例外モデル（責任モデル）の二つに大別することができる。構成要件モデルとは，実行行為と責任の同時存在の原則を守り，飲酒や薬物の摂取という原因行為を実行行為として処罰の対象とする考えである。実行行為を責任能力が存する時点にまで遡及させ，同時存在の原則を維持しようとする見解といえる。一方，例外モデルは，心神喪失・心神耗弱状態下における結果行為を実行行為と解し，原因行為時の意思決定に対して責任非難が可能である場合には39条の適用を排除する考えである。同時存在の原則の例外を認めるものであり，責任非難の対象のみを原因行為時に遡及させる見解といえる。本件でいえば，構成要件モデルに従えば，事後に自動車を運転する意思で飲酒する行為が処罰の対象となるのに対し，例外モデルでは，酒に酔って自動車を運転する行為が処罰の対象であり，飲酒行為の時点で責任非難が可能かを問うことになる。

　伝統的な構成要件モデルは，間接正犯類似説と呼ばれる見解である。それによれば，alic は間接正犯と同様の論理構造をもち，間接正犯が他人を道具として利用するものであるのに対し，alic は，自己の責任のない状態を道具として利用するものであると考える。[2] 間接正犯においては利用行為が実行行為と解されることから，alic においても，原因行為に実行行為性が認められる必要があり，それゆえ，同時存在の原則は維持されることになる。

　間接正犯類似説の問題点は，39条の適用を排除する余地がきわめて狭いという点にある。この見解によれば，実行行為が認められる場合には未遂犯成立の起点である実行の着手も肯定されることから，殺人を行う意思で景気づけのために飲酒をし，そのまま寝込んでしまった場合にも殺人未遂が成立してしまうのではないかとの疑問が呈される。そこで，間接正犯類似説は，このような場合，原因行為の構成要件該当性を否定し，飲酒行為は実行行為に

---

[2] 団藤161頁。

あたらないとするのである。それゆえ、この見解によれば、alicとして39条の適用が排除されるのは、過失犯や不作為犯の場合に限られることになる。このような結論が導かれる理由は、間接正犯類似説が、「実行行為＝実行の着手＝正犯性のある行為」と考えていたことにある。また、もう一つの問題として、心神耗弱に陥ったにすぎない場合に間接正犯類似説からは、解決が困難となる点をあげることができる。というのも、心神耗弱者は責任能力が減弱してはいるが、支配されているとはいえないことから、道具として利用するのは困難であり、背後者に間接正犯と同様の正犯性を肯定することができず、刑の減軽を認めざるをえないからである。心神喪失の場合には完全な責任を問うことができるが、より危険性の高い心神耗弱の場合には減軽せざるをえないとする結論は、妥当性の点において大きな疑問が残る。

実行行為＝実行の着手＝正犯行為という考え方に対し、疑問を呈して主張されたのが、実行行為＝実行の着手ではあるが、それは必ずしも正犯性が認められる時点において必要ではないとする見解である。この見解によれば、実行行為とは処罰に値する危険の発生の伴う行為であるのに対し、正犯者を正犯者として処罰する要件となる行為として正犯行為を別個に考え、原因行為を正犯行為、結果行為を実行行為として、正犯行為と責任能力の同時存在があればよいとするのである。本件を例にすると、飲酒行為が正犯行為であり、酒に酔っての自動車の運転行為（正確にはその直前から）が実行行為とされることになる。形式的には実行行為と責任の同時存在の原則を否定しているが、この見解のいう実行行為は実行の着手を決するための概念であり、処罰の対象となる行為は原因行為に求められることから、構成要件モデルに分類

---

3) 団藤163頁。
4) 大塚168頁は、限定責任能力の場合も、自己を身分のない故意のある道具と同様に考え、39条2項の適用を排除する。また、最前線164頁以下〔佐伯仁志〕は、限定責任能力者の行為を利用した間接正犯を肯定する。
5) 平野龍一『犯罪論の諸問題（上）』（1981年）140頁。これに対し、岡上④91頁以下は、限定責任能力の場合は規範的障碍が残っていることから、原因行為は是認されない危険の程度に達しておらず結果行為のみが問責の対象となるとして、刑の減軽を肯定する。
6) 平野・前掲注（5）129頁以下、平野II 301頁。

することが可能である。

　近時の構成要件モデルは，上記の見解と同一の方向にあると評価できる。すなわち，実行の着手は法益侵害の具体的危険性が発生した時点（結果行為時）に肯定されるとしたうえで，原因行為に正犯性が認められるか否かが重要であると考えるのである[7]。それゆえ，alic の場合においても通常の構成要件該当性判断と同様に，原因行為について，結果との間の因果関係および正犯性が論じられたならば足りるということになる（例外モデルでは責任非難の遡及が問題となることから，原因行為と結果との因果関係および原因行為の正犯性を論じる必要性はない）。なお，ここでは，原因行為を実行行為と称するか否かについて見解は分かれているが，共謀共同正犯も共同正犯であり，実行行為に関与しない共謀者も正犯であるならば，原因行為を実行行為という必然性はないように思われる。

　構成要件モデルでは，限定責任能力の場合に 39 条 2 項の適用を排除することができるかが重要な問題となるが，これは，原因行為に正犯性が肯定されうるかの問題である。一つの考えとして，限定的であるとはいえ責任能力があるにもかかわらず翻意しなかった自己の責任と，責任能力が限定されていたために翻意が困難で，そのために実現された自己の意思とで，両者を合わせて完全な責任を問うことが可能であるとする見解が主張されている[8]。原因行為時の責任と結果行為時の責任を「併せて一本」として完全な責任を問おうとするものである。また，限定責任能力下の自己の行為を利用する場合には，すでに犯罪への意思決定を行っている自己の事後の行為を通じて犯罪

---

　7)　井田・理論構造 334 頁以下，西田 289 頁，注釈刑法 (1) 630 頁〔古川伸彦〕，町野⑥ 356 頁以下。曽根・重要問題 166 頁以下は，実行行為＝実行の着手としたうえで原因行為に実行の着手を認め，未遂犯の成立と実行の着手とは区別し結果行為に未遂犯の成立を肯定するが，同様の見解といえよう。他方，林幹人「判批」百選 5 版 72 頁以下は，正犯とは 2 人以上の人格が関与した場合にのみ問題となることを理由に，正犯性ではなく実行行為性を問題にすべきとする。なお，正犯性については，「結果実現意思に基づく因果の流れの主導的設定のことをいうから，原因行為に基づいて最終結果が意思的に実現されたといいうるような関係が必要である」（井田 456 頁），あるいは，「構成要件該当結果の存在に対して原因行為が果たした役割の重要性によって決定される」（町野⑥ 362 頁）との説明がなされる。

　8)　平野 II 305 頁。同旨，山口（初版）225 頁。

実現を図ることから，限定責任能力状態の第3者を利用する形態の通常の間接正犯の場合と比較し，より容易に正犯性が認められるとする主張もなされている[9]。正犯性とは重要な役割を果たすことであるならば，原因行為が重要な役割を果たしたといえる場合には，限定責任能力であったとしても完全な責任を問うことが可能であるように思われる[10]。限定責任能力の点は，構成要件モデルを採用するにつき障害とはならないといえよう[11]。

例外モデルの嚆矢となった見解は，実行行為＝実行の着手であることを前提に，責任とは非難可能性であって責任能力は非難可能性の推定根拠にすぎないのであるから，実行行為は結果行為としつつそれ以前の責任能力のある時点の非難可能性を問うべきだとして，同時存在の原則の例外を認めるものであった[12]。その後，例外モデルを理論的に精緻化した見解として，規範的責任論において責任判断は意思決定に対する否定的価値判断であることを前提に，意思決定から実行行為を経て結果惹起に至るまで1個の特定の意思に貫かれている場合は1個の行為であり，その行為についての責任能力は最終的意思決定の際（原因行為時）にあればよいとする見解があげられる[13]。この見解によれば，実行行為ではなく「行為と責任の同時存在」があれば足りることになる。本件では，自動車の運転が実行行為であるが，Xには原因行為時に運転の意思があり，その際に責任能力があることから完全な責任を問うことが可能となる。

また，近時は，違法性の錯誤に関する責任説の理論構成により例外モデルを説明しようとする試みもなされている。それによれば，前提として，責任

---

9) 井田・理論構造341頁以下。
10) alicは，間接正犯というよりはむしろ共謀共同正犯に類似しているようにも思われる。もっとも，共謀共同正犯は60条により正犯性が拡張しているとみることができ，直ちに同列に論じることはできない。
11) 山口⑦6頁以下は，答責性のある介入者が介在した場合，背後者の答責性は否定されるとする遡及禁止論の立場から，心神耗弱の背後者に正犯性を肯定できないとする。また，上嶌①77頁，丸山治「『原因において自由な行為』小考」内田古稀163頁以下参照。
12) 佐伯千仭『刑法における違法性の理論』（1974年）322頁。
13) 西原春夫『犯罪実行行為論』（1998年）157頁以下。同様の見解として，高橋335頁。

能力とは規範に従った意思決定能力の問題であり，責任能力がなければ構成要件に該当する事実の認識（故意）があったとしても規範に従って他の行為へと意思決定できないので非難することはできないとする。そして，実行行為時に違法性の意識がなくとも実行行為以前の時点で違法性の意識をもつ可能性がある場合には，実行行為時にも違法性の意識をもちえたとして責任非難を認める責任説と同様に，alic においても，原因行為時に行為者に責任無能力の発生が予見可能であるならば，行為者はそれを予見して回避措置をとることが可能であり，責任無能力状態が発生しなければ事実を認識し規範に従って他の行為へと意思決定することができたといえ，それゆえに結果行為を理由に責任非難が可能となるとするのである[14]。

例外モデルの問題点は，結果行為が処罰の対象となる行為であり，原因行為は責任非難の対象にすぎないのであれば，故意は結果行為時に認められれば足り，原因行為時には不要となる点にある。本件において，仮に，X は飲酒の際に自動車運転の意思はなく，心神耗弱に陥ったのちにはじめて運転の意思が生じたとしても，39 条の適用は排除されうることになる。しかし，実際には，この見解においても原因行為時に故意を要求している[15]。これは，例外モデルにおいても原因行為を無視できないことを示しており，結果行為に実行の着手を認める構成要件モデルとの違いは，原因行為に正犯性を要求するか否かにとどまることになる[16]。例外モデルは，間接正犯類似説の問題点を克服するために主張された見解であった。しかし，構成要件モデルにおいても，実行行為＝実行の着手＝正犯行為は否定され，また，心神耗弱状態でなされた結果行為については上述したように説明が可能である[17]。そうであるな

---

14) 中空⑤（三・完）223 頁以下。
15) 西原・前掲注（13）161 頁以下，中空⑤（三・完）227 頁以下。山口⑦11 頁以下は，責任要素であることを理由に原因行為時に故意を要求する。なお，安田拓人「回避しえた責任無能力状態における故意の犯行について（二）・完」論叢 139 巻 6 号（1997 年）32 頁以下は，責任説の思考を応用したうえで，原因行為時に故意がなくとも，責任能力の喪失・減弱を回避することが可能である場合には結果行為の責任を問うことができるとしており，一貫している。
16) そこから，結果行為の故意を重視するかについても結論は分かれる。高橋 336 頁参照。

らば，あえて同時存在の原則の例外を認める必要はないといえよう[18]。

学説においては，原因行為時に二重の故意が必要であるかについても争われている。二重の故意とは，構成要件該当事実の認識のほか，自己が責任無能力（限定責任能力）に陥ることの認識が必要だとするものである。ここで問われるべきは，なぜ alic についてのみ，通常の犯罪の成立とは異なる故意が要求されるのかである。この点について，行為者が殺人の意思で被害者宅に向かっている最中に情動により心神喪失となったのち被害者を殺害した場合にも，二重の故意を要求しなければ完全な責任を問うことになってしまうとの指摘がある[19]。それは，行為者に正犯性を基礎づける事情の認識を要求するためであり，そのこと自体は正当であるが，正犯性の認識としては，心神喪失・心神耗弱に陥る認識（意味の認識を含む）までは不要であるように思われる。その内容としては，原因行為の認識で足りるであろう[20]。このように解したとしても，殺害に赴く途中で心神喪失に陥った場合や，知らない間に飲食物中に薬物が混入されていた場合は，原因行為の認識が欠けるため完全な責任能力を問うことにはならない[21]。

(2) 判例

故意の alic を認めた判例の数は少ない[22]。名古屋高裁昭和 31 年 4 月 19 日判決（高刑集 9 巻 5 号 411 頁 = **判例 2**）は，被告人は覚せい剤を注射し心神喪失状態

---

17) ほかに，構成要件モデルに対しては，原因行為がなくとも結果行為がなされたであろうことから，条件関係を認めることは困難であるとの指摘がある。しかし，実際に行われなかった仮定的事情を付け加えて判断すべきではないことから，条件関係は肯定することが可能である。
18) 岡上④ 87 頁以下，深町晋也「原因において自由な行為」争点 85 頁，町野⑥ 348 頁以下参照。
19) 井田 453 頁。林幹人『刑法の基礎理論』（1995 年）157 頁は，原因行為は許された危険を超えている必要があるとしたうえでその認識を要求しており，その意味での二重の故意が必要だとする。伊東 269 頁，岡上④ 91 頁，林美月子『情動行為と責任能力』（1991 年）190 頁以下も参照。
20) 中森喜彦「原因において自由な行為」展開総論 I 243 頁。
21) もっとも，二重の故意を要求したとしても，意味の認識を柔軟に解した場合，結論に大きな差はでない。ただし，咽の渇きをいやすために飲酒したのち心神喪失に陥った場合は差異が生じうる。林（幹）・前掲注（19）157 頁，町野⑥ 366 頁は，故意犯の成立を否定する。

に至ったのち厭世観に陥り，敬愛する姉を殺害して自殺しようと決意して姉を殺害したという事案に対し，被告人は平素素行が悪く，かつて覚せい剤を使用した際，精神状態に異常を来し，いかなる事態となり，いかなる暴行をなすか分からなかったため使用を中止していたところ，薬物を注射するときは精神上不安と妄想を招き，短刀で他人に暴行等危害を加えるかもしれなかったので，これを懸念しながらあえて容認して薬剤を自己の身体に注射し，その結果，幻覚妄想に捉われてAを突き刺し，同女を死亡させたことから，被告人は暴行の未必の故意をもってAを短刀で突き刺し死に至らしめたというべきであるとして，傷害致死罪の成立を肯定した。名古屋高裁は，原因行為の際に故意がある場合には結果行為時に心神喪失状態であったとしても完全な責任を問いうるとしており，この判断方法自体は評価できる。しかし，未必の故意の認定について不十分である点は否めず，学説上も批判が根強い。

　大阪地裁昭和51年3月4日判決（判時822号109頁=**判例3**）は，飲酒すると他人に暴行をふるう習癖があり，過去に飲酒のうえで強盗罪等を行って裁判所から禁酒を命じられていた被告人が，自身の習癖を認識したうえで飲酒し，病的酩酊（心神喪失）に陥ったのち牛刀を持ってタクシー強盗を行った事案である。大阪地裁は，故意犯のalicは，「（イ）自らを精神障害に基づく責任無能力ないし減低責任能力の状態にして犯罪を実行する意思で，右各状態を招く行為（以下「原因設定行為」）に出，罪となるべき事実を生ぜしめること，（ロ）若しくは右各状態において犯罪の実行をするかもしれないことを認識予見しながらあえて原因設定行為に出，罪となるべき事実を生ぜしめること」であり，「行為者が責任能力のある状態で，自ら招いた精神障害による責任無能力又は減低責任能力の状態を犯罪の実行に利用しようという積極的意思がある

---

22)　最高裁昭和28年12月24日決定（刑集7巻13号2646頁=**判例1**）は，麻薬中毒に陥った被告人が，「麻薬中毒のため自制心を失うこと」を禁止する規定に違反した事案において，自制心を失った時点で被告人に責任能力がなくとも，麻薬の連続使用の認識および麻薬中毒症に陥ることの認識があったから，原因において自由な行為にあたるとして完全な責任を肯定した。しかし，構成要件自体が責任無能力に陥ることを処罰の対象としていることから，この決定がalicの法理を用いたとは断定できない。

から，その意思は犯罪実行の時にも作用しているというべきであって，犯罪実行時の行為者は，責任無能力者としての道具……又は減低責任能力者としての道具……であると同時に，責任能力のある間接正犯たる地位も持つ。……従って，……その実行行為時に，……責任能力のある間接正犯としての行為の法的定型性の具備，行為と責任の同時存在を共に認めることができるのである」としたうえで「被告人は，……右飲酒時における責任能力のある状態のもとでの注意欠如どころか，積極的に右禁酒義務に背き，かつ，飲酒を重ねるときは異常酩酊に陥り，少くとも減低責任能力の状態において他人に暴行脅迫を加えるかもしれないことを認識予見しながら，あえて飲酒を続けたことを裕に推断することができるから，暴行脅迫の未必の故意あるものといわざるをえない」として，示兇器暴行脅迫罪（暴力1条）の限度で犯罪の成立を認めた。大阪地裁は，間接正犯類似説の立場から，二重の故意を要求し，また，傍論であり理由も不明確であるが，心神耗弱下においても alic の理論が成立しうることを判示しており，注目される。被告人には飲酒すると暴行を加える習癖があったことから，**判例2**と比較して，原因行為時に故意を認めやすかった事案といえよう。もっとも，原因行為時に被告人には牛刀を持ち出す認識があったとはいえないことから，「示兇器」を肯定した点には疑問が残る。[23]

(3) **本決定の検討**

本決定は，「原因において自由な行為」の語を用いていないが，alic の理論に従って判断されたものと理解することができる。[24] それゆえ，本決定は，故意の alic であり，限定責任能力下でなされた行為について，最高裁が初めて判断を示したといいうる決定であることから，重要な意義を有する。もっとも，最高裁は，理論的根拠を明らかにしておらず，限定責任能力の場合，および，「飲酒の際酒酔い運転の意思が認められる場合」に39条2項の適用が排除されることを示したのみである。

---

23) 中空壽雅「判批」百選6版74頁以下参照。
24) 桑田②16頁，水留③267頁。

本決定は，心神耗弱の場合にも alic の理論を適用したことから，伝統的な間接正犯類似説に立たないことは明らかである。また，**判例 2** および**判例 3** の事案とは異なり，本件事案が酒酔い運転の罪に対するものであったことも問題となりうる。すなわち，飲酒運転は，酩酊の度合いが深まれば深まるほど違法性が高まるにもかかわらず責任は低下し，刑が減軽されるのは不合理であるとして，**判例 1** の事案と同様に，酒酔い運転の罪は刑法 8 条の特別の規定であって，そもそも 39 条の適用は排除されるという見解が主張されるのである[25] (つまり，恐喝罪については刑の減軽がなされたが酒酔い運転の罪にはなされなかった理由として，原因行為時の故意の有無以外の説明の余地が生じることになる)。しかし，特別の規定であるならばその旨を規定すべきであり，解釈論としては無理がある。本決定も「飲酒の際酒酔い運転の意思が認められる場合」と述べたうえで完全な責任を認めていることからすると，alic として原因行為時に故意を要求したものといえよう[26]。高松高裁昭和 44 年 11 月 27 日判決 (高刑集 22 巻 6 号 901 頁) は，酒酔い運転の罪は刑法 8 条の特別規定であるとする見解を排除し，「被告人は，飲酒開始の時点においては自動車の運転を全く予期しておらず，その後酩酊して心神耗弱の状態に陥った段階で始めてその意思を生じ，これを実行するに至ったものであって，本件については，所謂原因において自由なる行為の理論を適用すべき余地はな」いとして，刑の減軽を認めている。

　二重の故意については，本決定はそれを要求していないとの指摘もなされている。二重の故意を要求する立場からは疑問も呈されているが[27]，要求したとしても行為者に認識されるべき内容は，厳密に法的概念にあてはめる必要はなく意味の認識で足りるとして，本決定を支持することは可能である。

　本決定後の下級審裁判例として，大阪高裁昭和 56 年 9 月 30 日判決 (高刑集

---

25) 沼尻芳孝「自動車酩酊運転罪と心神耗弱」ジュリ 315 号 (1965 年) 54 頁。
26) 上嶌①77 頁，大コンメ (3) 411 頁以下，419 頁〔島田仁郎＝島田聡一郎〕，曽根・重要問題 168 頁，丸山治「判批」百選 4 版 81 頁，水留③267 頁。
27) 注釈刑法 (1) 633 頁以下〔古川〕。他方，林 (美)・前掲注 (19) 188 頁は，本決定も含め判例は二重の故意を要求していると指摘する。

34巻3号385頁)がある。反復して使用する意思のもとに覚せい剤を注射したのち心神耗弱に陥った被告人がさらに覚せい剤を使用した事案につき，大阪高裁は，被告人の所為は「右の犯意がそのまま実現されたものということができ，譲り受け及び当初の使用時には責任能力が認められるから，実行行為のときに覚せい剤等の影響で少なくとも心神耗弱状態にあっても，被告人に対し刑法39条を適用すべきではない」とした。**判例2**や**判例3**と異なり，酒酔い運転の罪や薬物事犯は，犯罪の性質上，故意が肯定されやすい側面がある。

3 残された課題

alic は，過失犯，および，実行途中で責任能力を喪失・減弱した場合にも問題となる（前者の判例として，最判昭和26年1月17日刑集5巻1号20頁，後者の判例として，東京高判昭和54年5月15日判時937号123頁，長崎地判平成4年1月14日判時1415号142頁がある）。このような場合においても alic の法理により解決しようとする見解は多い。しかし，前者については，過失犯はいわゆる開かれた構成要件であり，責任能力のある時点に予見可能性があれば足りる[28]，後者については，実行行為の開始後は因果関係の問題に解消することができると考えたならば，alic の理論を用いることなく39条の適用を排除することが可能である[29]。

【参考文献】
　本件の解説・評釈として
　　①上嶌一高「判批」百選6版
　　②桑田連平「判批」最判解昭和43年度
　　③水留正流「判批」プラクティス

　原因において自由な行為について
　　④岡上雅美「原因において自由な行為」法教277号（2003年）

---

28) 川端博ほか編『裁判例コンメンタール刑法（1）』388頁以下〔大島隆明〕，西田285頁。
29) 西田294頁，中森喜彦「実行開始後の責任能力の低下」中山古稀（3）225頁以下。最前線168頁以下〔佐伯仁志〕参照。

⑤中空壽雅「原因において自由な行為の法理の検討（一）〜（三・完）」早研52〜54号（1990年）
⑥町野朔「『原因において自由な行為』の整理・整頓」松尾古稀（上）
⑦山口厚「『原因において自由な行為』をめぐって」研修708号（2007年）

（南　由介）

11

実行の着手と早すぎた構成要件の実現
——クロロホルム事件——

最高裁判所平成 16 年 3 月 22 日第一小法廷決定
平成 15 年（あ）第 1625 号 殺人，詐欺被告事件
刑集 58 巻 3 号 187 頁／判時 1856 号 158 頁／判タ 1148 号 185 頁

I　事　案

　Xは，夫Aを事故死に見せ掛けて殺害し生命保険金を詐取しようと考え，Yに殺害の実行を依頼し，Yは，報酬欲しさからこれを引受けた。Xは，殺害の方法についてはYに委ねていた。そしてYは，他の者に殺害を実行させようと考え，P，QおよびR（以下「実行犯3名」という）を仲間に加えた。Yは，実行犯3名の乗った自動車（以下「犯人使用車」という）をAの運転する自動車（以下「A使用車」という）に衝突させ，示談交渉を装ってAを犯人使用車に誘い込み，クロロホルムを使ってAを失神させ，M川まで運び，A使用車ごと川に転落させて溺死させる，という計画を立て，平成7年8月18日，実行犯3名にこれを実行するよう指示した。実行犯3名は，犯人使用車にクロロホルム等を積んで出発したが，Aを溺死させる場所を自動車で1時間以上かかる当初の予定地から近くのI港に変更した。

　同日夜，Yは，Xから，Aが自宅を出たとの連絡を受け，これを実行犯3名に電話で伝えた。実行犯3名は，宮城県I市内の路上において，計画どおり，犯人使用車をA使用車に追突させた上，示談交渉を装ってAを犯人使用車の助手席に誘い入れた。同日午後9時30分ころ，Qが多量のクロロホルムを含んだタオルをAの鼻口部に押し当て，Pもその腕を押さえるなどしてクロロホルムの吸引を続けさせてAを昏倒させた（第1行為）。その後，実

行犯3名は，Aを約2km離れたI港まで運んだが，Yを呼び寄せた上でAを海中に転落させることとし，Yに電話をかけてその旨伝えた。同日午後11時30分ころ，Yが到着したので，Yおよび実行犯3名は，ぐったりとして動かないAをA使用車の運転席に運び入れた上，同車を岸壁から海中に転落させて沈めた（第2行為）。

なお，Aの死因は，溺水に基づく窒息であるか，そうでなければクロロホルム摂取に基づく呼吸停止，心停止，窒息，ショックまたは肺機能不全であるが，いずれであるかは特定できず，Aは，第2行為の前の時点で，第1行為により死亡していた可能性があった。Yおよび実行犯3名は，第1行為自体によってAが死亡する可能性があるとの認識を有していなかったが，客観的にみれば，第1行為は，人を死に至らしめる危険性の相当高い行為であった。

以上の事実について，第1審の仙台地裁平成14年5月29日判決（刑集58巻3号201頁参照）は，Xら5名に殺人既遂罪の共同正犯を認めた。

第2審の仙台高裁平成15年7月8日判決（刑集58巻3号225頁参照）も，次のように判示して，Xら5名に殺人既遂罪を認めた。「クロロホルムを吸引させる行為は，単に，Aを拉致し転落場所に運ぶためのみならず，自動車ごと海中に転落させて溺死させるという予定した直接の殺害行為に密着し，その成否を左右する重要な意味を有するものであって，実行犯3名の予定した殺人の実行行為の一部をすでに成すとみなしうる行為であるということができる。なお，Aにクロロホルムを吸引させた後，岸壁から海中に転落させるまで約2時間経過しているが，これは，Yが駆けつけ加わってから転落行為を行おうとしたため，Yの到着を待っていたためであって，実行犯3名は，クロロホルムを吸引させてからAを自動車で運んで間もなく転落させる場所に着き，Yの到着を待っているが，その間，実行犯3名の考えが変わることはなかったのであるから，上記認定が妨げられることはない。〔原文改行〕したがって，実行犯3名は，クロロホルムを吸引させる行為について，それが予定した殺害行為に密着し，それにとって重要な意味を有する行為であると認識しており，殺人の実行行為性の認識に欠けるところはないというべき

であり，実行犯3名がクロロホルムを吸引させる行為を行うことによって，殺人の実行行為があったものと認定することができる。なお，その後，被害者を海中に転落させる殺害行為に及んでいるが，すでにクロロホルムを吸引させる行為により死亡していたとしても，それはすでに実行行為が開始された後の結果発生に至る因果の流れに関する錯誤の問題に過ぎない。」

これに対して，XおよびYから，第1行為と第2行為は別個の行為であって第1行為を殺人の実行行為とみることはできないこと，第1行為については，クロロホルムで人が死亡する可能性を認識していなかった実行犯らには殺人の故意が欠けること，第2行為については，その時点でAは既に死亡していた可能性が高いので，客体の不能として殺人未遂の可能性があるにすぎないこと等を理由に上告がなされた。

II 決定要旨

上告棄却

最高裁は，上告趣意は刑訴法405条の上告理由に当たらないとしつつ，職権で殺人罪の成否について判断した。

「認定事実によれば，実行犯3名の殺害計画は，クロロホルムを吸引させてAを失神させた上，その失神状態を利用して，Aを港まで運び自動車ごと海中に転落させてでき死させるというものであって，第1行為は第2行為を確実かつ容易に行うために必要不可欠なものであったといえること，第1行為に成功した場合，それ以降の殺害計画を遂行する上で障害となるような特段の事情が存しなかったと認められることや，第1行為と第2行為との間の時間的場所的近接性などに照らすと，第1行為は第2行為に密接な行為であり，実行犯3名が第1行為を開始した時点で既に殺人に至る客観的な危険性が明らかに認められるから，その時点において殺人罪の実行の着手があったものと解するのが相当である。また，実行犯3名は，クロロホルムを吸引させてAを失神させた上自動車ごと海中に転落させるという一連の殺人行為に着手して，その目的を遂げたのであるから，たとえ，実行犯3名の認識と異な

り，第 2 行為の前の時点で A が第 1 行為により死亡していたとしても，殺人の故意に欠けるところはなく，実行犯 3 名については殺人既遂の共同正犯が成立するものと認められる。そして，実行犯 3 名は X，Y 両名との共謀に基づいて上記殺人行為に及んだものであるから，X，Y 両名もまた殺人既遂の共同正犯の罪責を負うものといわねばならない。」

III 解 説

1 問題の所在

　本件では，A はクロロホルムの摂取による呼吸停止等で死亡した可能性があるが，Y および実行犯は交通事故を偽装するため A を自動車ごと水中に転落させて溺死させようとしていたのであって，Y らはクロロホルムの危険性を認識しておらず，クロロホルムの吸引による A の死の未必的認識すらなかった。そこで，刑事訴訟法上の「疑わしきは被告人の利益に」の原則に従って，A がクロロホルムの吸引から直接死亡したと仮定した場合に（以下ではこの仮定に基づいて論述する），計画上，結果惹起行為の前段階に位置する行為から生じた予定外の A の死亡結果について，Y らに殺人既遂罪の成立を認めることができるであろうか。このような「早すぎた構成要件の実現」については，まず，実行の着手時期が問題とされる。既遂は，未遂を経て生ずるものであって，その性質上，未遂の成立を前提とする。したがって，実行の着手以前の予備行為から結果が発生した場合には，故意既遂犯は成立しえないと考えられる。次に，「早すぎた構成要件の実現」では，行為者に本件第一行為のような前段階の行為から直接結果を発生させることの認識・認容がないので，この予定外の結果の惹起について故意責任を問いうるのかという問題も生じる。

2　実行の着手

(1) 学説・判例

　刑法43条本文は,「実行に着手してこれを遂げなかった者」を未遂とし,刑の任意的減軽を定めている。それゆえ実行の着手時期は,まず,未遂犯の成立時期を画している[1]。さらに,通説・判例によれば,実行の着手時期は,結果の帰属を可能とする行為の始期として,（事後）強盗罪等の結合犯,強姦致死傷罪等の結果的加重犯のほか,本件のような早すぎた構成要件実現における既遂犯の成立可能性を限界づけるものとされる。

　実行の着手時期に関する学説としては,主観説,形式的客観説,実質的客観説がある。

　主観説は,未遂犯の処罰根拠を行為者の危険な性格の徴憑に求める主観的未遂論の見地から,「犯意の飛躍的表動」の時点に実行の着手を求めている[2]。しかし,同説は,「犯意」ないし「危険な性格」を処罰根拠とする点で,「思想は罰せず」という行為主義に反する疑いがある。たしかに,主観説も,犯意の徴憑となる「行為」を必要としている。しかし,行為主義は,外部的行為の存在によって認識可能性ないし証明可能性を担保しようとする形式的原理にとどまらず,処罰の根拠を外部的行為による外界への作用に求めなければならないとする実質的原理として理解すべきである[3]。また,予備行為も「犯意」の表れにほかならないから,犯意の表動によって,予備と未遂を区別するのも困難であろう。主観説は,予備との区別を意識して「飛躍的」といっ

---

[1]　もっとも,離隔犯・間接正犯で,到達時説・被利用者標準説を採った場合,実行の着手は行為者の発送行為や利用行為に求めつつ,法益侵害の切迫した危険という「未遂結果」の発生を到達時ないし被利用行為時に求める,という理論構成も考えられる（曽根・重要問題256頁参照）。
[2]　宮本英脩『刑法大綱』(1935年) 178頁等。
[3]　行為主義の形式的理解からは,日記に天皇批判を書き付けたことを不敬罪で罰することも,「書く」という行為が存在するので行為主義に違反しないことになる。そもそも,行為者の内心も何らかの外部的な行為によって証明されるのが通例であるから,このように矮小化された行為主義は,ほとんど処罰限定機能を果たしえないであろう。

た限定を付するが，この限定の理論的根拠は明らかではなく，また，この限定を付したとしても，保険金詐取を意図して交通事故を起こした場合には，事故の時点で詐欺罪の犯意の飛躍的表動が認められるため，未遂処罰の著しい早期化は回避できないであろう。

一方，形式的客観説は，構成要件に該当する行為の一部を開始した時点に実行の着手を認める[4]。この見解は，罪刑法定主義を重視し，刑罰法規の文言から導かれる構成要件によって定型的に未遂犯を限界づけようとするものである。しかし，行為態様に限定のない多くの結果犯構成要件では，どの部分が「構成要件該当行為」であるかを法文から読み取るのは困難である。また，文字どおり法文に規定された行為を要求したのでは，実行の着手が遅くなりすぎる場合もある。例えば，窃盗罪の着手を「窃取」の開始に求めるならば，物色行為があっても，財物に手を触れない限り窃盗未遂は成立しないことになる。そこで，構成要件該当行為に「密接な行為」の時点まで実行の着手時期を早めたのが「修正された形式的客観説」であるが[5]，どこまでが「密接な行為」に含まれるかを形式的に画定することは困難であろう。いずれにせよ，形式的客観説には，未遂犯の処罰根拠との関係が明らかではないという問題がある。

そこで，より実質的に既遂結果の発生の具体的な危険が認められる時点に実行の着手時期を求めたのが，実質的客観説である[6]。この見解は，既遂結果の危険を通じて法益侵害の危険を生じさせたことに未遂犯の処罰根拠を見出すものであって，刑法の法益保護目的に適うものといえよう。本説のいう「危険」の内容については，これを結果発生の確実性・自動性に求める立場と，結果発生の切迫性に求める立場があるが，未遂犯の効果が刑の任意的減軽にとどまることからして，既遂結果に準じた有害な事態として，結果が目前に迫っているという意味での結果発生の切迫性を要求すべきではないだろうか。一方，「危険」の判断資料の範囲については，客観的事情に限られるとす

---

4) 団藤354頁等。
5) 塩見淳「実行の着手について（3・完）」論叢121巻6号（1987年）15頁以下。
6) 平野Ⅱ313頁等。

る見解と主観的事情を含むとする見解の対立がある。たしかに，未遂犯の処罰根拠としての危険は，外界に惹起された有害な事態という意味では客観的な存在である。しかし，人に銃を向けて引鉄に指を掛けることが死の結果の切迫した事態といえるかどうかは，行為者が引鉄を引く意思を有しているかどうかにかかっている。それゆえ，着手未遂における「行為意思」は，危険判断の資料に算入されるべきである。また，「行為計画」も，それが複数の行為意思の組み合わせを意味する限り，危険判断の資料から排除されるものではない。行為計画を考慮することは，「危険」の内容を結果発生の確実性・自動性とみる場合には，実行の着手時期を早めることを意味するが，「危険」の内容を結果発生の切迫性とみる場合には，計画上の結果惹起行為との時間的懸隔等を理由に実行の着手を遅らせる帰結をも導きうるものといえる[7]。

もとより，未遂犯も罪刑法定主義の制約を免れるものではない。また，「危険」には幅があり，その限界が不明確になることも否めない。それゆえ，「犯罪」の「実行に着手して」という法の文言による形式的な限界づけも無視できないところである。その限りで，（修正された）形式的客観説と実質的客観説とは，相互補完的に機能するものといえよう[8]。特に，強盗罪のように手段が限定されている結合犯等では，暴行といった手段たる行為を開始することを要求すべきではないだろうか。

判例は，一般に，実質的客観説または修正された形式的客観説に立脚しているが，着手未遂の事案では切迫性よりも確実性・自動性を重視する傾向にある[9]。

---

7) 後出**判例1**は，客観的事情のみから判断する限り，侵入した時点で電気器具類の窃取に関する切迫した危険を認めうるところ，「現金を盗みたい」という行為者の意図を考慮することで，煙草売場に行きかけた時点まで着手を遅らせたものとみることができる。また，後出**判例2**の事案でも，5km余り移動した後に姦淫するという行為計画を考慮することによって，自動車に引き入れた時点では姦淫行為までに時間的に懸隔があり，法益侵害の危険は切迫していないと評価する余地がでてくる（野村稔『未遂犯の研究』（1984年）302頁参照）。
8) 山口269頁参照。
9) これに対して，判例は，離隔犯・間接正犯では，到達時説・被利用者標準説を採り（大判大正7年11月16日刑録24輯1352頁等），結果発生の切迫性を必要する立場に立っている。

住居内の窃盗罪については，財物の物色や目的物への接近の時点で着手が認められている。例えば，最高裁昭和40年3月9日決定（刑集19巻2号69頁=**判例1**）は，夜間，電気器具店に侵入し，懐中電灯であたりを照らしたところ電気器具が積んであることが分ったが，なるべく金を盗りたいので煙草売場の方に行きかけたところで家人に見つかり，逮捕を免れる目的で家人を殺害したという事案で，煙草売場に行きかけた時点で窃盗罪の実行の着手を認め，強盗殺人罪の成立を肯定した。一方，倉庫や土蔵の場合には，家人に発見されるリスクが小さく，財物の発見も容易であることから，錠を損壊して外扉を開くといった侵入を可能とする行為に窃盗罪の実行の着手が認められる（名古屋高判昭和25年11月14日高刑集3巻4号748頁等）。

強姦罪については，最高裁昭和45年7月28日決定（刑集24巻7号585頁=**判例2**）が，男2人で，夜間，強姦の意図で女性をダンプカーの運転席に無理やり引きずり込み，5km余り離れた護岸工事現場に連行して運転席内で反抗を抑圧し女性を姦淫したが，運転席に引きずり込む際に全治10日間の傷害を負わせたという事案で，「ダンプカーの運転席に引きずり込もうとした段階においてすでに強姦に至る客観的な危険性が明らかに認められるから，その時点において強姦行為の着手があった」として，強姦致傷罪の成立を肯定している。本決定は，実質的客観説を明示的に採用し，自動車で移動して姦淫するという「行為計画」を前提としつつ，自動車に引き入れることで姦淫に至るまでの障害が取り除かれることから，この時点で結果発生の確実性・自動性という意味での危険を肯定したものといえる。これに対して，結果発生の切迫性を要求する立場からは，姦淫行為との間に一定の時間的・場所的な懸隔があり，姦淫の手段として別個の暴行・脅迫を介在させることを要する本件で未遂犯の成立に必要な切迫した危険を認めることには異論の余地があろう。また，結合犯等に関する構成要件的限界づけの観点からは，強姦の直接的な手段としての暴行・脅迫は護岸工事現場での暴行・脅迫であって，自動車に引き入れるための暴行は強姦罪の構成要件の定型を示すものではないとも考えられるであろう。

本件と同じく複数行為を予定した殺人に関しては，名古屋地裁昭和44年6

月25日判決（判時589号95頁）が，以下のような事案で実行の着手を肯定している。X，Yらは，Xの夫Aに睡眠薬を服用させた上，さらに頭部を木棒で殴打して気絶させ，その状態を利用してAを峠まで運び，自動車の運転席に座らせて，崖に衝突させるか，または谷に自動車ごと転落させて殺害する計画を立てた。計画に従って，XがAに睡眠薬を飲ませた後に，Yが睡眠中のAの顔面をすりこ木で1回殴打し気絶させようとしたが，Aが目を醒まし抵抗したため，傷害を負わせたにとどまった。名古屋地裁は，「数個の連続且つ殺人行為そのものに向けられた一連の計画的行為……換言すれば，殺人行為そのものに向けられたということで限定された一連の計画中の一つの行為の結果によって次の行為を容易ならしめその行為の結果によって更に次の行為を容易ならしめ最終的には現実の殺人行為それ自体を容易ならしめるという因果関係的に関連を持つ犯罪行為の場合においては，これら一連の行為を広く統一的に観察し，最終的な現実の殺人行為そのもの以前の段階において行われる行為についても，それらの行為によってその行為者の期待する結果の発生が客観的に可能である形態，内容を備えている限りにおいては，……その行為の結果は後に発生するであろう殺人という結果そのものに密接不可分に結びついているわけであり，従ってその行為は殺人の結果発生について客観的危険のある行為と謂うことができるから，その行為に着手したときに，殺人行為に着手したものということができる」とした上で，Xらの一連の行為の中でAをすりこ木で殴打した行為は，それによりAを気絶させることが客観的に可能となる形態，内容を備えており，その遂行によりAを運搬することが極めて容易になり，殺害することも容易になるので，この時点で実行の着手があるとしたのである。

---

10) 大阪地裁昭和45年6月11日判決（判タ259号319頁）は，**判例2**と類似した事案について，被害者を自動車内に引きずり込もうとして加えた暴行は，「直接強姦の手段とする意思をもって行われたものではなく，いったん，同女を右自動車に無理に乗せてかなり隔たった適当な場所へ連れ去るためのものであり，強姦の手段としての構成要件的定型を有するものでもなく，したがって，強姦致傷罪の構成要件該当行為の一部ではな〔い〕」として，自動車に引きずり込んだ時点における強姦の着手を否定している。

一方，大阪地裁昭和57年4月6日判決（判夕477号221頁）は，次のような事案で殺人の実行の着手を否定している。XとYは，午前11時ころ，呉服店で経営者Aをひもで縛り上げて寝袋に入れ，権利証等を強取した後で気絶させ，いったんAをその場に残したまま，奪った権利証等を金融屋に持ち込んで換金するなどした後に，午後9時頃，再びA方に戻り，Aを自動車で運び出し，Xが依頼したやくざ風の男にAを始末してもらうという計画の下に，Aの手足をひもで縛って寝袋に入れ，気絶させるためガラス製灰皿でAの頭部を数回殴打し，預金通帳等を強取した。しかし，Aは気絶せず，XとYが立ち去るのを待って自力で寝袋から脱出した。大阪地裁は，「Aを灰皿で殴打して気絶させてからこれを運び出すまでには，相当の時間的間隔があり，これだけの長時間の間には，たとえAが右殴打によって気絶させられていたとしても，意識を回復して自ら脱出するなり，あるいはAの知人もしくは顧客がA方を訪れて異変に気付き，Aが救出されるに至る可能性は十分に存するということができるのみならず，Aを運び出した後，これを殺害する手段，方法について具体的な計画が立てられていたということも証拠上全く認めることができない」ことから，「Aに対する本件殴打行為が，その後に予定されていたAの殺害という行為そのものに密接不可分に結びついていると評価するのは困難であり，未だ殺人の結果発生について直接的危険性ないしは現実的危険性のある行為とは認め難く，従って，本件犯行をもって，A殺害の実行の着手とみることはできない」と判示した。[11]

---

[11] 直接，殺人罪の実行の着手時期が争われたものではないが，最高裁昭和63年1月29日判決（刑集42巻1号38頁）は，暴力団幹部Xが，Aを縛り上げて組事務所から連れ出した上殺害しようと企て，Yらと共にAを緊縛して自動車のトランクに押し込み，その自動車を発進させ組事務所から約54km離れた地点まで移動し，Aをトランクから降ろして路肩から谷に向けて滑り落とすなどして運んだ上，刃物で刺して失血死させたという事案につき，「Xは逮捕監禁に及ぶ以前に殺意を固めていたとはいえ逮捕監禁行為自体によりAを殺害しようとしたものではなく，後に別個の殺害行為を予定してまず逮捕監禁に及んだとされているのであるから，逮捕監禁の事実を殺人の実行行為の一部とみるのは相当でなく，右認定事実を前提とすれば，Xについては逮捕監禁罪と殺人罪が共に成立し，両罪は併合罪であると解するのが相当である」と判示している。

(2) 本決定の検討

本件クロロホルム事件の最高裁決定は，殺人に至る「客観的な危険性」を理由に第1行為の時点で殺人罪の実行の着手を肯定したものであるが，この客観的危険性と並んで，第1行為が第2行為に「密接な行為」であることも理由に挙げている点，行為計画を考慮することを明示し，これを基礎にかなり大幅な着手の前倒しを認めた点，ならびに，着手時期を判断するための下位基準を提示した点で注目される。

本決定は，着手時期の一般的な基準として，**判例2**と同じく「客観的な危険性」を挙げており，実質的客観説を基本としていることに疑いはない。これに加えて，本決定は，第1行為が第2行為に「密接な行為」であることも挙げている。この「密接行為性」は，客観的危険性を基礎づける事実の一つにすぎないとも考えられるが，後述の3つの下位基準からの「帰結」として記されていることからすると，修正された形式的客観説の見地から実質的客観説を補完するものと解すべきであろう。本決定は，未遂犯の処罰根拠から導かれる「客観的危険性」によって法益保護の要請に応える一方，「実行に着手した」という文言から導かれる「密接行為性」によって罪刑法定主義の要請に応えようとしたものと考えられる[12]。もっとも，本件では，客観的危険性と密接行為性は，3つの下位基準からの共通の帰結として導かれており，両者が分離することは予定されていないようにも思われる。

本決定は，段階的な行為を予定した犯罪の着手時期に関する下位基準ないし着目点として，①第1行為は第2行為を確実かつ容易に行うために必要不可欠なものであったこと，②第1行為に成功すればその後に殺害計画を遂行する上での大きな障害がないこと，③第1行為と第2行為との間に時間的場所的近接性が認められることを挙げている。本決定が実行の着手を肯定した「客観的危険性」は，これらの事実からの帰結として位置づけられているものであるから，クロロホルムの吸引による死の危険性ではなく，海中に転落させることで生ずる溺死の危険性を意味するものと解される。

---

12) 平木③165頁以下参照。

これらの下位基準のうち，①の「必要不可欠性」は，しばしば予備行為や幇助行為にも見られるものであって，決定的な重要性をもつものではない。より重要なのは，②の「自動性」の観点である。本件では，Aを昏倒させれば海中に転落させるまでの事象経過に障害はなく，**判例2**と同様に，結果に対する確実性・自動性が認められることが着手を肯定した主要な理由となっている。一方，③の「時間的場所的近接性」は，結果発生の切迫性を要求するもののようにも思われるが，あくまで2つの行為の間の近接性を問題としていることから，構成要件的限定としての密接行為性を基礎づけるとともに，結果発生の確実性・自動性を側面から補強するものと解すべきであろう。

かくして，本決定は，行為計画を基礎に，結果発生の確実性・自動性によって実行の着手を肯定したものといえる。これに対して，予定された結果惹起行為との間に一定の時間的場所的な懸隔のある本件で，結果発生の切迫性を肯定しうるかは検討の余地があろう。また，最高裁が「第1行為」「第2行為」と呼んでいるように，両行為は自然的社会的に明らかに別個の行為と観念されるところ，この第1行為に「殺人」の「実行の着手」を認めることが刑法43条の予定する構成要件的限定を逸脱しないかも問題となろう。

なお，本決定の論理は，早すぎた構成要件の実現の事案のみならず，実行の着手一般に妥当するものである。それゆえ，本件で，クロロホルムを嗅がせた直後に，翻意したり妨害が入ったりして，海中に転落させるに至らなかったとしても，殺人予備罪や監禁（致傷）罪にとどまらず，殺人未遂罪が成立する（翻意した場合には中止犯の余地がある）ことになるが，その結論の妥当性については議論の余地があろう。本件では，実際に海中に転落させていることが当罰性の感覚に影響を及ぼしてはいないだろうか。さらに，前述のように，本決定が未遂を肯定する根拠とした危険は，クロロホルムの吸引による死の危険ではなく，海中に転落し溺死する危険であるから，転落させる意図をもって，死の危険のない睡眠薬を飲ませる行為や縄で縛る行為についても，それがAの抵抗を不可能とするものである限り，殺人罪の実行の着手が認められることになるが，この結論の当否も検討を要するところである。

なお，本決定後，Xは，一方的に好意を寄せていたAに自動車を衝突させ

て転倒させ，包丁で刺して殺害するとの計画のもとに，時速約 20 km の速度で自動車を A に衝突させたところ，A はボンネットに跳ね上げられて後頭部をフロントガラスに打ち付け，停車後，路上に転倒したが，X は，立ち上がろうとする A の顔をみて殺すことはできないと思い，以後の計画を放棄したという事案について，名古屋高裁平成 19 年 2 月 16 日判決（判タ 1247 号 342 頁）は，「被害者を殺害するために連続して行われるべき第 1 の行為と第 2 の行為との間に時間的場所的に近接性が認められ，第 1 の行為の時点で殺害の結果発生に至る客観的，現実的危険性が認められる場合，第 1 の行為自体において，殺害の結果が発生せず，被告人においても第 1 の行為自体での殺害の結果発生を意図していなくとも，第 1 の行為時に殺人の実行行為に着手したものと認めるのが相当であ〔る〕」として，殺人未遂の成立を肯定しつつ，いまだ着手未遂の段階であるとして，刃物で刺すのをやめたことをもって中止犯を認めた。

3 早すぎた構成要件の実現

通説は，行為者の予定していた結果惹起行為がなされる以前に結果が発生した「早すぎた構成要件の実現」では，実行の着手の有無によって故意既遂犯の成否を決している[13]。既遂は，未遂を経て生ずるものであり，未遂の成立を前提とする。予備行為から結果が発生した場合は，この結果を帰属させうる行為がないから，故意既遂犯は成立しない。たとえば，X が A を殺害しようと考え，凶器に使う拳銃の手入れをしていたところ，拳銃が暴発し，その弾丸が当たって A が死亡したという事例では，予備段階の行為から結果が発生しているので，殺人予備罪と過失致死罪しか成立しない。なお，実行行為を純粋に客観的に判断する立場からは，拳銃を手入れする行為は，A の死を

---

[13] 板倉宏「早すぎた構成要件の実現」日大法務研究 2 号（2006 年）14 頁以下，佐久間修「実行行為と故意の概念」曹時 57 巻 12 号（2005 年）20 頁以下，小野晃正「早すぎた結果発生と実行行為」阪法 60 巻 1 号（2010 年）174 頁以下。なお，山中⑦ 125 頁以下は，早すぎた構成要件の実現における既遂犯の成否は結果との間の客観的帰属の可否で決まるとする。

直接惹き起こした限りで，殺人の実行行為といえるが，Xには予備行為の認識しかないから，やはり殺人予備罪と過失致死罪しか成立しない。これに対して，着手未遂の段階にある行為から結果が発生した場合には，この行為に結果を帰属させて故意既遂犯の成立を認めることができる。たとえば，Aを殺そうと思って拳銃の引鉄に指を掛けたところで拳銃が暴発してAが死亡したという事例では，殺人の実行行為と結果が存在し，その間の因果関係が認められるので，殺人既遂罪が成立する。ここでは，行為者の想定した因果経過と現実に生起した因果経過との間に齟齬があるが，このような因果経過の錯誤は，故意犯としての非難を左右するものではなく，故意を阻却しない。

　この通説の「既遂説」は，未遂犯の構成要件は既遂犯の構成要件から結果を除外したもの（既遂－結果＝未遂）であって，未遂犯における（実行）行為は既遂犯における実行行為と同一であるという理解に立つものといえる[14]。それゆえ，「実行の着手」に至れば結果の帰属を可能とする「実行行為」が存在し，この「実行行為」と「結果」とが相当因果関係で結びつけられれば既遂犯が完成する（未遂＋結果＝既遂）ことになる。

　たしかに，人を狙って発砲したが弾が外れた場合のように，実行行為を完了した「実行未遂」をみる限り，未遂犯の（実行）行為は既遂犯の実行行為と同じであり，＜既遂－結果＝未遂＞ないし＜未遂＋結果＝既遂＞という等式が成立する。これに対して，人を狙って拳銃の引鉄に指を掛けたところで取り押さえられた場合のように，実行行為を完了していない「着手未遂」では，未遂犯の（実行）行為は既遂犯の実行行為と完全に同じではない。殺人既遂の実行行為は，引鉄を引くという結果惹起行為であって，引鉄に指をかけるのは，この既遂の実行行為の（密接な）準備行為にすぎない。窃盗の実行の着手が認められる物色行為は，それだけで財物の占有移転を生じさせるものではなく，窃盗既遂の実行行為である窃取行為と同一ではない。刑法43条は，「これを遂げなかった」という文言によって既遂結果の発生を不要とする一方で，

---

14) 山口⑤87頁，鈴木左斗志「方法の錯誤について」金法37巻1号（1995年）94頁参照。

「実行に着手し」という文言によって（実行）行為についても既遂構成要件を修正し，一定の範囲で処罰を早期化したものといえる[15]。着手未遂は，当罰性の評価としては実行未遂と同視されるものの，行為の構造上は結果惹起のためにさらなる行為を要するという点で予備と共通する。犯罪は，予備⇒着手未遂⇒実行未遂⇒既遂と進展していくものであって，既遂は，その性質上，実行未遂を前提とするものといえる。

このような着手未遂の構造に注目し，着手未遂の段階から結果が生じた場合には，既遂構成要件に対応する故意が否定され，未遂犯と過失犯のみが成立しうるとする見解も有力に唱えられている[16]。この「未遂説」によれば，着手後の拳銃暴発事例では，Xは，Aに拳銃を向け引鉄に指を掛けるという未遂構成要件に該当する事実の認識を有し，かつ，その後に引鉄を引くことでXを殺害する「目的」を有しているので，未遂犯の成立は肯定される。一方，既遂構成要件は，結果を惹起するために必要な行為を完了したことを予定するところ，Xは引鉄を引くという法益侵害に必要な行為を故意で遂行していないため，既遂構成要件に対応する故意が否定される。その後に引鉄を引いて殺害するという「目的」は，予備にも共通するものであって，既遂の故意を基礎づけるのに十分なものではない。それゆえ，着手後の拳銃暴発の事例では，殺人未遂罪と過失致死罪が成立し，後者は前者に吸収されることになる。

この未遂説は，着手未遂の構造に適ったものといえよう。

そこで，既遂説は，前述の形式的な論拠を実質的ないし規範的な観点から補充することで，自説を正当化することができるかが問われることになる。既遂説からは，さしあたり，実行の着手が認められる第1行為と結果惹起行為である第2行為を「1個の行為」とみなすことで着手未遂と実行未遂との

---

15) 林⑧6頁，山口⑤87頁参照。
16) 林⑧6頁，山口⑤88頁（もっとも，山口217頁では，「一連の実行行為は一体として禁止される」という論理によって，実行行為を拡張しうる限度で既遂説を支持するに至っている），石井⑥21頁以下，高橋則夫『規範論と刑法解釈論』（2007年）73頁等。

間隙を埋め，＜未遂＋結果＝既遂＞という公式を着手未遂にも適用可能とすることが考えられる。しかし，行為の個数は，それを論ずる目的に応じて相対的なものであって，「1個の行為」の範囲をそれ自体として画定することはできない。特に本件のように自然的・社会的に複数の行為が存在することが否定できない事案では（最高裁も「第1行為」「第2行為」と呼んでいる），1個の行為とみなす側に，その正当性に関する「挙証責任」があるといわねばならない。

そこで，より規範的な観点から考察し，実行の着手の時点で既に行為者に規範の突破が認められるから，その後に生じた不測の事態に関するリスクは行為者が負担すべきである，という論理で既遂説を正当化することが考えられる。たしかに，刑法43条は，着手未遂と実行未遂とを区別しておらず，しかも既遂との関係で刑の任意的な減軽にとどめている。また，着手未遂の段階で「危険」を認めるのは，着手後はそのまま既遂にまで至るのが通例であることを前提としているともいえる。しかし，未遂犯はあくまで例外な処罰拡張事由であることからすれば，本来的な禁止規範は，直接結果惹起に向けられた（本来的）実行行為の完了をもって突破されたと考えるべきではないだろうか。着手後の拳銃暴発事例のXは，引鉄に指をかけることで未遂規範を突破しているものの，引鉄を引くという結果惹起行為を留保している限りで，最終的な結果惹起禁止規範は突破していない。結果の惹起を故意の所産として非難するためには，結果惹起に必要な行為を故意で完遂することを要する

---

17) 本件において，第1行為と第2行為の「一体化」は，①実行の着手時期を早めることを正当化すると同時に，②故意内容としての行為を一体化することで既遂故意を基礎づけるものとして機能している。このほか，行為の「一体化」は，③いずれの行為から結果が生じたかの立証の困難さを救済したり（深町晋也『「一連の行為論」について』立教法務3号（2010年）93頁以下参照），④急迫不正の侵害の終了後の防衛行為の続行について過剰防衛を基礎づけたり（最決平成20年6月25日刑集62巻6号1859頁，最決平成21年2月24日刑集63巻2号1頁参照），⑤実行の着手後に責任無能力や限定責任能力に陥った場合において行為と責任能力との同時存在を肯定したり（長崎地判平成4年1月14日判時1415号142頁参照）する機能を有する。

18) 佐藤⑨246頁以下，島田聡一郎「実行行為という概念について」刑法45巻2号（2006年）234頁参照。

19) 通説的見解も，早すぎた構成要件の実現の解決につき，未遂犯が処罰される犯罪と処罰されない犯罪とで結論を変えるものではないであろう。

と解すべきように思われる[20]。

　なお，通説と同じく，早すぎた構成要件の実現の場合について，これを因果経過の錯誤の事例とみながらも，発生した事実が行為者の計画と大幅にずれていることを理由に，結果の故意への帰属を否定し，未遂犯の成立にとどめるべきとする見解も主張されている[21]。

　裁判例では，横浜地裁昭和58年7月20日判決（判時1108号138頁）が，焼身自殺を図るため自宅内にガソリンを散布した後，死ぬ前に最後のタバコを吸おうとライターに点火したところ，気化したガソリンに引火して自宅を焼損したという事案で，「ガソリンの強い引火性を考慮すると，そこに何らかの火気が発生すれば本件家屋に撒布されたガソリンに引火し，火災が起こることは必定の状況にあったのであるから，Xはガソリンを撒布することによって放火について企図したところの大半を終えたものといってよく，この段階において法益の侵害即ち本件家屋の焼燬〔焼損〕を惹起する切迫した危険が生じるに至ったものと認められる」として，ガソリンの散布に実行の着手を認めた上で，そのことから直ちに放火罪の既遂の成立を肯定している[22]。

　本件クロロホルム事件最高裁決定は，「一連の殺人行為に着手して，その目的を遂げた」ことを理由に殺人既遂罪を認めるものであって，未遂説との理論的な対立を意識した理由づけはみられないものの，既遂説に従ったものといえる。また，原判決が，「殺人の実行行為性の認識に欠けるところはない」として故意を肯定した上で，「すでにクロロホルムを吸引させる行為により死亡していたとしても，それはすでに実行行為が開始された後の結果発生に至る因果の流れに関する錯誤の問題に過ぎない」と述べているところからは，

20）既遂犯の故意責任の内容として，石井⑥35頁は，既遂結果発生に至った危険を行為者が認識していることを要するとし，高橋・前掲73頁は，結果が自己の行為の作用として発生することの認識，すなわち危険実現についての認識が必要であるとする。

21）松宮239頁。なお，増田豊『規範論による責任刑法の再構築』（2009年）288頁以下も参照。

22）このほか，静岡地裁昭和39年9月1日判決（下刑集6巻9＝10号1005頁），広島地裁昭和49年4月3日判決（判タ316号289頁）も，放火罪に関する早すぎた構成要件の実現で既遂犯の成立を認めている。

通説の＜未遂＋結果＝既遂＞というイメージを読み取ることができる。

4 まとめ

　本決定は，実行の着手時期に関する一般的な基準を客観的危険性と密接行為性に求めつつ，その判断のための具体的な下位基準を提示する一方，早すぎた構成要件の実現で既遂説に立つことを明らかにしたものとして重要である[23]。もっとも，本決定の着手時期に関する具体的判断や早すぎた構成要件の実現の取扱いについては異論の余地がないわけではない。

　そこで，本件で第１行為について殺人罪の実行の着手を否定した場合には[24]，いかなる犯罪が成立するであろうか。まず，クロロホルムを嗅がせた第１行為は，殺人予備罪にあたる。また，クロロホルムを嗅がせることは，有形力の行使としての暴行にあたるから，これによってＡが死亡した点は傷害致死罪にあたりうる。もっとも，結果的加重犯では基本犯に加重結果の危険が内在し，かつ，行為者がこの危険を認識していなければならないとすれば，本件のＹらには行為に内在する危険の認識に欠けるから，傷害致死罪ではなく，（重）過失致死罪となるであろう。一方，Ａを海中に転落させた第２行為については，ＹらはＡが生きていると思って海中に転落させているから，不能犯に関して具体的危険説に立てば，一般人からみてＡが生きていると思える状況である限りで，殺人未遂罪が成立する。また，客観的危険説の中でも客体に関する仮定的置換を許容する立場からは，具体的な経緯に照らしてＡが第２行為の時点で生きている可能性が十分にあるといえれば，殺人未遂罪が成立する。これに対して，客観的危険説の中で客体の置換を否定する立場からは，第２行為に殺人未遂罪が成立する余地はない。なお，第２行為については，殺人罪の意思で死体遺棄罪にあたる事実が生じている点で抽

---

23) 本決定の結論を支持するものとして，安田① 157 頁以下，橋爪② 238 頁，塩見④ 130 頁以下，日髙義博「判批」専修ロー１号（2006 年）128 頁以下，川端博「早すぎた構成要件の実現」研修 688 号（2005 年）6 頁以下，奥村正雄「判批」同法 325 号（2008 年）651 頁，原口伸夫「判批」新報 113 巻３＝４号（2007 年）630 頁以下，福田平「早すぎた構成要件の実現について」判タ 1177 号（2005 年）123 頁以下等。
24) 浅田 377 頁，曽根 216 頁等。

象的事実の錯誤も問題となりうるが，両罪は保護法益を異にし，両罪の間に構成要件の実質的な重なり合いは認められないから，死体遺棄罪の成立は否定される。なお，殺人予備罪，傷害致死罪（または過失致死罪），殺人未遂罪の関係が問題となるが，同一機会のXの死に向けられた行為であるので，包括一罪となるか，または最も重い一罪に吸収されると解すべきであろう。

次に，第一行為の時点で殺人罪の実行の着手を肯定しつつ，早すぎた構成要件の実現に関する未遂説に立った場合には[25]，第一行為について殺人未遂罪が成立すること以外は，着手を否定した場合について述べたことがそのまま当てはまる。

【参考文献】
本件の解説・評釈として
①安田拓人「判批」平成16年度重判解
②橋爪隆「判批」ジュリ1321号（2006年）
③平木正洋「判解」曹時59巻6号（2007年）
④塩見淳「判批」百選6版
⑤山口・新判例

早すぎた構成要件の実現について
⑥石井徹哉「いわゆる早すぎた構成要件の実現について」奈良産15巻1＝2号（2002年）
⑦山中敬一「いわゆる早すぎた構成要件の実現と結果帰属」板倉古稀
⑧林幹人「早過ぎた結果の発生」判時1869号（2004年）
⑨佐藤拓磨「早すぎた構成要件実現について」法学政治学論究63号（2004年）

（松原芳博）

---

25) 林⑧6頁，山口⑤88頁等。

12

不 能 犯
―都市ガス心中事件―

岐阜地方裁判所昭和 62 年 10 月 15 日判決
昭和 62 年（わ）第 161 号 殺人未遂被告事件
判タ 654 号 261 頁

I 事　案

　X は，昭和 62 年 1 月末ころから，何者かにより自宅に頻繁に無言電話をかけられたり，勤務先に X を中傷する内容の電話をかけられるなど執拗な嫌がらせを受け，次第に思いつめるようになっていった。将来を悲観した X は，この状態から逃れるには自殺するしかないと考えるにいたったが，自分 1 人で死んでしまえば残された子供たちが不憫だという気持ちがわき，長女 A と次女 B を殺害して自らも死のうと決意した。X は，同年 3 月 29 日午後 5 時ころ，アパートの一室である自宅の勝手場兼寝室において，A と B を部屋の中で寝かしつけたうえ，ガス元栓が開放状態になっているガスコンロのゴムホースを引き抜き，さらに，玄関ドアおよび奥 6 畳間出入口のガラス戸の隙間をガムテープで目張りするなどして締め切り，都市ガスを室内に充満させ，よって両名を殺害しようとしたが，訪ねてきた友人に発見されたため，その目的を遂げなかった。
　弁護人は，X が漏出させた都市ガスは天然ガスであり，天然ガスは人体に無害であって，これを吸引しても人が死にいたることはないから，不能犯にあたると主張した。

II 判　旨

有罪

　本判決は，以下のように述べて不能犯の主張を斥け，殺人未遂罪の成立を認めた。

　「本件でXが漏出させた都市ガスは天然ガスであり，天然ガスには一酸化炭素が含まれていないから，これによる中毒死のおそれはないことが認められるけれども，他方……この都市ガスの漏出によって室内の空気中のガス濃度が4・7パーセントから13・5パーセントの範囲内にあった際には，冷蔵庫のサーモスタットなどの電気器具や衣類などから発する静電気を引火源としてガス爆発事故が発生する可能性があったのであり，さらにガス濃度が高まれば，室内の空気が都市ガスに置換されることにより酸素濃度が低下して酸素欠乏症となること，すなわち空気中の酸素濃度が16パーセント以下になれば，人体に脈拍，呼吸数増加，頭痛などの症状が現われ，酸素濃度が10パーセントから6パーセントを持続するか，またはそれ以下になれば，6分ないし8分後には窒息死するに至ることが認められるのであるから，約4時間50分にわたって都市ガスが漏出させられて室内に充満した本件においては，ガス爆発事故や酸素欠乏症により室内における人の死の結果発生の危険が十分生じうるものであることは明らかである。そのうえ，本件においてX自身が自殺の用に都市ガスを供したこと，判示犯行の発見者であるCは，ドアなどに内側から目張りがされているのを見，さらに，Xら親子3人が室内で川の字に寝ているということを聞いたとき，Xがガス自殺を図ったものと思ったと供述し，X宅の家主であるDは室内に入った後，親子3人の中のいずれかの頭部付近が少し動いたのを見て，まだ死んでいないなと思ったと供述していることなどに照らすと，一般人はそれが天然ガスの場合であっても，都市ガスを判示のような態様をもって漏出させることは，その室内に寝ている者を死に致すに足りる極めて危険な行為であると認識しているものと認められ，従って社会通念上右のような行為は人を死に致すに足りる危険な行為であると評価されているものと解するのが相当である。さすれば，Xの判示所

為は，到底不能犯であるということはできない……。」

III 解　説

1　問題の所在

　不能犯とは，行為者は犯罪を実現する意思で行為したが，その行為の性質上，結果を発生することのおよそ不可能な行為をいう[1]。結果発生が不可能であることが何に由来するかにより，主体の不能（構成要件が予定する主体が存在しない場合），方法の不能（用いた方法が結果を発生させる性質を有しない場合），客体の不能（客体が存在しない場合）に分かれる。不能犯は不可罰な行為であり，「不能犯」という犯罪が存在するわけではない。

　不能犯の問題は主に未遂犯の成否との関係で論じられる。ある犯罪を実行したつもりであっても，行為がその犯罪との関係で不能犯にあたる場合には，その犯罪の未遂犯として処罰されないことになるからである[2]。ただし，厳密にいうと，不能犯が問題となる場面はこれに限られるわけではない。予備罪との関係でも，行われた犯罪準備行為がおよそ結果発生につながりえない場合には，不可罰だと考えるべきであろう。また，爆発物使用罪（爆発1条）などのように，既遂犯の成否との関係で不能犯類似の問題が生じることもある[3]。

　本件では，Xは，都市ガスを室内に充満させる方法によりAおよびBを殺害しようと考え，それを実行した。しかし，都市ガスは天然ガスであり，天然ガスには一酸化炭素が含まれていないため，中毒死のおそれはなかった。そこで，Xの行為は不能犯にあたり，殺人未遂罪は成立しないのではないかということが問題となった。

---

1)　大谷376頁。
2)　ただし，別の犯罪の成立要件を充たす場合には，その限度で処罰されうる。
3)　最高裁昭和51年3月16日判決（刑集30巻2号146頁）参照。

2 未遂犯と不能犯の区別に関する学説

(1) 不能犯論と未遂犯の処罰根拠論

未遂犯と不能犯をいかなる基準にしたがって区別すべきかという問題は，未遂犯の処罰根拠をどのようにとらえるべきかという問題と表裏の関係にある。

未遂犯の処罰根拠に関する考え方は，大きく主観的未遂論と客観的未遂論に分かれる。主観的未遂論とは，未遂犯の処罰根拠を行為者の犯罪的意思に求める見解のことをいう。これに対し，客観的未遂論とは，未遂犯の処罰根拠を結果発生の危険に求める見解のことを指す。

主観的未遂論の考え方を徹底すれば，行為者が犯罪をするつもりで実際に行動に出た以上，未遂犯として処罰してはならない理由はない。このように，行為者の犯罪的意思が外部的行動に現われた以上，未遂犯を認めるべきだとする見解を主観説という[4]。また，主観説をやや客観化した見解として，抽象的危険説がある。この見解は，行為者が認識していた事情が現実に存在したと仮定した場合に，結果発生の危険が認められるか否かによって未遂犯と不能犯を区別するものである[5]。これにしたがえば，行為者が砂糖で人を殺せると思って他人のコーヒーに砂糖を入れて飲ませた場合，「他人のコーヒーに砂糖を入れる」という行為は，一般人からみれば結果発生の危険性を有しないから，不能犯となる。これに対し，行為者が食卓に置いてある食塩を青酸カリだと思い込み，殺意をもって他人に摂取させたという場合，一般人からみれば行為者の思い込みが不合理であったとしても，行為者の認識していた「青酸カリを飲ませる」という事実が危険判断の基礎に置かれることになり，殺人未遂罪が認められることになる。

---

4) ただし，主観説も，呪術などの超自然的な方法を用いて犯罪を行おうとする場合（いわゆる迷信犯）には，不能犯を認める。宮本英脩『刑法大綱〔第4版〕』（1935年）（＝『宮本英脩著作集 第3巻』）191頁以下。

5) 牧野英一『重訂日本刑法 上巻』（1937年）330頁以下。危険判断の基準に科学的一般人を用いるものとして，木村亀二（阿部純二増補）『刑法総論〔増補版〕』（1978年）356頁以下。

主観的未遂論は，我が国では，犯罪の本質を行為者の危険性に求める主観主義刑法理論の立場から主張された[6]。しかし，同理論は現在では衰退したため，主観説および抽象的危険説も支持されていない。

　現在，我が国では客観的未遂論が定説である。しかし，結果発生の危険の判断方法について，行為時の一般人を基準にして危険判断を行う具体的危険説と，裁判時を基準にして科学的見地から危険判断を行う客観的危険説との間で争いがある。この対立は，違法論における行為無価値論と結果無価値論の対立に対応するものとして論じられる傾向がある。たしかに，刑法上の違法性の本質は行為規範違反にあるとみる行為無価値論は，行為時の一般人を基準とする具体的危険説と結びつきやすい。これに対し，結果の違法性を重視する結果無価値論は，行為時の一般人の危険感ではなく，より事実的・客観的な危険の存否を基準とする客観的危険説と親和的だといえる。だが，行為無価値論といっても通常は違法二元論のことを指すから，未遂犯処罰にも結果無価値が必要だとして客観的危険説を採用することは可能である[7]。また，結果無価値論から具体的危険説を主張することも理論的に不可能ではない[8]。不能犯論の解決は，違法論における態度決定から論理必然的に導かれるわけではないことには注意が必要である。

(2) 具体的危険説

　具体的危険説は，行為時に一般人が認識しえたであろう事情および行為者が特に認識していた事情を基礎に置き，行為時の一般人の法則的知識を基準に結果発生の危険を判断する見解である[9]。ここでいう「行為者が特に認識していた事情」とは，行為時の一般人には知りえないが行為者は知っていた特殊事情のことを指し，真実に合致していた場合のみ考慮される。この見解に

---

6) 主観主義と客観主義の対立については，大塚43頁以下を参照。
7) 現に，高橋372頁以下。
8) 平野Ⅱ322頁以下，大沼邦弘「未遂犯の実質的処罰根拠―不能犯論の予備的作業―」上法18巻1号（1974年）63頁以下を参照。
9) 伊東320頁以下，大塚270頁以下，大谷380頁以下，川端489頁以下，佐伯316頁以下，佐久間325頁，西原（上）351頁，野村349頁以下，同④331頁以下，福田240頁以下。危険判断の基準に科学的知識を用いるべきだとするものとして，井田411頁以下。

したがえば,前述の行為者が食塩を青酸カリだと思い込んだという事例では,摂取させた物質は現実には青酸カリではないから,行為者の認識事情のうち「青酸カリ」という部分は危険判断の基礎から除外され,一般人が認識しえた事情,すなわち「食卓に置かれている小瓶の中に入った白い粉末」(通常は砂糖か塩であろう)という事情が基礎に置かれることになる。そして,一般人は,そのようなものを他人に摂取させる行為に生命に対する危険を感じないであろうから,不能犯となる。これに対し,行為時の状況から,行為者が他人に摂取させた物質が青酸カリなどの致死性の毒物だと一般人も認識したであろう場合には,のちに無害な食塩だと判明したとしても,殺人未遂罪が認められることになる。

具体的危険説は通説とされているが,客観的危険説から様々な批判がなされている[10]。なかでも最も重要だと思われるのが,一般人基準の不明確性の問題である。すなわち,行為の危険性を判断する際に科学的知識が不可欠である場合,一般人基準では判断が困難とならざるをえないという問題である。実際,判例で問題となった事案では,一般人の法則的知識によっては判断が困難だったと思われるものが存在する(後出**判例1,判例3**)。そのためか,判例は,具体的危険説とは一定の距離を置いている。

(3) **客観的危険説**

客観的危険説には様々なヴァリエーションがあるが,共通するのは,裁判時までに明らかになった事情を考慮して科学的見地から危険判断を行う点である。

そのなかでも最も古典的なものが,絶対的不能・相対的不能説である。この見解は,行為の客体,手段の性質からみて,結果がおよそ発生しない場合と特別の事情から偶然結果が発生しない場合を区別し,前者を不能犯,後者を未遂犯とするものである。しかし,絶対的不能と相対的不能の区別基準が明らかではないため,現在,学説上はほとんど支持されていない。すなわち,毒薬を飲ませて人を殺そうと思ったが,致死量に達していなかったため目的

---

10) 佐伯③ 90頁参照。

を遂げなかったという例では,「致死量に至らない毒薬」を飲ませたという点に着目すれば絶対的不能となり,「毒薬」を飲ませたという点に着目すれば相対的不能になるが,どちらのレベルで事情を抽象化すべきなのかが本説からは導けないのである。ただ,後述するように,判例は基本的にこの見解を採用している。

現在の学説で,客観的危険説を徹底するものは,上記のような区別は行わず,裁判時までに明らかになった全事実を基礎にし,その時の科学水準に基づいて危険判断を行ったうえで,それでも結果不発生の原因が判明しない場合に,その「科学的不確実性」の範囲で未遂犯処罰を認めるべきだとする[11](以下では,他の客観的危険説と区別するため,便宜上,この見解を純客観説と呼ぶことにする)。しかし,この見解には,未遂犯の成立範囲がきわめて狭くなり,妥当な処罰範囲が確保できないのではないかという問題がある。

最近有力化しているのが,修正された客観的危険説と呼ばれる見解である[12]。この見解は,まず結果不発生の原因を科学的見地から究明した上で,結果不発生の原因となった事実が,仮に存在していたとすれば結果を発生させたであろう事実（仮定的事実）に置き換わった可能性を問い,そのような可能性が相当程度認められる場合に未遂犯を認めるべきだとする。そして,このような仮定的事実の存在可能性の判断は,純客観的・科学的にはなしえず,一般人の観点からの判断でなければならないとする[13]。

この見解の特徴は,「ありえた事実」への置き換えという手法をとる結果,純客観説よりも未遂犯の成立範囲が広くなるところにある。例えば,勤務中の警察官から拳銃を奪い,同人に銃口を向けて引鉄を引いたが弾丸が込めら

---

11) 村井敏邦「不能犯」展開総論Ⅱ 166 頁以下。類似の見解として,浅田 383 頁,曽根 225 頁,中山研一『刑法の論争問題』（1991 年）128 頁以下,林陽一「不能犯について」松尾古稀（上）379 頁以下,宗岡嗣郎『客観的未遂論の基本構造』（1990 年）1 頁以下。
12) 山口⑦頁 164 頁以下,山口 276 頁。これを支持するものとして,佐伯③ 91 頁,高橋 374 頁,西田 310 頁以下,松原⑤ 106 頁以下,和田⑧ 651 頁以下。
13) なお,本見解の内部で,客体の不能は例外的に不可罰にすべきだとするもの（松原⑤ 108 頁,山口⑦ 167 頁）,そのような例外を認めないもの（佐伯③ 91 頁）に分かれる。

れていなかったという後出**判例2**の例では,「拳銃に弾丸が入っていなかった」という事実の代りに,「拳銃に弾丸が入っていた」という仮定的事実が存在した可能性がどの程度あったかが問われることになる。そして,勤務中の警察官が携帯する拳銃には,通常,弾丸が込められているのだとすれば,現実には弾丸が込められていなかったとしても,未遂犯が認められることになるのである。[14]

本見解には,置換えの対象となる事実の範囲が無限定であり,実際の適用上,具体的危険説と大差ないのではないかという問題がある。しかし,純客観説とは異なり,不能犯が認められる範囲が広くなりすぎることがない点,また,具体的危険説とは異なり,危険判断の際に科学的知識を用いることができる点で,優れた見解ということができるであろう。

3 判例

判例は,基本的には絶対的不能・相対的不能説を採用しているといえる。[15] 判例の絶対的不能・相対的不能の区別基準は明らかではないが,行為の一般的性質に着目して相対的不能の範囲を広く認める傾向がある。ただし,とくに下級審判例を中心に,一部で具体的危険説を採用したとみられるものが存在するため,判例の統一的な理解は容易ではない。以下では,問題となる不能の類型ごとに分けて,本判決以前の重要判例を確認しよう。[16]

(1) 方法の不能

方法の不能が問題となった事案で不能犯を認めたものとして,以下のものがある。

大審院大正6年9月10日判決(刑録23輯999頁=**判例1**)は,殺意をもって

---

14) 山口⑦171頁。
15) 最高裁昭和25年8月31日判決(刑集4巻9号1593頁)は,不能犯を「犯罪行為の性質上結果発生の危険を絶対に不能ならしめるものを指す」と定義している。大審院も,「犯人の意思実行にして絶対に其予見したる結果を惹起せしめ能はざるものなるときは,未遂犯を以て論ず可らざる」(大判明治44年10月12日刑録17輯1672頁)としていた。
16) 判例を不能の類型ごとに分析したものとして,三好⑥48頁以下。時系列的に分析したものとして,野村④378頁以下。

硫黄粉末を混入させた飲食物等を他人に服用させたが死亡しなかったという事案につき，硫黄粉末を服用させるという方法は，殺害の目的を達するには絶対に不能なものだとして殺人未遂罪の成立を否定した（傷害罪が成立するとした）[17]。また，東京高裁昭和 29 年 6 月 16 日判決（東高刑時報 5 巻 6 号 236 頁）は，長らく地中に埋めてあった手榴弾を掘り出して他人に向けて投げ，同人を殺害しようとしたが，爆発しなかったという事案につき，当該手榴弾は点火雷管と導火線との結合が悪く，また導火線自体が湿気を吸収して質的変化を起こしていたため手榴弾本来の性能を欠いており，たとえ安全装置を外し撃針に衝撃を与えても爆発力を誘起しえないものであったとし，「その爆発力を利用し人を殺害せんとしても，その目的とした危険状態を発生する虞はない」として殺人未遂罪の成立を否定した。さらに，東京高裁昭和 37 年 4 月 24 日判決（高刑集 15 巻 4 号 210 頁）は，覚せい剤の製造を試みたが，用いた主原料が真正の原料ではなかったため失敗したという事案につき，「結果発生の危険は絶対に存しない」として覚せい剤製造罪の未遂犯の成立を否定している。

　これらはいずれも科学的見地から結果発生の危険を検討し，不能犯を認めていることから，客観的危険説に立つものであることは明らかであろう。一方，具体的危険説からは，これらの事案に対する評価は分かれるものと思われる。現に，**判例 1** に対しては，同説の支持者の間でも評価が分かれている[18]。これは，同説の基準の不明確さを示すものといえよう。

　上記のように不能犯を認めた例はわずかであるが，未遂犯を認めたものは多数におよぶ[19]。そのほとんどは，絶対的不能にはあたらないとして未遂犯を認めたものだが，昭和 20 年代後半以降の下級審判例においては，具体的危険説的な判示をしたものが目につく[20]。

---

17) 本件では，被告人が硫黄による殺害に失敗した後に被害者を絞殺したため，傷害罪と殺人罪の併合罪が認められた。仮に硫黄を服用させる行為に殺人未遂罪を認めれば，これと絞殺による殺人の罪が当時の刑法 55 条（昭和 22 年の改正で削除）の連続犯の関係に立つため，不能犯とするよりも処断刑が軽くなるという特殊な事案であった。
18) 結論を支持するものとして，福田 242 頁。疑問を示すものとして，平野 II 327 頁。
19) 詳しくは，前掲注（16）の文献を参照。

福岡高裁昭和 28 年 11 月 10 日判決（判特 26 号 58 頁＝**判例 2**）は，警察官が右腰に着装していた拳銃を奪取し，同警察官の右脇腹に銃口をあてて引鉄を引いたが，実弾が装てんされていなかったという事案につき，「制服を着用した警察官が勤務中，右腰に着装している拳銃には，常時たまが装てんされているべきものであることは一般社会に認められていることであるから，勤務中の警察官から右拳銃を奪取し……これを人に向けて発射するためその引鉄を引く行為は，その殺害の結果を発生する可能性を有するものであって実害を生ずる危険があるので右行為の当時，たまたまその拳銃にたまが装てんされていなかったとしても」殺人未遂罪が成立するとした。「常時たまが装てんされているべきものであることは一般社会に認められていること」を根拠に殺人未遂罪を認めていることから，具体的危険説を採用したものとみられている。もっとも，「たまたまその拳銃にたまが装てんされていなかったとしても」とも述べていることから，本判決を方法の相対的不能を認めたものと説明することも不可能ではないだろう。また，修正された客観的危険説からも，前述のように，拳銃に弾丸が装てんされていた可能性が相当程度認められるのであれば，殺人未遂罪を認めることができる。これに対し，純客観説によれば，拳銃に弾丸が入っていない以上，不能犯となる。

次に，大阪地裁昭和 43 年 4 月 26 日判決（判タ 225 号 237 頁）は，X が，生後 1 年 1 月の娘 A を道連れにして自殺をしようと考え，屋内のガラス戸，ドアなどに施錠したうえで，プロパンガスを室内に放出させた事案につき[21]，「プロパンガスはその一般的な性質からしてプロパンガス吸入者の身体的状況その他の事情によって……致死への可能性を絶対に有しないとは言えない」とし，さらに「一般人は家庭用プロパンガスを判示のような部屋で，判示のような態様をもって放出させることは，その量の多少にかかわらずその部屋に寝ている者を死に致すに足りる極めて危険な行為であると社会通念上評価するも

---

20) 以下にあげるもののほか，東京高裁昭和 58 年 8 月 23 日判決（判時 1106 号 158 頁）。

21) プロパンガス放出後，娘は逆流した胃内容物を誤嚥して窒息死したが，プロパンガスの放出と死亡との間の因果関係は認められなかった。

のと解するのが相当」として殺人未遂罪を認めた。後半部分は具体的危険説の基準を用いたものといえるが，前半部分ではプロパンガスの人体に対する毒性を科学的に検討していることから，具体的危険説のみに依拠して未遂犯の成否を決しているわけではない。相対的不能を広く認める判例の傾向からすれば，具体的危険説の基準を持ち出すまでもなく，未遂犯が認められる事案だったといえよう。また，修正された客観的危険説でも，発見が遅れた可能性や，Aが実際のガスの放出量でも死亡するような健康状態であった可能性が相当程度認められれば，未遂犯を認めうる。これに対し，純客観説からは，放出されたガスの量が致死量をはるかに下回っていた場合には不能犯とされる余地があるが，致死量に近い量が放出されていた場合には未遂犯が認められることになろう。

　しかし，このような下級審の傾向にもかかわらず，最高裁は具体的危険説に対して距離を置いており，同説の基準を用いて未遂犯を認めた例はみあたらない。[22]すなわち，最高裁昭和35年10月18日決定（刑集14巻12号1559頁）は，覚せい剤の製造を試みたが，触媒として使用する薬品の量が必要量以下だったため，製造に失敗した事案につき，「いやしくも覚せい剤の製造を企て，それに用いた方法が科学的根拠を有し，当該薬品を使用し，当該工程を実施すれば本来覚せい剤の製造が可能であるが，ただその工程中において使用せる或る種の薬品の量が必要量以下であったため成品を得るに至らず，もしこれを2倍量ないし3倍量用うれば覚せい剤の製造が可能であったと認められる場合には，被告人の所為は覚せい剤製造の未遂犯をもって論ずべく，不能犯と解すべきではない」とし，科学的な見地からの可能性を根拠に未遂犯を認めている。また，最高裁昭和37年3月23日判決（刑集16巻3号305頁＝**判例3**）は，他人の静脈内に空気を注射していわゆる空気栓塞を起こさせて殺害することを計画し，被害者の両腕の静脈内にそれぞれ1回ずつ蒸留水5ccとともに空気を合計30～40cc注射したが，致死量に至らなかったため目的を遂

---

[22]　もっとも，爆発物取締罰則1条の「使用」の解釈につき，具体的危険説に親和的ともとれる判示をしたものとして，最高裁昭和51年3月16日判決（刑集30巻2号146頁＝前出注3）。

げなかった事案につき，控訴審判決[23]が具体的危険説的な理由づけと絶対的不能・相対的不能説的な理由づけを組み合わせて殺人未遂罪を肯定したのに対し，「原判決並びにその是認する第一審判決は，本件のように静脈内に注射された空気の量が致死量以下であっても被注射者の身体的条件その他の事情の如何によっては死の結果発生の危険が絶対にないとはいえないと判示しており，右判断は，原判示挙示の各鑑定書に照らし肯認するに十分であるから，結局，この点に関する所論原判示は，相当であるというべきである」として，控訴審判決の具体的危険説的な理由づけの部分には触れずに不能犯の主張を斥けている。このように最高裁が具体的危険説の採用に慎重なのは，とりわけ手段の性質が問題となる場合には，科学的鑑定によらずに一般人を基準としたのでは，実際上，危険判断が困難だからだと思われる[24]。

(2) **客体の不能に関するもの**

客体の不能が問題となった事案について，不能犯を認めたものはみあたらない。方法の不能の場合とは異なり，未遂犯を認める際の理由づけとして，具体的危険説的な表現を用いるものが目立つ。

大審院大正3年7月24日判決（刑録20輯1546頁）は，通行人から懐中物を強取しようとしたが，懐中物を所持していなかったという事案につき，「通行人が懐中物を所持するが如きは普通予想し得べき事実なれば之を奪取せんとする行為は其結果を発生する可能性を有するものにして実害を生ずる危険」があるとして，「行為の当時偶々被害者が懐中物を所持せざりしが為め犯人が其奪取の目的を達する能はざりしとするも」強盗未遂罪が成立するとしている。「通行人が懐中物を所持するが如きは普通予想しうべき」という表現や「危険」という言葉からは，具体的危険説的な発想がうかがえる。

広島高裁昭和36年7月10日判決（高刑集14巻5号310頁）にいたっては，具体的危険説の基準がほぼそのままの形で用いられている。すなわち，同判決は，Xが仲間のYに加勢するため，Yに拳銃で撃たれて倒れているAの胸

---

23) 東京高裁昭和36年7月18日判決（高刑集14巻4号250頁）。
24) 藤井一雄「判解」最判解昭和37年度77頁参照。

部に日本刀を突き刺したが，その時点ではAは医学的にみればすでに死亡していたという事案につき，「Aの生死については専門家の間においても見解が岐れる程医学的にも生死の限界が微妙な案件であるから，単に被告人Xが加害当時被害者の生存を信じていたという丈けでなく，一般人も亦当時その死亡を知り得なかったであろうこと，従って又被告人Xの前記のような加害行為によりAが死亡するであろうとの危険を感ずるであろうことはいづれも極めて当然というべく，かかる場合において被告人Xの加害行為の寸前にAが死亡していたとしても……行為の性質上結果発生の危険がないとは云えない」として殺人未遂罪を認めた。ただし，本判決は，「医学的にも生死の限界が微妙な案件であるから」と述べており，まったく科学的な見地を無視して一般人の危険感のみで不能犯を否定したとみるべきではないであろう。[25]

このように客体の不能が問題となる場合において具体的危険説的な判示がなされることが多いのは，一方で，客体が存在しない場合に客観的危険説から未遂犯を認めることが困難に感じられること，他方で，方法の不能が問題となる場合とは異なり，一般人を基準にしても危険判断をすることが容易だといった事情があるためだと推察される。[26] たしかに，純客観説からは，客体の不能は一律に不能犯とされることになろう。しかし，絶対的不能・相対的不能説からは，行為当時たまたま客体が存在しなかったといえる場合には，客体に関する相対的不能を認めることも不可能ではないと思われる。また，修正された客観的危険説でも，行為当時に客体が存在していた可能性が相当程度認められるのであれば，未遂犯を認める余地はある。したがって，上記の裁判例の結論も，具体的危険説をとらなければ説明できないわけではない。

4 本判決の検討

本判決は，判示の前半部分で本件ガス漏出行為の危険性を科学的な見地か

---

25) 和田⑧660頁。
26) 山口厚『基本判例に学ぶ刑法』（2010年）215頁。

ら検討し，同行為には中毒死のおそれはないものの，ガス爆発または酸素欠乏症による死亡の危険性が認められるとする一方で，後半部分ではそれに付け加える形で，X自身が都市ガスで自殺できると考えていたこと，また，発見者Cおよび家主DもXがガス心中をはかったと思ったことを根拠に，一般人は本件ガス漏出行為がAおよびBを死亡させる危険性を有するものだと認識していたと認定し，殺人未遂罪を認めている。

　本判決のいうように，締め切った室内に都市ガスを漏出させる行為は，室内にいる者を死亡させる危険性があると一般人が感じると思われることから，具体的危険説からは，本件は殺人未遂罪が当然に認められる事案だったといえる。したがって，同説を支持する立場からは，判示の前半部分は余計だと評価されることになろう。にもかかわらず，本判決がこれだけで殺人未遂罪を認めなかったのは，方法の不能が問題になった事案に関する先例と同様に，科学的な見地からみた行為の危険性を重視したからだと思われる。

　一方，純客観説からは，具体的に室内のガス濃度がどの程度まで高まっていて，ガス爆発または酸素欠乏症の危険が切迫していたかが問題となろう。また，修正された客観的危険説からは，ガス爆発または酸素欠乏症によってAおよびBが死亡するまで発見されずにガスが漏出し続けた可能性が相当程度認められるかが問われることになるものと思われる。本判決はこれらの点について認定していないが，本件では約4時間50分もの長時間にわたり都市ガスが漏出したというのであるから，これらの見解によっても殺人の結果発生の危険を認めることは可能であろう。ましてや，絶対的不能・相対的不能説を採用し，相対的不能の範囲を広く認めてきた判例の流れからすれば，本件で不能犯を否定したのは当然だといえる。

　ただし，客観的危険説を採用した場合，本件では，不能犯の問題のほか，Xに故意が認められるのかという問題が生じうる。なぜなら，仮にXが都市ガスによる中毒死の危険しか認識していなかったのであれば，現実にはガス爆発または酸素欠乏症の危険しか認められないので，両者の間にずれが生じていることになるからである。[27]この問題は，因果関係の錯誤と同様に考えることができよう。[28]因果関係の認識不要説からは，Xに殺人の結果発生の認識

がある以上，故意が認められるとされるが[29]，認識必要説からはどのように処理すべきかが問題となる。因果関係の錯誤につき，認識必要説の中でも一般的な見解は，認識した因果経過と現実の因果経過との間に離齬があったとしても，両者が相当因果関係の範囲内で符合していれば，錯誤は重要ではなく，故意は阻却されないとする[30]。この基準にしたがえば，本件では，現実に問題となった「ガス爆発または酸素欠乏症→死亡」という因果経過は相当といえるから，重要なのは行為者の認識していた因果経過が相当といえるかどうかである。この点，本判決の解説の中には，「本件被告人の認識は，『ガス中毒を引き起こすガスを漏出させて人を中毒死させる』という相当な内容のものであったと思われるので，故意を認めるのに特に問題はない[31]」とするものもある。しかし，問題となる認識は「X宅に供給されているガス（＝都市ガス）を漏出させて人を中毒死させる」というものであるはずであり，なぜそれを「ガス中毒を引き起こすガス」に読み換えて良いのかは明らかではない。もしそのような読み換えが許されないとすれば，認識必要説から故意を認めるためには，「都市ガスの漏出→中毒死」という因果経過は一般人からすれば相当なのでそれで足りると考えるか，または，「都市ガスを漏出させて人を死亡させる」というレベルにまでXの認識を抽象化し，そのような因果経過は相当だと考えるよりほかはないように思われる。

　本判決が上記のような複合的な理由づけを行ったのは，客観的危険説に立った場合，故意に関して以上のような複雑な問題が生じうることを考慮したからかもしれない。

---

27) もっとも，本判決は，Xの意図につき，「都市ガスを室内に充満させ，よって右両名を殺害しようとした」という記述をしており，中毒死以外の死に方を排除していなかったようにも読める。仮にそうだとすれば，故意の問題は生じないであろう。なお，具体的危険説からは，一般人を基準とすれば中毒死の危険が認められ，Xにもその危険の認識がある以上，故意の問題は生じない。
28) 佐伯② 139 頁。
29) 木村① 139 頁。
30) 大塚 193 頁。さらに，町野 244 頁以下参照。
31) 佐伯② 139 頁。

【参考文献】
　本件の評釈として
　　①木村光江「判批」百選6版
　　②佐伯仁志「判批」百選4版

　不能犯について
　　③佐伯仁志・争点
　　④野村稔『未遂犯の研究』(1984年)
　　⑤松原芳博「未遂犯・その2」法セミ672号(2010年)
　　⑥三好幹夫・大コンメ(4)
　　⑦山口厚『危険犯の研究』(1982年)
　　⑧和田俊憲・注釈刑法(1)

　　　　　　　　　　　　　　　　　　　　　　　　　　　(佐藤拓磨)

13

中 止 犯
——中止行為および任意性——

- 東京高等裁判所昭和 51 年 7 月 14 日判決
- 昭和 51 年（う）第 651 号 殺人未遂，同幇助，銃砲刀剣類所持等取締法違反，火薬類取締法違反被告事件
- 判時 834 号 106 頁

I 事　案

　被告人 X は，妻 P を親友の Q 方に預けていたが，昭和 50 年 9 月 29 日午前 10 時頃，X がたまたま Q 方を訪ねたところ，P は自宅に戻って A と会っており，しかも被告人 Y がこれを発見し，P を連れ戻した事実を知らされた。そこで X は，A を Q 方まで連行し同家 2 階で妻 P との関係を詰問したが，A が全く非を認めようとしなかったため，同人を殺害して報復しようとし，階下にいた Y に刃渡り約 52 センチメートルの日本刀を持ってこさせたところ，Y も X の意を察知して，ここに X，Y 両名の A 殺害にかかる共謀が成立し，同日午前 11 時頃，Y が日本刀を振りかざし A の右肩辺を 1 回斬りつけたあと，さらに二の太刀をあびせて息の根を止めようとして次の攻撃に移ろうとした折，X が「もういい，Y いくぞ」といい，次の攻撃を止めさせ，Y もこれに応じて次の攻撃を断念した。その後 X は，親友 Q らに A を病院に連れて行くよう指示し，その結果 A は医師の診断を受け，加療約 2 週間を要する程度の肩部切創の傷害を負うにとどまった。

　原判決（浦和地判昭和 51 年 3 月 1 日公刊物未登載）は，被告人らにおいて A を殺害すべく，さらに攻撃を加えようと思えばこれを妨げる事情が存しなかったのに攻撃を止めているのであるから，被告人らの任意の意思により犯行を中止したものと推認されるとしながら，他方，A は右肩部に長さ約 22 センチ

メートルの切創を受けていたのであるから，そのまま放置すれば出血多量により死に至る危険が存したと判断し，本件行為を実行未遂とした上で，被告人らはQらに被害者の救助を依頼したのみで，何らの応急手当さえせず放置していたもので，結果発生回避の真摯な努力があったとは認められないから，中止犯は成立しないとした。

これに対して被告人らは，被告人らがAに対する殺意を放棄し同人に対する追撃を断念した直後，被告人Xが，自己の親友であるQらに対し，Aを病院に連れて行くように依頼し，これを受けたQらが，Xの意を体しその手足となってAを病院に連れて行ったのであるから，その所為はXの所為と同一視すべきであり，したがって中止犯が成立するから，原判決が殺人未遂について中止犯の成立を否定したのは法令の解釈を誤ったものであるとして，控訴した。

II 判　旨

破棄自判

裁判所は，以下のように述べて被告人らに中止犯の成立を認め，原判決を破棄して，被告人Xを懲役7年に，被告人Yを懲役4年に処した。

「中止未遂は，犯罪の実行に着手した未遂犯人が自己の自発的な任意行為によって結果の発生を阻止して既遂に至らしめないことを要件とするが，中止未遂はもとより犯人の中止行為を内容とするものであるところ，その中止行為は，着手未遂の段階においては，実行行為の終了までに自発的に犯意を放棄してそれ以上の実行を行わないことで足りるが，実行未遂の場合にあっては，犯人の実行行為は終っているのであるから，中止行為というためには任意に結果の発生を妨げることによって，既遂の状態に至らせないことが必要であり，そのため結果発生回避のための真しな努力が要求される所以である。

本件についてこれをみてみると，原判示関係証拠に，当審における事実調の結果を併せ考えれば被告人らは，原判示の動機から原判示Aを殺害することを共謀し，被告人Xの意をうけた被告人Yが，原判示刃渡り約52セン

チメートルの日本刀を振り上げて被告人らの前に正座しているＡの右肩辺りを１回切りつけたところ，同人が前かがみに倒れたので，更に引き続き二の太刀を加えて同人の息の根を止めようとして次の攻撃に移ろうとした折，被告人Ｘが，同Ｙに対し，『もういい，Ｙいくぞ』と申し向け，次の攻撃を止めさせ，被告人Ｙもこれに応じてＡに対し二の太刀を振り降ろすことを断念している事実が認定できるのである。そして，右証拠によれば，被告人らとしても，右被告人ＹがＡに加えた最初の一撃で同人を殺害できたとは考えず，さればこそＹは続けて次の攻撃に移ろうとしたものであり，Ａが受けた傷害の程度も右肩部の長さ約22センチメートルの切創で，その傷の深さは骨に達しない程度のものであった（医師Ｒ作成のＡに対する診断書）のであるから，被告人らのＡに対する殺害の実行行為が原判示Ｙの加えた一撃をもって終了したものとはとうてい考えられない（なお，原判決は，右Ｙの加えた一撃によりＡは出血多量による死の危険があったというがこれを認めるに足りる証拠はない。）。してみれば，本件はまさに前記着手未遂の事案に当たる場合であり，被告人らとしては，Ａを殺害するため更に次の攻撃を加えようとすれば容易にこれをなしえたことは原判決もこれを認定しているとおりであるのに，被告人らは次の攻撃を自ら止めているのである。そして，被告人Ｘが，被告人Ｙに二の太刀を加えることを止めさせた理由として，被告人Ｘは，司法警察員及び検察官に対し，『Ａの息の根を止め，とどめをさすのを見るにしのびなかった』『Ａを殺してはいけない……懲役に行った後で，子供４人と狂っている妻をめんどうみさせるのはＡしかいない，Ａを殺してはいけないと思い……とどめを刺すのをやめさせた』と述べているのであって，かかる動機に基づく攻撃の中止は，法にいわゆる自己の意思による中止といわざるをえない。又，被告人Ｙにおいても，被告人Ｘにいわれるままに直ちに次の攻撃に出ることを止めているのである（なお，被告人Ｘが原説示のＱらにＡを病院に連れていくよう指示し，Ａが直ちに国立Ｓ病院に運ばれ治療を受けたことは原判決に示すとおりである。）。

してみれば，被告人らの原判示第一の殺人未遂の所為は刑法43条但書にいわゆる中止未遂に当たる場合であるのに，これを障害未遂と認定した原判

決は事実を誤認したか又は法令の解釈を誤った違法があるものといわざるを得ない。そして，中止未遂の場合には，法律上その刑を減軽又は免除することになっているから，その誤りは，判決に影響を及ぼすことが明らかである。」

III 解説

1 中止の前提

(1) 中止行為の構造

43条但書が規定する中止犯は，「自己の意思により犯罪を中止した」ときに成立する。「中止」とは途中で止めることであり，止める対象は「犯罪」である。43条本文は「犯罪の実行に着手してこれを遂げなかった」場合を対象とし，犯罪は「実行の着手」に始まり「既遂」に終わるものとしている。したがって，中止犯成立のためには，問題となる時点で①すでに当該犯罪の実行の着手が認められること及び②当該犯罪が既遂に達する可能性が残っていることを前提に，③当該犯罪が既遂に達する可能性を消滅させることが必要であると解するのが，「犯罪を中止した」という文言の素直な解釈である。

(2) 予備後の中止

前記①に関して議論されるのが，予備後の中止と呼ばれる問題である。予備罪の成立後，実行の着手前に計画を中止した場合について，43条但書を類推適用して刑の減免を認めることの可否が問われる。そこでは，中止の対象である犯罪がいつ始まるものとみるかが争われている。通説は，予備に始まり未遂を経て既遂に終わるという1個の犯罪を観念し，予備後・未遂前にも当該犯罪の中止は可能であるとみる。これに対して判例は[1]，未遂に始まり既遂に終わる犯罪と予備罪とは別個の犯罪であるという理解を前提に，予備後に中止しても，予備罪はすでに終了しており未遂・既遂の犯罪はまだ始まっていないから，いずれとの関係でも中止は観念できないとして，同但書の適

---

[1] 最判昭和24年5月17日集刑10号177頁（強盗予備），最大判昭和29年1月20日刑集8巻1号41頁（強盗予備）。

用を否定する。

(3) 既遂可能性消滅後の中止

前記②との関係で中止が否定されるのは，第1に客観的失敗未遂の場合である。射殺の事例で弾がすべて外れたような場合は，当該犯罪は未遂として確定しておりもはや既遂に達する可能性はないから，中止の余地はない。

第2に，犯罪が既遂に達した場合も，それ以降の中止は認められない。危険犯や継続犯においては，形式上既遂に達した後も実質的には法益侵害が発生・拡大しうるが，それを防止しても中止減免は認められない[2]。過失犯や結果的加重犯において基本犯等が成立した後により重い結果の発生を防止した場合も，同様である。これらの場合に中止減免規定の類推適用を否定するのであれば，予備後の中止も同様に解するのが整合的であると思われる[3]。

2　不作為中止における中止行為

(1) 不作為中止の構造

中止の前提条件（前記1の①および②）が満たされるとき，必要となる中止行為の内容（前記1の③）は当該犯罪の既遂可能性ないし既遂の危険のあり方に応じて決定される。

犯罪の既遂可能性・既遂の危険には2つの存在態様がある。第1は行為者の行為を離れ因果の流れのみで既遂惹起に至るような「物理的危険」であり，第2は行為者が犯行を継続することにより既遂が惹起されうるという「犯行継続可能性に基づく危険」である。ⓐ物理的危険のみがあるときは，積極的

---

[2] 刑を減軽・免除するには，228条の2（被拐取者解放減軽）のような減免規定が必要である。

[3] 形式上は中止減免は未遂犯の場合に限られる。いったん実質を考慮して予備後の中止に中止減免の類推適用を認めると，危険犯・継続犯の既遂後にも適用の理由が生ずる。そこで既遂後についてのみ中止減免を否定するためには，中止減免の目的は既遂の防止にあり既遂後はその目的が妥当しないと解する必要がある。しかしさらに，予備後未遂前においては未遂の処罰により既遂の防止が図られていると解すれば，中止減免の必要はなくなり，中止減免は未遂犯に限られるという形式に再び戻る。そしてそのとき初めて，過失犯や結果的加重犯についての説明がつくと思われる。

に因果経過を遮断して既遂を防ぐ「作為態様による中止行為」が必要である。ⓑ犯行継続可能性に基づく危険のみがある場合は，犯行の継続を止める「不作為態様による中止行為」が必要である。[4] ⓒ2つの危険がともに存在するときは，犯行の継続を止めるとともに因果経過を遮断することが必要である。このような判断枠組みが，現在の通説的地位を占めていると思われる。

この枠組みからは，物理的危険が存在するにもかかわらず単に犯行継続を止めただけの場合は，中止行為が否定されることになる。

(2) 判例にみる判断基準

中止行為の態様に初めて明示的に触れた裁判例は，被害者を放置した場合に「死の結果を来たす可能性」に言及しており[5]，その後の判例もほぼ上記の判断枠組みに従っているとみることができる。そして，関係する高裁判例を検討すると，日本刀により右肩部の長さ約22センチメートルの骨に達しない切創を負わせたにすぎない場合[6]や牛刀により全治約2週間の左前腕切傷を負わせたにとどまる場合[7]は，不作為態様による中止行為で十分であるとされる一方，体重をかけて力任せに頸部を絞め，被害者が気を失ってからも約30秒間絞め続け，その後意識喪失は30分から1時間くらい続いたという事案では，「被害者の生命に対する現実的な危険性」があり，作為態様の中止行為が求められている[8]。また，「超緊急的には生命の危険性がなかったが，放置していれば生命の危険性があった」という事案で作為態様の中止行為を要求する裁判例もある[9]。これらにおいては，物理的な因果の進行だけで結果が発生する危険性であって，切迫している必要はないが現実的な危険性が存在するとき，作為態様による中止行為が求められ不作為中止が排除されていると，

---

4) この場合，客観的に不作為態様の中止行為があれば「十分」であるとしているわけではない。一般に「中止故意」が必要とされるので，物理的危険の存在や既遂可能性の不存在を誤信して犯行継続を中止した場合は，中止行為は肯定されない。
5) 東京地判昭和40年4月28日下刑集7巻4号766頁。
6) 本判決（東京高判昭和51年7月14日）。
7) 東京高判昭和62年7月16日判時1247号140頁。もっとも，そのような事案であるというだけで，そのような理由が明示されているわけではない。
8) 福岡高判平成11年9月7日判時1691号156頁。
9) 大阪地判平成14年11月27日判タ1113号281頁。

まとめることができる。
(3) 夾雑物の位置づけ
もっとも，以下の点について注意が必要である。

第1に，この問題はかつては実行行為の終了時期の問題として扱われ，実行行為終了前の着手未遂であれば不作為中止が肯定され，実行行為終了後の終了未遂の段階に至ると作為態様の中止行為が必要であるとされた。そこには，中止未遂は犯罪の本体である実行行為を中止するものであるという考え方があった。実行行為自体の性質に判断基準を求めるそのような考え方は，今日では妥当でないと解されるが，その残滓が判例においても表現上はみられることがあるので[10]，その背後にある中止の時点における物理的危険の実質判断に着目する必要がある。

第2に，物理的危険があるときは作為態様の中止行為が必要であるとされるとき，そこでの危険は客観的に判断されることが前提にされてきたと思われる。しかし，裁判例においては，通説の判断枠組みを取りつつも，基準としての危険の存在を事前的一般人基準で判断するものがある[11]。また，手工用切出ナイフで被害者の右前胸部に長さ約2センチメートル，深さ約1.5センチメートルの肺には達しない加療約1週間の穿刺創を負わせたにすぎない場合を実行未遂として作為態様の中止行為を要求する高裁判例もある[12]。判例は通説の基準に従うことにためらいをみせていると考えることもでき，学説にもその旨を指摘して通説の妥当性を疑うものがある[13]。たしかに，生命の危険はなくても相当程度の傷害を負った被害者を放置してその場を離れたという

---

10) たとえば，東京高裁昭和62年7月16日判決（判時1247号140頁＝前出**注7**）は，「被告人が同牛刀で［被害者］に一撃を加えたものの，その殺害に奏功しなかったという段階では，いまだ殺人の実行行為は終了しておらず，従って，本件はいわゆる着手未遂に該当する事案である」としている。

11) 東京地判平成14年1月22日判時1821号155頁。和田俊憲「判批」刑ジャ4号（2006年）79頁参照。

12) 名古屋高判平成2年7月17日判タ739号243頁。もっとも，作為態様の中止行為が行われて中止犯が肯定された事案であり，また「傷害の程度からして，医師の治療が施されれば死亡の結果はまず発生しないと考えられる」ことも明示的に考慮されている。

13) 塩見淳「中止行為の構造」中山古稀（3）258頁以下。

場合，直感的には中止減免を否定すべき場合があると思われる。

しかし，そのような場合であって既遂防止のための積極的行為がなされないときには，中止故意や任意性が疑わしいことが多く，そこでは，中止故意や任意性を認定する間接事実として作為態様の既遂防止行為が意味を有する場合があるように思われる。そうだとすれば，作為態様の既遂防止行為がなく減免を否定すべき場合でも，中止故意や任意性を否定すれば足り，客観的に中止行為として不十分であると解する必要はないことになる。

3 作為中止における中止行為

(1) 作為中止の構造

物理的危険が肯定され作為態様の中止行為が必要であるとなった場合，既遂防止に向けた行為と既遂可能性の消滅との間にはいかなる関係が必要か。犯罪論における行為と結果との関係に対応させると，①既遂防止に向けた行為がなくても既遂可能性は消滅していたといえる場合に中止犯を認めるべきかという事実的因果関係に対応する問題，②既遂防止に向けた行為から既遂可能性の消滅に至る因果経過が相当でない場合に中止犯を認めるべきかという法的因果関係に対応する問題，そして，③他人の助力を得て既遂可能性を消滅させた場合にどの程度の寄与を要求するかという問題がある。

上記①および②は，中止犯を既遂形態に限定するか未遂形態のものも認めるかという問題である。「犯罪を中止しようとした」ではなく「中止した」と規定されているのであるから，中止犯として既遂形態のものに限定するのが素直であろうが[14]，学説上は未遂形態の中止犯を認めるのが通説である[15]。さらに検討を要するのは，③の問題である。

---

14) 判例は未遂形態の中止犯を否定していると解される。大判昭和4年9月17日刑集8巻446頁。

15) 林375頁や山口・探究総論225頁，228頁は，危険消滅との間に因果関係を要求しており，既遂形態に限定するかのようであるが，そこでの危険を事前的に判断する場合は，結局のところ，客観的危険との関係では未遂形態の中止犯を肯定していることになる。なお，町野朔「中止犯における『止メタ』の意義」Law School 7号（1979年）105頁も参照。

(2) 原点となる判例

中止するにあたって他人の助力を得た場合に関する重要判例は，放火犯人が隣家に住む親戚に対して「放火シタルニ依リ宜敷頼ム」と叫びながら走り去り，それを聞いた当該親戚が現場に駆けつけ消火したため既遂に至らなかったという事案を扱った大審院昭和 12 年 6 月 25 日判決（刑集 16 巻 998 頁＝**判例 1**）である。これには，一方では，中止犯の範囲を制限しすぎるそれまでの判例に歯止めをかけ，他方では，それでも他人の助力を得る場合の中止犯の成立は一定の範囲に限定するという，二面的な意義が認められる。すなわち，判示のうち「結果発生ニ付テノ防止ハ必スシモ犯人単独ニテ之ニ当ルノ要ナキコト勿論ナリ」とする部分は，独力による消火を要求しているともみえた判例[16]を否定することを明確にしている。その一方で，「其ノ自ラ之ニ当ラサル場合ハ少クトモ犯人自身之カ防止ニ当リタルト同視スルニ足ルヘキ程度ノ努力ヲ払フノ要アルモノトス」としており，結果防止行為に間接的に関与する場合には，直接それを行ったと同視しうることが必要であり，「放火シタルニ依リ宜敷頼ム」と叫びながら走り去った場合にはそれは認められないとしたのである。

(3) 学説による揺り動かしと揺り戻し

判例 1 の立てた基準に対しては，行為者の主観を重視する立場からその後「真摯性」という概念が使われ[17]，「犯人自身之カ防止ニ当リタルト同視スルニ足ルヘキ程度ノ努力」が「結果発生防止のための真摯な努力」などと読み替えられるようになった。そこでは，「真摯な努力」が責任減少要素や主観的違法減少要素として位置づけられ，真剣な努力の存在が規範的意識の具体化として責任を排除するとされたり[18]，結果防止を真に目的とした行為者自身の努力としての真摯性が必要であるとされたりした[19]。これらの学説の影響は大き

---

16) 大判昭和 2 年 10 月 25 日新聞 2762 号 11 頁。
17) 牧野英一「中止行為の真摯性」同『刑法研究 7 巻』(1939 年) 449 頁以下，同「中止犯と中止の真摯性」同『刑法研究 8 巻』(1939 年) 295 頁。
18) 香川達夫『中止未遂の法的性格』(1963 年) 116 頁以下等。
19) 西原春夫『刑法総論』(1977 年) 293 頁等。

く，現在でも他人の助力を得る作為中止においては一般に「真摯な努力」が必要であるとされる。

判例においても同様であるが，そこではさらに一時期，中止犯の成立範囲が極度に制限されるようになった[20]。それに対しては，特に罪跡隠滅という既遂防止とは無関係の事情を中止犯を否定する要素と位置づける点について，批判が加えられている。

そこで近年は，犯罪論における客観的構成の隆盛とも相応して，「真摯性」という要素は排除し，「積極的な努力」や「適切な努力」で足りるとする見解[21]が多くなっている。既遂防止とは無関係な倫理的要素を排除するのは妥当であるが，積極性や適切性の判断基準や，それに対して中止犯体系におけるいかなる意味を与えるかが問題である。そこで，そもそも「努力」要件は不要であるとの見解[22]もみられる。

(4) 中止の共同性の判断基準

「真摯性」の概念を用いていない**判例1**は，他人と意思を通じてその助力を得た場合を中止の「共犯」に見立てるとき，中止の「単独正犯」や「実行共同正犯」である必要はないが，中止の「教唆」や「幇助」では足りず，少なくとも「共謀共同正犯」性が必要であるとしたものであるとみるのが妥当であると思われる。要するに，他人と「共同」した中止行為といえる場合に「中止した」にあたると解されるのである。

この観点から裁判例を整理すると，まず，殺人未遂の被害者自身の指示に基づいて救命の手助けをしたにすぎないような場合は，中止行為が否定されている[23]。これに対して，自ら救急通報をした事案につきそれのみにより中止行為を認めたものがあるが，そこではとりうる最適の措置であったことが理由とされている[24]。救急通報していても既遂防止に役立つ可能な情報提供等を

---

20) その最たるものが，罪跡隠滅行為などを理由に真摯な努力を否定し中止犯を否定した大阪高判昭和44年10月17日判タ244号290頁である。
21) 内藤（下）Ⅱ1311頁，曽根229頁。
22) 山口285頁。中止行為と中止結果との間の因果関係や中止故意の要件への解消が図られる。
23) 大阪地判昭和59年6月21日判タ537号256頁。

していなければ、中止行為を否定する要素として扱われる。[25]

　そうすると、中止の共同性は、既遂防止のために客観的に重要な寄与をなし、かつ、助力を得た他人との間に強度の心理的つながりが認められるときに、肯定されていると整理できそうである。自分にとって可能な既遂防止に役立つ行為を、知りながらあえて行わないような場合は、（倫理的な真摯さではなく）共同する意思に欠けるので、他人による既遂防止を教唆したり外から幇助したりしているにとどまり中止行為にはあたらないと解することができる。**判例1**の事案も、消火に決定的な条件を与えている点で客観的には重要な寄与があるともみうるが、自らも消火活動に加わることが可能なのに立ち去っている点で、中止を共同する意思に欠けることになる。

　「真摯な努力」は、既遂防止と無関係な倫理的要素を排した上で、以上の意味での中止の共同性の問題として整理されるべきであると思われる。

4　中止の任意性

(1)　分析視角

　中止行為は「自己の意思により」なされなければならない。この任意性要件について今日学説上提示されている判断基準は、次の3つにまとめられる。すなわち、ⓐ中止行為時の行為者の主観における犯行継続可能性を問う主観説[26]、ⓑ中止の動機・目的に対して規範的限定を加える限定的主観説[27]、ⓒ行為者が認識した事情が経験上一般に犯行継続の障害となるかを問題とする客観説である。

　また、このような整理とは別次元の問題として、そもそも任意性の概念をどのように捉えるかにつき、責任非難減少の問題であるとする見方と、自由

24）　東京地判平成8年3月28日判時1596号125頁。
25）　大阪高判昭和44年10月17日（判タ244号290頁＝前出注20）は、使用した凶器や傷害行為の態様を医師に告げない行為を、中止行為を否定する要素として挙げている。
26）　具体的基準としては、いわゆるフランクの公式（「できるのに止めたのか、できないのに止めたのか」）がとられる。
27）　いわゆる広義の悔悟（悔悟、慚愧、恐懼、同情、憐憫、その他これらに類する感情）による場合に限定するものが基本形であるが、犯罪者の合理性からの逸脱をみる見解（不合理決断説。山中772頁）もここに位置づけることができる。

意思の問題であるとする見方がありうる。

　任意性の概念を自由意思に求める場合は，上記の各見解はいずれも，中止行為が自由意思に基づくといえる場合に任意性を肯定するものであり，自由意思の判断基準が異なるだけであることになる。その観点からみると，主観説は絶対的強制かそれに準ずる状態に至って初めて自由意思を否定する見解，客観説は外部事情が障害として働いているときにそれとの関係で相対的に自由意思を否定する見解，限定主観説は広義の悔悟による場合のみ自由意思を肯定する見解となる。

　これに対して，任意性概念を責任非難の減少に求める観点から見ると，主観説は危険の減少・消滅が認識されていれば責任減少としては十分であるとする見解，限定主観説は広義の悔悟という自己の犯罪行為を否定する要素があるときに初めて十分な責任非難の減少が肯定できるとする見解，客観説は犯行継続の期待可能性があるにもかかわらず中止する場合に責任非難の減少を肯定する見解と位置づけられる。

(2) 判　例

　大審院判例においては，当初，外部的事情に強制されて中止した場合のみ任意性が否定されるとする判断が示されていたが[28]，強制の程度が低くても任意性は否定され，結局，外部的障害が原因となることなくもっぱら内部的原因によって中止した場合にのみ任意性が肯定されていた[29]。しかし，人の意思が外部の事情に一切影響を受けずに決定されることはほとんど無いことから，このような判断基準によると任意性は事実上肯定されえないことになる。そこで，中止の動機・原因が一般に犯罪遂行にとって障害となるものであることを任意性否定の理由とする判例や[30]，中止の動機に規範的価値があることのみを根拠に任意性を認めるとも解される判例も現れた[31]。

　原因の障害としての一般性の有無という判断基準は最高裁においても採用

---

28)　大判大正2年11月8日刑録19輯1212頁。
29)　大判昭和11年3月6日刑集16巻272頁。
30)　大判昭和12年9月21日刑集16巻1303頁。
31)　大判昭和2年7月4日裁判例 (2) 刑17頁。

されたが，同時にそこでは動機に規範的価値がないことも任意性否定の理由とされているから，最高裁は基本的に大審院判例の流れを引き継いだということができる。

　下級審判例においても，障害の大きさの要素と動機の規範的価値の要素とをともに考慮して任意性判断を行うものが多い。そして，最高裁判例のように任意性を否定したものは少なく，多いのは，障害の大きさの要素と動機の規範的価値の要素とをともに考慮して任意性を肯定するものである。そこでは，動機の規範的価値が小さくても継続障害性が小さいのに中止していれば任意性は肯定され，逆に，継続障害性が大きくても動機の規範的価値が大きければ任意性は肯定されている。さらに，単に動機に規範的価値がないことのみを理由に任意性を否定したと解される判例はきわめて例外的で，むしろ，動機の規範的価値のみを根拠に任意性を肯定したものが多い。また，犯行継続の障害の大きさだけを理由に任意性を否定したものが多く存在するが，これらにおいては動機の規範的価値が否定されることが前提とされていると解され，逆に，犯罪遂行の障害となるべき事情が存在しないことのみを根拠に任意性を肯定したものが注目される。

---

32) 最判昭和 24 年 7 月 9 日刑集 3 巻 7 号 1173 頁，最決昭和 32 年 9 月 10 日刑集 11 巻 9 号 2202 頁。
33) 佐賀地判昭和 35 年 6 月 27 日下刑集 2 巻 5 = 6 号 938 頁。
34) 東京高判昭和 51 年 7 月 14 日判時 834 号 106 頁（本判決），横浜地川崎支判昭和 52 年 9 月 19 日刑月 9 巻 9 = 10 号 739 頁，宮崎地都城支判昭和 59 年 1 月 25 日判タ 525 号 302 頁。
35) 福岡高判昭和 61 年 3 月 6 日高刑集 39 巻 1 号 1 頁，大阪地判平成 9 年 6 月 18 日判時 1610 号 155 頁。
36) 東京高判昭和 62 年 7 月 16 日判時 1247 号 140 頁（前出注 7）。両要素に主従関係のない事案で任意性を認めたものとして，東京地判平成 8 年 3 月 28 日判時 1596 号 125 頁（前出注 24）。
37) 福岡地飯塚支判昭和 34 年 2 月 17 日下刑集 1 巻 2 号 399 頁。
38) 福岡高判昭和 29 年 5 月 29 日判特 26 号 93 頁，大阪高判昭和 33 年 6 月 10 日高刑特 5 巻 7 号 270 頁，名古屋高判平成 2 年 7 月 17 日判タ 739 号 243 頁（前出注 12）。
39) 東京高判昭和 31 年 6 月 20 日高刑集 3 巻 13 号 646 頁，東京高判昭和 39 年 8 月 5 日東高刑時報 15 巻 7 = 8 号 173 頁。
40) 浦和地判平成 4 年 2 月 27 日判タ 795 号 263 頁。もっとも，中止の動機の中に従たるものとして被害者に対する憐憫の情ないし反省・悔悟の情の存したことが指摘されている。

(3) 体系的整理

以上のように概観すると，判例は，①行為者の認識した事情が一般的に犯罪遂行の障害とならないものか，および，中止の動機に規範的価値が認められるか，という2つの責任減少要素を考慮し，②これら2要素の値を合算して必要的減免に相応しいといえる一定の基準値に達するとき任意性を肯定し，③その基準値は2要素がそれぞれ単独でも達しうるものとしている，とまとめることができる。客観説と限定主観説の基準の併用ともいうべきこの任意性判断は一貫性を欠くと評されることもあるが，それは現にある学説にあてはめて判例を理解しようとするからであって，責任非難の減少という概念の下に統一的な把握をすることは可能である。また，動機を考慮するため客観説の難点を，逆に動機の限定をしないため限定主観説の難点を，いずれも回避できるという特長を有するものでもあり，具体的帰結も妥当であると思われる。

もっとも，外部的事情による強制の有無，すなわち自由意思の有無により任意性を判断していた当初の大審院判例が，障害の大きさの要素と広義の悔悟の要素とを判断基準に取り入れた際，任意性の概念を自由意思から責任非難の減少に転換させたのではなく，従前どおり任意性は自由意思の問題であるとしながらその判断基準のみを変えたのだとみれば，それを引き継いだ最高裁やそのもとでの下級審裁判例もあくまで自由意思の有無を判断していることになる。その場合は，外部的事情が既遂防止に及ぼした影響の大きさをより詳細に認定しようとしているとみることができる。すなわち，①中止の動機のうち，その性質上，外部的事情に起因して生じたと評価される部分と，外部的事情から自由に行為者の主観面において生じたと評価できる部分とを仕分けし，②前者についてはさらに，当該外部的事情の障害性の大きさから外部的事情の影響力を測り，③動機を構成する要素のうち，前者の割合及びその内部での外部的事情の影響の割合を求めることによって，それが一定の

---

41) 札幌高裁平成13年5月10日判決（判タ1089号298頁）は，中止の決断に時間を要した事案で，犯行継続の困難性の不存在と広義の悔悟のほか，中止行為時の絶対的な自由意思を重視する。

値よりも小さいときに任意性を肯定する，という枠組みとして理解される。

5　本判決における判断

以上に基づいて，本判決における中止犯の成否判断を整理すると，次のようになる。

まず，中止行為の態様について，中止の時点で被害者Aが負っていた傷害が「右肩部の長さ約22センチメートルの切創で，その傷の深さは骨に達しない程度のものであった」ことを挙げ，「Yの加えた一撃によりAは出血多量による死の危険があった」とはいえないと指摘して，作為態様の中止行為は必要ないとしている。本件における具体的判断として，行為者の行為を離れた物理的危険の有無が，作為態様の中止行為の要否の判断基準になっているということができる。また，犯行継続可能性については，「Aを殺害するため更に次の攻撃を加えようとすれば容易にこれをなしえた」ことを指摘して，これを肯定している。したがって，不作為態様の中止行為が認められることになる。さらに，被告人らが「YがAに加えた最初の一撃で同人を殺害できたとは考え」なかったことも指摘されているが，これは中止故意を基礎づけている（殺害に成功したと考えて中止したのであれば，中止故意が否定される）。

本判決は，たしかに一般論としては，「中止行為は，着手未遂の段階においては，実行行為の終了までに自発的に犯意を放棄してそれ以上の実行を行わないことで足りるが，実行未遂の場合にあっては，犯人の実行行為は終っているのであるから，中止行為というためには任意に結果の発生を妨げることによって，既遂の状態に至らせないことが必要であり，そのため結果発生回避のための真しな努力が要求される」としており，ここでは一見，実行行為の終了の肯否を判断した上で，それに基づき不作為中止で十分であるか否かを決定する枠組みをとっているかのようである。しかし，具体的な判断は，実行の着手時における実行行為の性質に関わる事情ではなく，上のように，中止行為時における危険の内容によって為されているのである。

なお，原判決は，出血多量による生命の危険があったと認定して，作為態様の中止を要求し，被告人らはQらに被害者の救助を依頼したのみである

として，結果発生回避の真摯な努力を否定していた。本判決のように生命の危険を否定するとこの問題は回避されるが，仮に生命の危険があったとすると，実行可能な応急手当をしていない場合には，中止行為は否定されうると思われる。逆に，実行可能な応急手当をしていなくても中止の共同性が認められる場合は，その程度でも既遂防止に対する客観的・主観的寄与が認められるということであるから，それはそもそも生命の危険が存在しない場合に限られるように思われる。本判決が，真摯な努力を否定した原判決は法令解釈の誤りがあるとした控訴理由に対して，不作為中止で十分であると応じた背景には，このような判断があるように思われる。

次に，任意性については，被告人Xの中止の動機が，①被害者にとどめをさすのをみるにしのびなかったこと，②自分が懲役に行った後，残される子供と妻の面倒をみるのは被害者しかいないので，殺してはいけないと思ったこと，が挙げられ，自己の意思によるものと判断されている。このうち①は広義の悔悟である。②は，自己の利益を追求するため被害者を利用する目的であるとみれば責任非難を減少させないと思われるが，妻と被害者の密会等を理由に被害者を殺害しようとした者にとっては，妻と子供の面倒をみられるのは被害者しかいないという事情はおよそ犯行継続の障害とはなりえないことであり，その観点からは，任意性を基礎づける要素とみることができる。

なお，被告人XがQらにAを病院に連れていくよう指示し，Aが直ちに国立S病院に運ばれ治療を受けたことも指摘されている。これは，Xによる中止の動機に関わる供述の信用性を高める事情である。

最後に，本判決では，被告人XおよびYによる中止を両者まとめて判断対象としている。分析的にみれば，直接の殺害行為を行っているのはYであり，Xの立場からは，自らの行為を離れた物理的危険があるのを，Yに命じて止めさせるという作為態様の中止を行ったともいえるところ，XおよびYによる中止は不作為中止であると処理されている。それと同様に，任意性についても中止行為者ごとに判断することも考えられ，YはXに命じられたので中止したということになると，犯行継続の障害になる外部的事情で中止したとして任意性が否定されかねないが，本判決は，Xに任意性が肯定でき

るとき，そのXにいわれるままに中止したYについても中止犯は成立するとしている。共犯者による共同の中止においてこのように判断することは妥当であるが，ここでは，任意性は行為者ごとに判断されるべき責任減少要素ではないことが示唆されているように思われる。

【参考文献】
　本件の評釈として
　　①大谷實「判批」昭和 52 年度重判解
　　②奈良俊夫「判批」百選 2 版

　中止犯全般について
　　③金澤真理「中止犯」争点
　　④野澤充「日本の中止犯論の問題点とあるべき議論形式について」神奈川 38 巻 2＝3 号（2006 年）
　　⑤山中敬一『中止未遂の研究』
　　⑥和田俊憲「未遂犯」法時 81 巻 6 号（2009 年）

　中止行為について
　　⑦斎藤信治「判批」百選 6 版
　　⑧名和鐵郎「判批」百選 6 版
　　⑨和田俊憲「判批」百選 5 版
　　⑩城下裕二「判批」百選 5 版
　　⑪塩見淳「中止行為の構造について」中山古稀

　任意性について
　　⑫奥村正雄「判批」百選 6 版
　　⑬金澤真理「判批」百選 5 版
　　⑭塩見淳「中止の任意性」判タ 702 号（1989 年）

　　　　　　　　　　　　　　　　　　　　　　　　　　（和田俊憲）

14

正犯と共犯
―母子強盗事件―

最高裁判所平成13年10月25日第一小法廷決定
平成12年（あ）第1859号 強盗被告事件
刑集55巻6号519頁／判時1768号157頁／判タ1077号176頁

I 事　案

　スナックのホステスであった被告人は，生活費に窮したため，同スナックの経営者Aから金品を強取しようと企て，自宅にいた長男B（当時12歳10か月，中学1年生）に対し，「ママのところに行ってお金をとってきて。映画でやっているように，金だ，とか言って，モデルガンを見せなさい。」などと申し向け，覆面をし，エアーガンを突き付けて脅迫するなどの方法によりAから金品を奪い取ってくるよう指示命令した。Bは嫌がっていたが，被告人は，「大丈夫。お前は，体も大きいから子供には見えないよ。」などと言って説得し，犯行に使用するためあらかじめ用意した覆面用のビニール袋，エアーガン等を交付した。これを承諾したBは，エアーガン等を携えて1人で同スナックに赴いた上，ビニール袋で覆面をして，被告人から指示された方法により同女を脅迫したほか，自己の判断により，同スナック出入口のシャッターを下ろしたり，「トイレに入れ。殺さないから入れ。」などと申し向けて脅迫し，同スナック内のトイレに閉じ込めたりするなどしてその反抗を抑圧し，同女所有に係る現金約40万1000円およびショルダーバッグ1個等を強取した。被告人は，自宅に戻って来たBからそれらを受けとり，現金を生活費等に費消した。

　以上の事実について，第1審の東京地裁平成12年1月27日判決（刑集55

巻6号534頁参照）は被告人を懲役3年8月に処した。東京地裁は，共同正犯の成立を認めたことについて，「なお，本件では争点とはされていないが，本件の実行犯であるBが当時12歳10か月であった事実にかんがみ，念のため検討すると，Bは，被告人に抗しがたい状況下で本件実行に及んだものではなく，自らの自由な意思で実行行為に及んだと評価すべきであること等の事情にかんがみれば，本件は間接正犯が成立する事案ではなく，また，被告人が本件犯行の準備を行い，奪った金品を主体的に処分していること等の事情にかんがみれば，本件は教唆犯にとどまる事案ではなく，共同正犯が成立すると判断した」としている。第2審の東京高裁平成12年9月25日判決（刑集55巻6号540頁参照）は，控訴を棄却したため，これを不服として被告人が上告した。

II　決定要旨

上告棄却

「上記認定事実によれば，本件当時Bには是非弁別の能力があり，被告人の指示命令はBの意思を抑圧するに足る程度のものではなく，Bは自らの意思により本件強盗の実行を決意した上，臨機応変に対処して本件強盗を完遂したことなどが明らかである。これらの事情に照らすと，所論のように被告人につき本件強盗の間接正犯が成立するものとは，認められない。そして，被告人は，生活費欲しさから本件強盗を計画し，Bに対し犯行方法を教示するとともに犯行道具を与えるなどして本件強盗の実行を指示命令した上，Bが奪ってきた金品をすべて自ら領得したことなどからすると，被告人については本件強盗の教唆犯ではなく共同正犯が成立するものと認められる。したがって，これと同旨の第1審判決を維持した原判決の判断は，正当である。」

III 解説

1 問題の所在

　本決定には，①12歳10か月の子供に強盗行為をさせた被告人に強盗の間接正犯を否定したこと，②教唆犯でなく共同正犯を認めたこと，③成人と刑事未成年者との共同正犯関係を認めたことという3点に意義があるとされる[1]。

　まず，刑事未成年を利用する行為の扱いに関して，被利用者には責任の欠如ゆえに犯罪の成立がないから，利用した成人のみに第1次刑事責任主体性を認めるべきだとして，間接正犯として評価することが考えられる。かつての判例・通説は，共犯の要素従属性に関して，正犯者に構成要件該当性，違法性，責任が具備されない限り背後者に共犯は成立しないという極端従属性説を採っていた。そして刑事未成年者の行為を利用した場合には，正犯者たる刑事未成年者に責任が欠けるため教唆犯は成立しないから，画一的に利用者に間接正犯を認めるという態度を採っていた。しかしながら，このような考え方に対して，「処罰の間隙を埋める形で間接正犯を認めるのは不当である」との批判がなされてきたのは周知のとおりである。

　その後，共犯の要素従属性に関して，責任までの従属を要求する極端従属性説ではなく，責任は個人の主観的事情であって関与者各自について個別的に判断すれば足りるとして，正犯者に構成要件該当性，違法性がありさえすれば背後者は共犯になりうるとする制限従属性説が通説となった。制限従属性説によれば，刑事未成年者が正犯者であっても，刑事未成年者の行為を利用した者について教唆犯として処罰することが可能になる。すなわち，正犯に対する従属性が極端従属性説よりも緩やかになったため，その分教唆犯として処罰できる範囲が広がることになる[2]。その結果，処罰の間隙をある程度

　1）　松宮②110頁，島田④156頁等。
　2）　井田445頁。

埋めることが可能となり，共犯とならない場合に間接正犯となるとする従来の通説の根拠が失われることになる。

　刑事未成年者の行為を利用する背後者の罪責について重要な意義を有するのは，12歳の養女に窃盗を行わせたという事案について，被利用者が刑事未成年であるからというだけで間接正犯を認めるのではなく，被利用者の意思が抑圧されていたという点に着目すべきであることを明らかにした，最高裁昭和58年9月21日決定（刑集37巻7号1070頁＝**判例1**）である。最高裁が，形式的に刑事未成年者であることのみを理由として教唆犯の成立を否定するのではなく，被利用者の意思の抑圧という要素を重視した背後には，意思を抑圧された者の行為を利用している場合には，背後者こそが犯罪の行方を決定する主体として，正犯としての責任を負うのだという思考があるといえる。そうだとすると，意思を抑圧されておらず，自発的に行動している刑事未成年者を利用した場合にはどのように扱うべきなのかという問題が当然生じてくる。

　本件は，まさにそのような場合，すなわち意思を抑圧されていない刑事未成年者を利用した場合について，共同正犯が成立することを認めたものである。本決定は，刑事未成年者の行為を利用する成人について，常に間接正犯が成立するわけではないことを明らかにしたばかりでなく，犯罪の実現過程に刑事未成年者が関与する場合に，刑事未成年者と成人との間に共同正犯関係が成立しうることを明らかにしたのである。[3]

2　間接正犯が成立するための要件

(1) 学説・判例

　刑法41条は，「14歳に満たない者の行為は，罰しない。」と規定し，14歳未満の刑事未成年者については刑罰権を行使しない旨を定めている。これは，

---

[3] **判例1**の調査官解説である渡邊忠嗣「判解」最判解昭和58年度279頁は，刑事未成年者の行為を利用する事案について，共謀共同正犯を認める判例理論のもとにおいては，間接正犯を認めないときには教唆犯ではなく共同正犯が成立するであろうとすでに指摘していた。

14歳未満の者については精神的成熟が不十分であるため，是非弁別能力および行為制御能力が一般的に低いことにかんがみて，刑事政策的配慮から画一的に責任無能力者と扱うことにしたものと考えられている。年少者は可塑性に富み，重い刑罰を科すことは妥当ではないことから，刑罰という過酷な制裁を与えるよりも教育によって是非弁別能力を育成することを優先すべきであって，こうした観点から刑法41条は政策的に14歳未満の者に対し刑罰を科すことを控えたのである[4]。

そうだとすると，刑事未成年者が犯罪行為を行い，これに対して成人が関与する行為についても，「責任無能力者に対する狭義の共犯の成立の問題」として，一律に要素従属性に関する議論を適用すればよいのであろうか。犯罪の遂行にあたって刑事未成年者の行為を利用した場合に狭義の共犯が成立するかについて，共犯の要素従属性に関する学説にしたがうと次のようになる。正犯者に責任があることまでを要求する極端従属性説を採用した場合には，刑事未成年者には責任がないから，共犯は成立しない。一方，責任は各人に向けられた非難可能性の問題であって，利用者・被利用者それぞれについて個別的に行われるべきであり，利用者に教唆犯が成立するための要件として被利用者に責任まで要求する必要はないと考え，違法性についての従属性は認め，責任については個別的に判断する制限従属性説を採用すると，被利用者の行為に責任要件が欠けても構わないので，刑事未成年を利用した者には教唆犯が成立しうることになる。

かつての判例・通説は，極端従属性説を採用していた。刑事未成年者を利用する行為について，大審院時代の判決には，是非弁別能力あるいは責任能力があるかどうかについてのみ言及して，間接正犯を認めるものが存在する。大審院明治37年12月20日判決（刑録10輯2415頁）は，是非弁別能力に欠け，10歳に満たない被害者の三男に，被害者に対する借金弁済を免れるために借用証書を盗ませた事案につき，是非の弁別がない三男を「機械ト爲シ」て借用証書を窃取したとし，被告人は教唆者ではなく実行正犯であるとした。ま

---

[4] 平木正洋「判解」最判解平成13年度149頁。

た，大審院明治32年3月14日判決（刑録5輯3巻64頁）も，被利用者は是非の弁別がなく，罪を犯す決心をしておらず，したがってこの者に放火をさせた者は教唆犯ではなく実行正犯であるとしている。

　戦後も，昭和20年代には被利用者が刑事未成年であるということのみをもって窃盗の間接正犯を認める判決が出されている。まず，仙台高裁昭和27年2月29日判決（判特22号106頁）は，刑事責任能力者と考えていた者が実は刑事責任年齢に達していなかったという事案について，窃盗の間接正犯の概念をもって律するべきであるとしている（ただし刑法38条2項により犯情の軽いと認める窃盗教唆罪の刑をもって処断されるのが相当とする）。また，仙台高裁昭和27年9月27日判決（判特22号178頁）は，満13歳に満たない少年を利用して，呉服店等において反物やジャンパー等を盗ませた行為について，特定していない物を少年に盗ませた案件だから窃盗の正犯も教唆も成立しないとの主張に対し，被告人は刑事責任なき少年を利用して自己の罪を遂行したものと認むべきであるから，窃盗罪をもって論ずべきであるとし，場所のみを指定し窃取する物件を特定しなかった場合についても，窃盗の間接正犯が成立するとした。これらは刑事責任年齢に満たない者を利用しているということのみを考慮して，利用者を間接正犯と評価した事案だといえる。[5]

　しかし，このように極端従属性説を前提として処罰の間隙を埋める弥縫策として間接正犯を認めることに対しては，第二次的な責任である共犯（教唆犯）の成否から逆算して，第一次的な責任である正犯（間接正犯）の成立を論ずるのは本末転倒であるとの批判がなされた。また，是非弁別能力のある13歳のXが遊興費を欲しがっていたところ，成年者であるYが万引きをすれば品物を買い取ってやるといって窃盗を行うよう勧めたところ，実際にXが万引きを実行したという事例については，Yについては教唆を認めるにとどめるのが妥当であろう。ところがこのような場合，極端従属性説によれば，Y

---

[5] このほか，複数の子供に窃盗を行うよう指示したが，その中に1人の責任能力を有する子供がいたとしても全体を包括的に観察して1個の窃盗罪が成立するとした，広島高裁松江支部昭和29年12月13日判決（高刑集7巻12号1781頁）がある。

を不処罰とするか,あるいは窃盗の間接正犯の成立を認めるしかなく[6],その いずれも適当ではないとすれば,極端従属性説にしたがうことはできない。

　このようにして制限従属性説が通説化すると,処罰の間隙を埋めるために間接正犯を認めるという,極端従属性説がとっていた前提自体が崩れることになる。被告人が間接正犯たりうるかどうかは,共犯の成立要件として正犯者の行為が責任要件を充足する必要があるかどうかという問題とは切り離して考える必要があり,共犯の成立要件が具備されないときに間接正犯を成立させるという思考の枠組みそのものも同時に放棄されたと考えなければならない。制限従属性説による場合,刑事未成年者に対する教唆犯も,刑事未成年者を利用した間接正犯も成立しうるとされており[7],両者の限界づけを責任要件の充足の有無で判断することはできないのである。

　このようにして,利用者が間接正犯になるかという問題は,共犯の要素従属性とは別個の問題であると考えられるのであるが,それでは,利用者に正犯性を認めるためにはどのような要件が必要であろうか。すでに挙げた昭和58年の**判例1**は,利用者に間接正犯を認めるにあたって,責任能力の有無だけでなく,より実質的な判断を基準として盛り込んだ。事案は,当時12歳の養女Aを連れて四国八十八ケ所札所等を巡礼中の被告人が,日頃被告人の言動に逆らう素振りを見せるAに対して,その都度顔面にタバコの火を押しつけたりドライバーで顔をこすったりするなどの暴行を加えて自己の意のままに従わせ,自己の日頃の言動に畏怖し意思を抑圧されているAに対して窃盗を命じて,寺などにおいて現金合計約80万円を窃取させたというものである。弁護人は,Aは犯行当時12才9か月ないし11か月の少女で学校の成績も中以上であり,おませといわれる位であって,被告人の絶対的強制下で行為したわけではなく,主体的に盗みを行ったのであるから,被告人は是非の弁別あるAに命じて盗みをさせたことになり,窃盗の教唆犯になる

---

6) 齋藤信治「『極端従属形式』は捨てられるべきか」新報91巻8＝9＝10号(1984年)64頁は極端従属性説に立ちつつ,刑事未成年者の行為の利用について,常に間接正犯の成立を認める。
7) 高橋①95頁,内藤(下)Ⅱ1334頁。

のは格別，窃盗の正犯にはならないと主張した。しかしながら最高裁は，たとえAが是非善悪の判断能力を有する者であったとしても，被告人については窃盗の間接正犯が成立すると認めるべきであるとした。すなわち，被利用者であるAにつき，是非弁別能力の存在自体は否定されないが，意思が抑圧されているという事情があるため，間接正犯が成立するとされたのである。

　もっとも，刑事未成年者の自主性・主体性に着目する判決は，すでに昭和40年代に登場している。名古屋高裁昭和49年11月20日判決（刑月6巻11号1125頁＝**判例2**）は，満10歳の息子に金品を盗ませた父親を窃盗罪の間接正犯としたものであるが，息子は，一応盗みについての罪悪感を持ち，是非善悪を判断しうる年齢に達している如くみられるが，いわゆる刑事未成年者であるばかりでなく，金品を窃取してこない場合には被告人から拳固や平手で殴打されたり，足蹴りなどされていたことをも併せ考えると，息子が自主的，主体的に窃盗行為をしたものとは認められず，父親たる被告人が刑事責任能力のない息子を利用して自己の犯罪を実行したものと認むべきであるから窃盗正犯である，としたのである。すなわち，窃盗に利用された息子は一応是非弁別能力を有していると考えられる刑事未成年者であるにもかかわらず，意思を抑圧され，自主的・主体的に行動していないため，被告人は窃盗正犯として処罰されたのである。

　さらに，大阪高裁平成7年11月9日判決（高刑集48巻3号177頁＝**判例3**）は，被告人が刑事未成年者（当時10歳）に対して，交通事故に遭って路上に倒れている被害者のバッグをとってくるよう指示命令したという事案について，間接正犯の成立を認めた。被告人は，現場近くの公園に時々やって来て，小学生がキャッチボールやサッカーをして遊んでいるのに加わったり，ほかから窃取してきたバイクを小学生に見せる等して運転する方法を教えたりしており，被告人に命じられてバッグを窃取したAもそのような小学生の1人であった。被告人は，交通事故現場に落ちていたバッグを指さして，Aに対し，「誰もおらんからそこのカバンとってこい」と命令し，窃取したバックにあった現金約13万2000円のうち1万円札1枚をAに渡し，「今日のことは誰にも言うな」と口止めをしてAと別れた。

弁護人は，被利用者は，指示命令に抗するだけの能力を備えている年齢であり，しかも被告人による拘束や脅迫は存しないとして，共謀共同正犯が成立するにすぎないと主張した。しかし本件で大阪高裁は，被利用者であるAは，日ごろ怖いという印象を抱いていた被告人からにらみつけられ，その命令に逆らえなかったとし，さらに，被告人の目の前で4，5メートル先に落ちているバッグを拾ってくるよう命じられており，命じられた内容が単純であるだけにかえってこれに抵抗して被告人の支配から逃れることが困難であったと思われ，また，被告人の命令に従ってとっさに，機械的に動いただけで，かつ，自己が利得しようという意思もなかったものであり，判断および行為の独立性ないし自主性に乏しかったということができると指摘した。そして，以上のことを総合すると，ある程度是非善悪の判断能力を有していたとしても，自己の言動に畏怖し意思を抑圧されているわずか10歳の少年を利用して自己の犯罪行為を行ったものとして，被告人には窃盗の間接正犯が成立すると判断した。

　この大阪高裁の事案では，**判例1**や**判例2**の事案とは異なり，利用者と被利用者の間に養親子関係・実親子関係がなく，常日頃から継続的に意思の抑圧を受けていたという事情がない。意思の抑圧の程度もこれら2つの事案と比べて低かったと考えられる。そこで，これらの点を理由として被利用者の主体性が失われていたとはいいがたく，間接正犯の成立は疑問であるとする見解もみられるが[8]，Aの行ったのが機械的な作業であった点や，Aが犯行を拒むと重大な危害を被るかもしれないと思っていた点などを重視して，学説は間接正犯を認めることにおおむね好意的であるといえよう[9]。

(2) 本決定の検討

　刑事未成年者を利用する場合，いつ間接正犯が成立するのかについては，すでに述べたとおり，**判例1**が，被利用者が刑事未成年であるからというだけで間接正犯を認めるのではなく，被利用者の意思が抑圧されていたという

---

　　8)　中山研一「刑事未成年者の利用と間接正犯」判タ929号（1997年）65頁以下。
　　9)　亀井③25頁以下，島田④157頁以下。また十河太朗「判批」同法55巻1号（2003年）280頁も参照。

点に着目すべきであることを明らかにしていた。本決定も，意思の抑圧があったか否かに注目し，息子が自らの意思により本件強盗の実行を決意し，臨機応変に対処して強盗を完遂したという事情があることから，被告人の指示命令が息子の意思を抑圧するに足る程度のものではなかったとしている。被利用者の意思の抑圧を，間接正犯を認める重要な要素としていることから，本決定が**判例1**と同一の判断枠組みに立っていることが伺われる。

さて，学説においては，刑法41条は刑事未成年者の可塑性を考慮した刑事政策的な規定であり，実質的な能力に対応したものではないことに着眼して，刑事未成年者の利用に関して，①当該刑事未成年者に是非弁別能力が欠けている場合には結果についての認識を欠く者の利用であるとして背後者を間接正犯と評価し，②当該刑事未成年者に是非弁別能力・行為制御能力が備わっている場合には介在者の意思が抑圧されている等の，介在者の自律性を否定する付加的事情がある場合にのみ間接正犯の成立を認める見解が主張されている。[10]

しかし，本件の調査官解説は，この①②の類型に当てはまらなければ，刑事未成年を利用して犯罪を行った者に対し間接正犯は成立しないと割り切って考えることが相当ではない場合があるとする。すなわち，被利用者が是非弁別能力を欠いているわけではないものの，状況を的確に把握して適切な行動を選択する能力は低く，また利用者の利用行為における強制の程度が比較的低かったため被利用者の意思が完全に抑圧されたわけではないが，被利用者が利用者に抵抗しにくい心理状況に陥っていた事案については間接正犯の成立を認めることが妥当であるという。その際，考慮すべき具体的要素としては，①被利用者の年齢，心身の発育状況等，②当該犯罪が被利用者にとって是非弁別の難しいものであったか否か（犯罪の性質，重大性等），③利用者と被利用者の関係（親子関係の存否等），④利用者の指示命令が被利用者の意思を抑圧するような態様のものであったか否か，⑤犯行時に利用者が被利用者を監視していたか否か，⑥犯罪を実現するうえで被利用者の自主的な判断・行

---

[10] 山口71頁，島田④157頁，同『正犯・共犯論の基礎理論』（2002年）303頁以下。

動が必要とされるものであったか否か（機械的な動作か，複雑な動作か。被害者等に対する対応など臨機応変に行動する必要があったかどうか。）を挙げる[11]。

本件については，③につき実親子関係があることから，日常生活において両者には密接な関係があり，親からの依頼を拒否することは心理的に困難といえること[12]，④についてはＢは犯行を嫌がったにもかかわらず犯行に及ぶよう，強く説得されたことなどの事情があり，これらの事情は間接正犯を肯定する方向に働く。しかしながら，反面，①につきＢは12歳10か月であり刑事未成年の中では年長といえる方であったこと，②につき，当該犯罪は強盗罪という重大なものであって，12歳の者にとっても是非の弁別が困難な犯行ではないこと，④につき強く説得されたとはいえ，暴行・脅迫などはなされておらず，むしろ教え諭すように説得がなされていること，⑤⑥につき監視されているという要素もなく，むしろ現場では刑事未成年者自らが自主的に判断し行動に及んでいるという事情から，間接正犯を否定すべき状況が多くみられたのである。

なお②と関連して，従来の判例は窃盗罪について間接正犯を認めたものが大半であったのに対し，本件では強盗罪の間接正犯の成否が問題となっており，その罪質から間接正犯が認められにくかったのではないか，という指摘がなされている[13]。すなわち，重大な犯罪においては，被利用者が規範的障害に直面しやすくなること，犯行全体における「現に手を下す」行為の重要性が高くなること等から，背後者に正犯性を認めにくいというのである。強盗の場合，窃盗とは異なり，単に被害者のすきを狙って財物を盗ってくるという機械的な作業を行うだけでは犯行を遂行できず，暴行・脅迫を加えて被害者の意思を抑圧し，被害者の意思抑圧状態を利用して財物を強取するという一連の行為を行うことが必要であって，実行者がある程度自己の判断により

---

11) 平木・前掲注（4）154頁以下。
12) 高橋①95頁は，親子関係のような継続的な関係がある場合には，利用者による意思支配や排他的支配が認められやすく，そのような要素によって刑事未成年者に是非弁別能力がある場合でも間接正犯の成立が認められるとする。
13) 亀井③26頁等。

主体的に行動することが必要となる。実際，本件において息子は，強盗を実行する際，被告人による犯行方法の指示どおりに動いたものの，被害者は客がふざけているなどと考え，最初は比較的冷静であったため，被害者に「トイレに入れ」などと言って臨機応変に行動する必要が生じたのであった。

3 教唆犯と共同正犯

次に，刑事未成年者を利用した被告人に，教唆犯ではなく共同正犯を認めたことが問題となる。正犯概念について，「自らの手による実行」を行った者のみが正犯たりうるとする厳格な制限的正犯概念が妥当するとして，直接正犯と実行共同正犯のみを正犯とし，それ以外は狭義の共犯が成立するのみとするならば，本件においても強奪行為を行っている刑事未成年者Bのみが直接正犯であって，被告人は教唆犯としてしか処罰されない。すなわち，いわゆる共謀共同正犯を認めない限り，被告人に対して60条を適用することはできず，教唆犯としての処罰が可能となるだけである。しかしながら，通説は制限従属性説を採りつつも間接正犯の成立を認めており，自らの手による犯罪の実行をその基準にする形式的な正犯概念を採用するのではなく，正犯概念をより実質的にとらえていることがわかる。

共謀共同正犯を完全に否定する見解は少数といえるが，共謀共同正犯がいつ認められるかについて学説上争いがある。共謀共同正犯の理論的根拠づけについては，現在，①集団構成員の行動を相互に強く規制するルールの形成を通しての意思支配を問題とする説[14]，②実行を担当しない共謀者であっても，社会観念上，実行担当者に比べて圧倒的優越的地位に立ち，実行担当者に強い心理的拘束を与えて実行にいたらせている場合には共同正犯を認めることができるとする優越的行為支配説[15]，③犯罪の共謀や準備・実行段階において，犯罪の実現にとって実行の分担に匹敵し，またはこれに準ずるような重大な役割を果たしたと認められる場合に共同正犯の成立を認める準実行共同正犯

---

14) 井田・理論構造358頁。
15) 大塚307頁。

論等が主張されている。このうち共謀共同正犯の成立範囲を限定的なものにとどめる②説による場合，本件においても共謀共同正犯の成立は認めにくいが，今日では③説をはじめとして分担型の共謀共同正犯についても 60 条の適用を認める見解が有力であり，本件についても分担型の共謀共同正犯について共同正犯を肯定した事例としてその意義が評価されている[17]。

4 成人と刑事未成年者との共同正犯

最後に，成人と刑事未成年者との間に共同正犯は成立しうるかという問題を扱う。本決定は，成人と是非弁別能力のある刑事未成年者との共同正犯を認めうることを明らかにしている。この問題については，2 名の者と共謀して被害者を殴打するなどした被告人について，共犯者が責任能力者か不明であるとの主張に対し，「他ノ共同正犯者カ責任能力者ナリヤ否ヤハ被告ノ罪責ヲ定ムルニ付キ影響ナキヲ以テ之カ明示ヲ缺クモ理由不備ノ違法アルモノニ非ス本論旨ハ理由ナシ」とし，共同正犯の成立を認めた大正時代の判例がある（大判大正 2 年 11 月 7 日刑録 19 輯 1140 頁）。しかし，学説上は成人と刑事未成年者との共同正犯を否定する主張もみられた[18]。例えば，責任無能力者の行為の利用は，禽獣や自然の力を利用して罪を犯すのと同じことで，責任能力者と責任無能力者との間には共犯関係がそもそも成立しえないとする見解[19]や，共同意思主体説の立場から，共同正犯の成立には是非弁別能力のある者が各自共同犯行の意識をもって一体となることを必要とする見解などである[20]。

これらの見解は，共犯関係の成立全般について関与者全員が責任能力を有することを要求しているため，刑事未成年者との共同正犯（さらに教唆・幇助）[21]

---

16) 西田 349 頁以下。
17) 前田⑥ 2780 頁，島田④ 158 頁。
18) 大コンメ（5）〔村上〕142 頁。
19) 大場茂馬『刑法総論下』（1918 年）1045 頁。
20) 西原春夫『刑法総論』（1977 年）339 頁。このほか，安平政吉『新修刑法総論』（1975 年）385 頁が，共同正犯の成立要件として，共同参加者がいずれも責任能力者であり，通常の故意のほかに，ほかの者と共同して一定の犯罪構成事実を実現しようとする「共同の意思」の存在を必要とするとしている。

は成立せず，間接正犯の成否の問題となる。しかし，責任判断の個別化という要請は共同正犯においても妥当し，各関与者が責任要件を充足している必要性はないとして，共同正犯にも制限従属性説が妥当すると考えるならば，違法の連帯があれば共同正犯は成立することになり，刑事未成年者との共同正犯は成立する[22]。

もっとも，このような共犯の従属性の議論と正犯たる性質をもつ共同正犯の共同性の議論とは別の問題であると考えるならば，異なる観点からのアプローチが必要であろう。そのような問題意識から，意思疎通能力を有するか否かという観点から，刑事未成年者との共同正犯の成否を論じる見解もある。すなわち，共同正犯における一部実行全部責任という法的効果は，意思連絡による心理的因果性が法益侵害結果の危険性を増加させることによって基礎づけられるものであって，刑事未成年者の利用の場合，被利用者にあたる刑事未成年者には違法行為について意思の連絡をなす実質的な能力が存在することは十分ありうるから，成人との間に共同正犯は成立しうるというのである[23]。もっとも，意思疎通能力が，当該行為が違法な行為であることを双方が一応了解しうる能力を有したうえで意思連絡を行うことが必要であるとすれば，それは是非弁別能力に近いものといえる。しかしながら本件でより重要なのは，意思疎通が可能であるということに加え，犯罪遂行にあたって，刑事未成年者自らが，より結果発生が確実になりそうな方法を判断し，選択して行動しているという点ではなかろうか。最初に指図された行為計画に一応はしたがいつつも，現場の状況を判断し，結果の発生がより高まるよう，犯行計画を適宜変更・修正し，あるいは新たに策定する能力を有していたことが重要であるように思われる。そうだとすると，共同正犯を認めるのに必要なのは，単に違法行為について意思連絡をなす能力ばかりではなく，状況に応

---

21) 大場・前掲注（19）1011 頁，西原・前掲注（20）333 頁。西原は，14 歳未満の者の関与について，是非弁別能力と責任能力の判断は合致させるべきだとして判断の画一性の必要を強調し，それ以外の関与者に間接正犯を成立させる。
22) 高橋① 96 頁。
23) 亀井③ 27 頁，清水⑤ 215 頁。

じて犯罪計画を策定・変更・修正しうるような能力だということができよう。

5 まとめ

本決定については，①12歳10か月の子供に強盗行為をさせた被告人に強盗の間接正犯を否定したこと，②教唆犯でなく共同正犯を認めたこと，③成人と刑事未成年者との共同正犯関係を認めたこと，という3点において意義が認められることは，冒頭に述べたとおりである。①の刑事未成年の行為を利用する場合についての扱いに関して，本決定を契機として，間接正犯の成否をどのように判断するのかが改めて議論されたが，被利用者の年齢，是非弁別の能力に加え，利用者と被利用者との関係，被利用者が行った犯罪行為の性質，被利用者に対する指示命令の仕方，利用者の行為が機械的動作にすぎないといえるかどうかなどが，重要な判断要素として挙げられている。本件では，Bが臨機応変に行動した点が重視され，間接正犯の成立が否定された。

次に，②の刑事未成年者を利用した被告人に，教唆犯ではなく共同正犯を認めたことに関しては，被告人は被利用者の母親であるにすぎず，被利用者との関係で圧倒的に優越的な支配を及ぼしているとはいえないことから，共謀共同正犯の一種として刑法60条の適用を認めることができるかについては争いがありうるところであった。しかし今日では，かつて共謀共同正犯否定説が有力であった学説においても，支配型とはいえない，いわゆる分担型の共謀共同正犯についても，刑法60条の適用を認める見解が有力である。本件においても，犯行の立案・計画・指揮命令を行い，犯行に必要な覆面用のビニール袋，エアーガン等を準備し，Bに交付していることから，被告人に共謀共同正犯の成立が認められた。

③の成人と刑事未成年者との共同正犯関係を認めうるかという問題については，従来あまり議論がなされてこなかった。そうした中，本決定を契機として登場した，刑事未成年者に意思疎通能力があるかどうかを検討する見解が注目に値する。もっとも，意思疎通能力と責任能力の判断要素としての是非弁別能力との関係についてはこれまで十分な検討がなされているとはいい

難く，今後議論がさらに進展していくことが望まれる。

【参考文献】
　本件の解説・評釈として
　　①高橋則夫「判批」現刑 4 巻 11 号（2002 年）
　　②松宮孝明「判批」法セ 567 号（2002 年）
　　③亀井源太郎「判批」判タ 1104 号（2002 年）
　　④島田聡一郎「判批」平成 13 年度重判解
　　⑤清水真「判批」判評 533 号（2003 年）

　共同正犯論・間接正犯論について
　　⑥前田雅英「形式的共同正犯論の終焉」曹時 54 巻 11 号（2002 年）

（内海朋子）

15

共謀共同正犯
——スワット事件——

最高裁判所平成 15 年 5 月 1 日第一小法廷決定
平成 14 年（あ）第 164 号 銃砲刀剣類所持等取締法違反被告事件
刑集 57 巻 5 号 507 頁／判時 1832 号 174 頁／判タ 1131 号 111 頁

I　事　案

　Xは，兵庫，大阪を本拠地とする暴力団甲組組長兼乙組若頭補佐の地位にあり，配下に総勢約3100名余りの組員を抱えていた。甲組には，Xを専属で警護するボディガードが複数名おり，この者たちは，アメリカ合衆国の警察の特殊部隊に由来するスワットという名称で呼ばれていた。スワットは，けん銃等の装備を持ち，Xが外出して帰宅するまで終始Xと行動を共にし，警護する役割を担っていた。

　Xとスワットらとの間には，スワットたる者は個々の任務の実行に際しては，親分であるXに指示されて動くのではなく，その気持ちを酌んで自分の器量で自分が責任をとれるやり方で警護の役を果たすものであるという共通の認識があった。

　Xは，秘書やスワットらを伴って上京することも多く，その際には，東京においてXの接待等をする責任者である甲組丙会会長のAが，配下の組員らとともに車5，6台で羽田空港にXを迎えに行き，Aの指示の下に，隊列を組んで，Xを警護しつつ一団となって移動するのを常としていた。

　平成9年12月25日夕方，Xはスワットらとともに上京し，翌26日午前4時過ぎころ，最後の遊興先である飲食店を出て宿泊先に向かう際，警察官らに停止を求められ，各車両に対し，捜索差押許可状による捜索差押えが実施

されたところ，スワットらの乗った車の中から，けん銃3丁等が発見，押収され，Xらは現行犯逮捕された。また，宿泊先前に一足先に到着していたスワットらは，同所に警察官が来たことを察知して，所持していた各けん銃1丁等を，自ら，または他の組員を介して投棄したが，間もなく，これらが警察官に発見された。

　スワットらは，いずれも，Xを警護する目的で実包の装てんされた本件各けん銃を所持していたものであり，Xも，スワットらによる警護態様，X自身の過去におけるボディガードとしての経験等から，スワットらがXを警護するためけん銃等を携行していることを概括的とはいえ確定的に認識していた。また，Xは，スワットらにけん銃を持たないように指示命令することもできる地位，立場にいながら，そのような警護をむしろ当然のこととして受け入れ，これを認容し，スワットらも，Xのこのような意思を察していた。

　第1審の東京地裁平成12年3月6日判決（刑集57巻5号575頁参照）は，「被告人は，けん銃等を携帯所持して被告人と行動をともにし，専ら被告人の警護のみに専従している通称『スワット』……が，被告人の警護のために上京して被告人に同道し，被告人が都内を移動する際，被告人の警護のため被告人と一体となって行動していることを認識し，また，……スワットの本件けん銃等の携帯所持は被告人のためになされており，被告人が一々指示しなくても……スワットが被告人の警護をするにつきけん銃等を携帯所持するものとの認識を有し，それを認容していたものと認めるのが相当であるから，被告人が本件けん銃等の携帯所持に関し，具体的な言葉による指示をしていないことをもって，共謀がないとはいえず，被告人についても，スワットら……と共謀して本件けん銃等を携帯所持したものと認めることができるというべきである」と判示して，被告人の所為は，刑法60条，銃砲刀剣類所持等取締法31条の3第2項，1項，3条1項に該当するとして，懲役7年の刑を言い渡した。

　これに対して弁護人が控訴したが，第2審の東京高裁平成13年10月16日判決（刑集57巻5号586頁参照）は，「被告人は，今回の上京に際し，被告人と行動を共にして，被告人を警護しているスワットと呼ばれる者らが，被告人

を警護するために大阪から上京したり，東京側で準備されて，都内においてけん銃を携行して被告人の行く先に同行し，終始被告人の警護に当たっていることを当然に認識していたものと認められる。そして，被告人がこれらのスワットに対して直接けん銃を携行しての警護を指示していなかったとしても，スワットらのけん銃所持がまさに被告人の警護を目的としており，けん銃を所持しての警護を継続させるかどうかは被告人の意思にかかっているのであるから，被告人がけん銃を携行したスワットによる警護がなされていることを認識し，けん銃所持を認容して，スワットらと一体として行動している前記のような事実関係のもとにおいては，被告人が……共謀の上で，本件けん銃等を所持したものと認めることができる。」「一概に共謀共同正犯といっても，その中には様々な類型があるのであって，実行行為の現場には全く登場しない黒幕ともいうべき者もあれば，実行行為の現場で指揮をしている者なども含まれるのであって，共謀共同正犯の成立を認めるには，常に必ず具体的な謀議行為の事実を特定して認定しなければならないとは解されない。被告人は，……暴力団組織における上位者であり，……実行行為の現場にいた実行犯の上位者ということができる。そして，……本件けん銃等の所持は，被告人の警護のためになされているのであって，被告人はその受益者なのであり，また，このような形態での警護をやめさせることができるのも被告人だけであったのである。このような被告人の地位，立場，共犯者らとの関係等の事情に徴すると，被告人が……けん銃所持を認識し，これを認容していた事実が認められれば，被告人が……本件けん銃等を所持させ，自己を警護させていたものと評価できるのである」。「被告人のけん銃に関する認識は，被告人を周辺で警護するために必要な限度でスワットら数名の者が数丁のけん銃を所持しているという程度の，ある程度概括的なものではあるが，その限度では確定的なものであったと推認できるのである。そして，被告人は，例えば車の運転を担当したにとどまるような立場の者とは異なり，スワットらによるけん銃所持は専ら被告人の警護のためであって，被告人はその受益者なのであり，また，このような形態での警護をやめさせることができるのも被告人だけであり，このような被告人の地位，立場，共犯者らとの関係

等の事情に徴すれば，スワットらのけん銃所持を直接確認したり，報告を受けたりするなどして明確に認識していなかったとしても，すなわち，けん銃所持の点の認識が概括的なものにとどまっていたとしても……，この点が共謀共同正犯の成立を妨げるものとはいえない」として，控訴を棄却した。

これに対して弁護人から上告がなされた。

II 決定要旨

上告棄却

「被告人は，スワットらに対してけん銃等を携行して警護するように直接指示を下さなくても，スワットらが自発的に被告人を警護するために本件けん銃等を所持していることを確定的に認識しながら，それを当然のこととして受け入れて認容していたものであり，そのことをスワットらも承知していた」。「また，前記の事実関係によれば，被告人とスワットらとの間にけん銃等の所持につき黙示的に意思の連絡があったといえる。そして，スワットらは被告人の警護のために本件けん銃等を所持しながら終始被告人の近辺にいて被告人と行動を共にしていたものであり，彼らを指揮命令する権限を有する被告人の地位と彼らによって警護を受けるという被告人の立場を併せ考えれば，実質的には，正に被告人がスワットらに本件けん銃等を所持させていたと評し得るのである。したがって，被告人には本件けん銃等の所持について，……スワット5名等との間に共謀共同正犯が成立するとした第1審判決を維持した原判決の判断は，正当である。」

なお，本決定には，深澤武久裁判官の補足意見が付されている。

III 解説

1 問題の所在

刑法60条は，「2人以上共同して犯罪を実行した者は，すべて正犯とする。」

としている。その法効果は，各人が相互に他方の行為と結果についても責任を負うという，「一部実行全部責任」である。この「共同正犯」が成立するためには，2人以上の行為者に，主観的に「共同実行の意思」が存すること，および，客観的に「共同実行の事実」が存することが必要だとされている。このことは，直接には実行行為を行わなかった共謀者も共同正犯となるのかという，「共謀共同正犯」の肯否の判断にあたっても考慮されるべきであろう。

この点，判例は，いわゆる練馬事件判決 (後出**判例1**) 以来，共謀共同正犯の成立を認めるために，「謀議」の存在を必要条件としてきたように思われる。しかし，本件では，Xとスワットらとの間に，スワットらのけん銃等所持について，具体的な謀議も，明示的な意思の連絡もなかったにもかかわらず，そのことについて，互いに認識・認容し，行動を共にしていたことから，共謀共同正犯の成立が認められている。そこで，本件のような場合にも，共謀共同正犯の成立要件とされる「謀議」が認められるのか，また，その際に充足されなければならない要件はどのようなものなのか，とりわけ，「共同実行」といった場合の「実行」の中身が問題となる。

2 共謀共同正犯論の展開

(1) 判例の展開

共謀共同正犯は，判例によって展開されてきたものである[1]。共謀共同正犯の概念を創設し，これを認めたとされる判例は，明治29年の大審院判決である[2]。当初，共謀共同正犯は，基本的に，詐欺罪，恐喝罪などの知能犯に限って肯定されていた[3]。それゆえ，窃盗罪等の実力犯については，犯罪の実行を謀議しても，その実行行為もしくはこれに密接かつ必要な行為に加担しない限り，共同正犯は成立しないとされていた[4]。

---

1) 判例の変遷については，斉藤金作「共謀共同正犯」『総合判例研究叢書 刑法 (2)』(1956年) 12頁以下が詳しい。
2) 大判明治29年3月3日刑録2輯3巻10頁。
3) 大判大正11年4月18日刑集1巻233頁等。
4) 大判明治24年4月27日刑録明24年4月～9月45頁，大判大正3年6月19日刑録20輯1258頁。

その後，大審院は，共同正犯の本質は，2人以上の者が，一心同体となって各自の犯意を共同して実現したことにつき，共同者全員に全責任を負わせることにあるとする，「共同意思主体説」の考え方を基礎として，すべての犯罪に共謀共同正犯を認める立場に転じた[5]。すなわち，「凡そ共同正犯の本質は2人以上の者一心同体の如く互に相倚り相援けて各自の犯意を共同的に実現し以て特定の犯罪を実行するに在り共同者か皆既成の事実に対し全責任を負担せさるへからさる理由茲に存す」としたのである。この考え方は，最高裁にも受け継がれた[6]。もっとも，団体の責任を個人に負わせる本説の理論構成に対しては，各個人の責任に応じた刑罰を要求する責任主義に反するとの批判が強い[7]。

これに対して，練馬事件判決と呼ばれる，最高裁昭和33年5月28日大法廷判決（刑集12巻8号1718頁＝**判例1**）において，最高裁は，共同意思主体説の色彩を色濃く残しつつも，後述の「間接正犯類似説」に通じる理由を示して，共謀共同正犯の成立範囲を限定した。すなわち，「共謀共同正犯が成立するには，2人以上の者が，特定の犯罪を行うため，共同意思の下に一体となって互に他人の行為を利用し，各自の意思を実行に移すことを内容とする謀議をなし，よって犯罪を実行した事実が認められなければならない。したがって右のような関係において共謀に参加した事実が認められる以上，直接実行行為に関与しない者でも，他人の行為をいわば自己の手段として犯罪を行ったという意味において，その間刑責の成立に差異を生ずると解すべき理由はない〔圏点筆者〕」としたのである[8]。これを契機として，個人責任の原理に立脚した共謀共同正犯論が説かれるようになった点において，同判決は重要な意義を有する。

---

5) 大連判昭和11年5月28日刑集15巻715頁。
6) 最判昭和23年1月15日刑集2巻1号4頁。
7) 団藤397頁，福田274頁，大塚304頁，西田⑦47頁等。
8) これを共同意思主体説によるものとするのは，下村康正「判批」『刑法の判例〔第2版〕』(1973年) 123頁，岡野光雄「判批」法セ264号 (1977年) 64頁。なお，小暮得雄「判批」百選4版151頁。間接正犯類似説によるものとするのは，藤木英雄「判批」百選2版159頁，川端博「判批」百選5版149頁，浅田和茂「判批」百選6版153頁等。

また，同判決は，一見すると，事前の「謀議行為」を共謀共同正犯の必要条件としているようにもみえる。とりわけ，その後，いわゆる松川事件判決[9]が，「謀議行為」の存在を否定して，死刑判決を破棄し，しかも共謀を「意思の連絡」と解する反対意見がついていたため，この時点では，判例は，共謀を認めるためには，「謀議行為」が必要で，単なる意思の連絡，共同犯行の認識では足りないと考えている，ともみられたのである。[10]

(2) 学説の展開

　このように，共謀共同正犯を認めるのが確立した判例となっていたため，「何が『正しい』解釈であるか，絶対的に決めることができないものである以上，最高裁判所が正しいと判断して下した判決が『生きた法』であることは，ことを現実的に見るかぎり否定できないところである。したがって問題は『どのようにしてこれを変えてゆくか』という形で提起されなければならないであろう」[11]，との考え方が共有され，学説においても，共謀共同正犯肯定論を前提とした議論が展開されていくこととなった。[12]

　学説において，当初から共謀共同正犯肯定論を支持していたのは，「共同意思主体説」[13]である。この見解は，共同正犯は，教唆犯，幇助犯と並ぶ「共犯」の一形態であり，単独正犯と並ぶ「正犯」の一形態ではないとする。[14]しかし，この見解に対しては，前述の個人責任の原則からの批判のほか，共同意思主体の構成員を共同正犯とするならば，共犯者はすべて共同正犯となり，教唆犯や幇助犯の成立を認める余地はなくなってしまう，との指摘もなされている。[15]この点につき，共同意思主体説の論者は，共同正犯と教唆犯・幇助犯と

---

9) 最大判昭和34年8月10日刑集13巻9号1419頁。
10) 注釈刑法 (1) 818頁〔島田聡一郎〕。
11) 平野龍一『刑法の基礎』(1966年) 248頁。同Ⅱ402-3頁も参照。
12) これに対して，共謀共同正犯否定論に立つものとして，福田275頁，中山467頁，曽根255頁，浅田419頁，山中877頁，松宮275頁等。
13) 草野豹一郎『刑法要論』(1956年) 118-9頁，斉藤金作『刑法総論〔改訂版〕』(1955年) 226-7頁，西原(下) 376頁，岡野275頁等。
14) 西原(下) 388頁，岡野272頁。
15) 石井徹哉「共同正犯に関する一考察——共同意思主体説の検討とともに——」西原古稀 (2) 367頁。

の区別は，犯罪実現に対し重要な役割を演じたかどうかによって行われるとする[16]。しかし，この理解によれば，共同意思主体という概念は，広義の共犯の外枠を画する機能を有するにすぎず，共謀共同正犯を肯定する根拠と基準を提供するものではないことになろう[17]。

そこで，個人責任の原理に立脚した形での共謀共同正犯肯定論が登場する。すなわち，実行行為に対して共通の包括的な行為支配を及ぼす者は，自分としては何ら手を下さなくとも，共同正犯が成立するとする「行為支配説[18]」，各人がそれぞれ意思を連絡のうえ，互いに他人を利用し補いあって共同の犯罪意思を実現しようとする場合には，みずから実行行為を分担しなかった者であっても，実行担当者と共同して実行行為をした者であるといえるとする「間接正犯類似説[19]」，実行を担当しない共謀者が，社会観念上，実行担当者に対して圧倒的な優越的地位に立ち，実行担当者に強い心理的拘束を与えて実行にいたらせている場合には，規範的観点から共同実行があるといいうるのであり，共同正犯を認めることができるとして，「共謀」共同正犯ではなく，「優越的支配共同正犯」という観念を認める見解[20]，などがそれである。これらの見解は，共同正犯を「正犯」の一形態と捉える点において[21]，共同意思主体説と大きく異なっている。

しかし，これらの見解に対しては，共謀者が真に実行者を支配しているのであれば，実行者は正犯ではなく道具となってしまうと同時に，共謀者は共同正犯ではなく単独正犯（間接正犯）となってしまうし，さらに，いわゆる支配型の共謀共同正犯は肯定できても，各関与者が対等の立場で犯罪実現に関

---

16) 西原（下）396頁，岡野309頁以下。
17) 松原芳博「正犯と共犯・その2」法セ675号（2011年）108頁。西田⑦48頁も参照。
18) 平場安治『刑法総論講義』（1952年）157頁，団藤397頁。なお，橋本正博「『共謀共同正犯』概念再考――行為支配説に基づく制約論――」神山古稀（1）394頁，照沼亮介『体系的共犯論と刑事不法論』（2005年）143頁。
19) 藤木284頁以下，川端557頁。
20) 大塚307頁。
21) 団藤373頁，大塚277頁，川端499頁。ただし，藤木282頁は，共同正犯もまた，共犯の一種であるとしている。

与する分担型の共謀共同正犯を基礎づけることが困難である，との批判が投げかけられた[22]。そこで，共同正犯を単独正犯とは異なる「共犯」の一種だと捉えたうえで[23]，共謀者が実行行為は分担しないが，犯罪の実現にとって実行に準じるような重要な役割を果たしたことが，その共同正犯性を基礎づけると考えるべきだとする，「重要な役割説（準実行共同正犯論）」が提唱された[24]。しかし，教唆犯はまさに「造意者」であって，犯罪の実現にとって重要な役割を演じていると考えると，単なる「役割の重要性」によって共同正犯を教唆犯から区別することは困難であろう[25]。

このように考えると，共同正犯を認めるためには，共謀者と実行者との間に間接正犯と全く同じ意味での支配関係を必要とすべきではないが，「共同して実行した」といえる程度に修正・緩和された行為支配を及ぼしていることが必要であり，この修正・緩和された行為支配が認められる限度で，共謀共同正犯を肯定しうると考えるのが妥当であると思われる[26]。

3　本決定の検討

(1) 「共同実行の意思」について

共同正犯の効果は，他人の行為・結果が自己に帰属されるところにある。この「一部実行全部責任」の根拠は，物理的・心理的因果性にあるが，それは，実行行為を分担しない共謀共同正犯にあっては，共同犯行の意識形成という意味での共謀によって基礎づけられる[27]。この点，本決定は，「被告人は，……直接指示を下さなくても，スワットらが自発的に……本件けん銃等を所持していることを確定的に認識しながら，それを当然のこととして受け入れて認容していたものであり，そのことをスワットらも承知していた」ことから，「被告人とスワットらとの間にけん銃等の所持につき黙示的に意思の連

---

22) 西田⑦ 50-1 頁。
23) 西田⑦ 44 頁。
24) 西田⑦ 51 頁以下。山口 323-4 頁も同旨。
25) 松原・前掲注 (17) 109 頁。
26) 松原・前掲注 (17) 108 頁。
27) 高橋則夫「共犯の因果性」争点 97 頁参照。

絡があった」としている。本件においては，このような場合にも，心理的因果性を基礎づけうる「共謀」を認めることができるか否かが問題となる。

たしかに，**判例1**は，具体的な「謀議行為」が必要であるかのような判示をしているため，明示的な意思連絡がなければ共謀は認められないとしたものとも考えられる。しかし，黙示の方法によっても，当該意思連絡に至る経緯や周囲の状況から，関与者間ではその内容が明確に理解され，合意に達する場合もありうる。この限りで，黙示の意思連絡によっても心理的因果性は発生しうるといえる[28]。したがって，本決定が，一般論として「黙示の意思連絡に基づく共謀共同正犯」という概念を認めたこと自体は，妥当であるといえよう[29]。

ところで，本決定は，そのような「黙示の意思連絡」を肯定するためには，Xが，スワットらのけん銃等所持を「確定的に認識」していたことを必要条件としているようにもみえる。これに対して，最高裁平成19年11月14日決定（刑集61巻8号757頁＝**判例2**）は，被告会社の代表取締役等であった被告人5名が，同社が保管中の硫酸ピッチ入りのドラム缶の処理を，不法投棄に及ぶ可能性を強く認識しながら，それでもやむを得ないと考えて，下請け会社の代表者であるAに委託したところ，やはり不法投棄されてしまった，という事案につき，「被告人5名は，Aや実際に処理に当たる者らが，同ドラム缶を不法投棄することを確定的に認識していたわけではないものの，不法投棄に及ぶ可能性を強く認識しながら，それでもやむを得ないと考えてAに処理を委託したというのである。そうすると，被告人5名は，その後Aを介して共犯者により行われた同ドラム缶の不法投棄について，未必の故意による共謀共同正犯の責任を負うというべきである」として，共謀者が，実行犯の行為について未必的な認識を有していたにすぎない場合についても，共謀共同

---

28) なお，判例・通説は，古くから，黙示的な意思連絡によっても共謀を認めてきた。例えば，大判大正15年12月23日刑集5巻584頁，最判昭和23年11月30日集刑5号525頁，最判昭和24年11月10日集刑14号503頁等。学説については，阿部力也「黙示の意思連絡について」法論70巻2＝3号（1997年）95頁以下参照。
29) 亀井③207頁，島田④158頁。

正犯の成立を認めている。同決定と本決定とは，相容れないものなのであろうか。

実行共同正犯における故意が，確定的故意に限らず，未必の故意で足りることに争いはないのだから，共謀共同正犯の場合についてのみ確定的故意を有していなければならないとする必然性はないであろう[30]。むしろ，問題は，未必的な認識しかないような状況下で，共同正犯を基礎づけるに足りる心理的因果性を肯定できるか否かにある。

たしかに，一般論としては，実行者が実行に及ぶことについて未必的な認識しか有していない場合には，共謀者が実行者に強力な心理的影響を及ぼしているとはいえない場合が多いであろう。しかし，**判例2**の事案では，ドラム缶の処理の委託という意思伝達行為による因果的寄与があったのは明白であり，不法に投棄する意図が言語化されていなかったにすぎないのであるから，被告人らとAとの間にドラム缶の「処理」の方法が不法投棄である（かもしれない）との共通認識がある限り，「処理の委託」が「不法投棄の依頼」をも含意しているものとして，共謀共同正犯の成立が認められることとなろう[31]。

このようにみると，本決定の「確定的に認識」していたとの指摘は，共謀共同正犯成立の必要条件を示したものではなく，明示的な意思連絡のない中で共謀の事実を認定するための間接事実を示したものにすぎないと捉えられるべきであろう[32]。

(2) 「共同実行の事実」について

実務上は，共謀を，「謀議行為」ではなく，実行時点における犯罪の共同実行の合意と理解する，主観的謀議説も有力である[33]。この見解によれば，仮に客観的な謀議行為が存在した場合であっても，それは単に謀議の存在を推認

---

30) 松田俊哉「判解」曹時61巻9号（2009年）309頁。島田④159頁，林⑧8頁も参照。もっとも，**判例2**以前に，その点を明示的に判断した最高裁判例は見当たらない。
31) 松原芳博「判批」刑ジャ14号（2009年）119頁。山元裕史「判批」研修724号（2008年）29-30頁も参照。
32) 松田・前掲注（30）311頁，松原・前掲（31）117頁参照。なお，後出**判例4**が，「認識」とのみ記載し，「確定的認識」とは記載しなかったことも注目される。
33) 出田孝一「共謀共同正犯の意義と認定」小林＝佐藤古稀（上）200-1頁。

するための間接事実にすぎないことになる。たしかに，心理的因果性を基礎づける要件としては，主観的謀議説のいう内容で足りるであろう。しかし，共謀共同正犯も共同正犯の一形態である以上，主観的な「共同実行の意思」の存在だけでなく，客観的な「共同実行の事実」の存在がやはり必要であるというべきであり，その意味では，客観的謀議説が支持されよう。判例1も，実行行為に関与しない共同者にも共同正犯としての責任を負わせるためには，「意思の連絡」または「共同犯行の認識」といった主観的要件を超えた，「謀議」または「通謀」という，「2人以上の者の実行行為の分担」にも比すべき，客観的要件を要することを判示したものであるとも評されている。そうだとすれば，Xとスワットらとの間に具体的な謀議行為がないにもかかわらず，共謀共同正犯の成立を認めた本決定は，客観的謀議説からは妥当でなく，また，判例1に反するものということにもなりそうである。

しかし，「謀議」という言葉で連想されるような具体的な話し合いがなくても，構成要件の一部実現に勝るとも劣らない意義をもつ外部的行為があったならば，共同正犯の成立を認めることは可能であろう。また，判例1は，「謀議行為」を共謀共同正犯における客観的要件のひとつの例示として摘示したと考える余地もあることから，本決定が，判例1にいうような「謀議行為」の存在を認めていないことだけから判例違反と断ずることはできない。

それでは，本件では，いかなる点に，そのような「共同実行の事実」を見出すことができるのであろうか。

たしかに，本決定は，一見すると，「黙示の意思連絡」という主観的要件のみに基づいて，共謀共同正犯の成立を認めているかのようにもみえる。しかし，本決定の本旨は，①スワットらはX警護のために終始Xの近辺にいて

---

34) 山元・前掲注 (31) 28 頁。大久保② 160 頁も参照。
35) 島田④ 157 頁。
36) 西原春夫「憂慮すべき最近の共謀共同正犯実務——最高裁平成17年11月29日第一小法廷判決を中心に——」刑ジャ3号 (2006年) 55 頁参照。
37) 松原⑨ 536 頁。
38) 岩田誠「判解」最判解昭和33年度405-6頁。
39) 西原・前掲注 (36) 55 頁。
40) 西原・前掲注 (36) 57 頁参照。

Xと行動をともにしていたことに加え，②スワットらに指揮命令権限を有しているXの地位，③スワットらによって警護を受けているXの立場を併せ考慮し，これらによってXを共謀共同正犯と認定したところにあるのであって，このことを一種の客観的要件としているといえよう[41]。ここから，「『共同して実行した』といえる程度に修正・緩和された行為支配」を肯定することができ，共謀共同正犯の成立が認められるのである[42]。

それゆえ，本決定は，**判例1**を前述のようにとらえる限りにおいて，これに違反するものではないと解される。本決定は，共謀共同正犯の成立を認めるためには具体的な「謀議行為」は必須の要件ではないことを認めた点で，重要な意義を有するものといえよう[43]。

なお，学説の中には，暴力団組長としての指揮命令権限を作為義務の発生根拠として，Xを，実行犯にけん銃等の所持をやめさせなかったという不作為による実行共同正犯とする見解もみられる[44]。しかし，Xに犯罪阻止義務が認められるのは，通常の保障人的地位の発生根拠が充たされている場合に限られるべきであって，指揮命令権限の存在だけで保障人的地位を認めることは妥当ではないであろう[45]。よって，Xを不作為による実行共同正犯とみることはできないと思われる。

さらに，本件類似の事案に関する最高裁の判断として，最高裁平成17年11月29日決定（集刑288号543頁＝**判例3**）および最高裁平成21年10月19日判決（集刑297号489頁＝**判例4**）がある。これらは，同一機会に，ホテルロビーにおいて，暴力団組員が職務質問を受けて，けん銃各1丁を適合実包と共に携帯所持していたことが発覚して現行犯逮捕された際に，同行していた組長が，組員のけん銃等所持の共謀共同正犯として，それぞれ起訴されたものである。**判例3**は，被告人において，配下組員がけん銃等を所持して被告人を

---

41) 大久保②161頁。
42) 西原・前掲注（36）57頁。
43) 山口・基本判例243頁参照。
44) 福田平＝大塚仁「《対談》最近の重要判例に見る刑法理論上の諸問題（5・上）」現刑6巻8号（2004年）16-7頁。
45) 山中敬一「判批」関法53巻3号（2003年）214頁，島田④160頁。

警護していたことを認識・認容していたとするには，なお合理的な疑いが残るとして，被告人を無罪とした第1審判決を破棄し，被告人と組員らとの間に黙示の意思連絡を認めて，被告人の指揮命令権限や警護を受ける地位から，被告人にけん銃等所持の共謀共同正犯の成立を認めた第2審判決を是認して，「被告人は，本件当時，配下の組員らが被告人に同行するに当たり，そのうち一部の者が被告人を警護するためけん銃等を携帯所持していることを，概括的とはいえ確定的に認識し認容していたものであり，実質的にはこれらの者に本件けん銃等を所持させていたと評し得る」と判示した。また，**判例4**は，被告人において，配下組員が被告人を警護するために本件けん銃等を所持していることを概括的にせよ確定的に認識しながら，それを当然のこととして受け入れて認容し，同人らもこれを承知していたとするには未だ合理的な疑いが残るとして，被告人を無罪とした第1審および第2審判決を破棄して，「AとBは，……けん銃による襲撃に備えてけん銃等を所持し……被告人の警護に当たっていたものであるところ，被告人もそのようなけん銃による襲撃の危険性を十分に認識し，これに対応するため配下のA，Bらを同行させて警護に当たらせていたものと認められるのであり，このような状況のもとにおいては，他に特段の事情がない限り，被告人においても，A, Bがけん銃を所持していることを認識した上で，それを当然のこととして受け入れて認容していたものと推認するのが相当である」と判示して，本件を第1審に差し戻した。

判例3および**判例4**においては，本決定におけるのとほぼ同様の判断枠組みが用いられているが，これらの事案と本件事案とでは，被告人の地位，立場は類似しているものの，故意や意思連絡を認定するための事実関係に違いがあることから，下級審レベルでの結論を異にしたものといえよう[46]。また，**判例3**および**判例4**は，背後者側の認識のみを問題としており，実行者側との相互的意思疎通に言及していない。実際，これらの事案では，本件事案と比べて，意思連絡は希薄なものであったといえる[47]。この点で，共謀共同正犯

---

46) 島田④159頁参照。

の成立を認めた**判例3**および**判例4**には，なお疑問が残るところである。[48]

このようにみると，本決定は，あくまでも，具体的事実関係から意思連絡および正犯性を認定できたことから共謀共同正犯を認めたものとして限定的に理解されるべきであって，「組長警護のためにけん銃を所持していた組員がいれば，組長はけん銃所持罪の共謀共同正犯になる」として一般化されてはならない。[49]

【参考文献】
本件の解説・評釈として
①芦澤政治「判解」最判解平成15年度
②大久保隆志「判批」平成15年度重判解
③亀井源太郎「判批」判時1882号（2005年）
④島田聡一郎「判批」ジュリ1288号（2005年）
⑤町野朔「判批」百選6版

共謀共同正犯について
⑥照沼亮介「共謀共同正犯」争点
⑦西田典之『共犯理論の展開』（2010年）
⑧林幹人「共謀共同正犯と『謀議』」判時1886号（2005年）
⑨松原芳博「共謀共同正犯と行為主義」鈴木古稀（上）

（岡部雅人）

---

47) 橋本正博「判批」平成22年度重判解205頁参照。
48) もっとも，坂口拓也「判批」警論63巻5号（2010年）158-9頁，小玉大輔「判批」ひろば63巻5号（2010年）55頁は，**判例4**を妥当としている。また，同判決を「共謀共同正犯の限界事例」と位置づけるものとして，伊藤嘉亮「判批」早法86巻2号（2011年）384頁。
49) 島田④159頁。西原・前掲注（36）62頁も参照。

16

承継的共犯
― 暴行・恐喝への途中関与 ―

- 大阪高等裁判所昭和 62 年 7 月 10 日判決
- 昭和 61 年（う）第 1108 号 業務上過失傷害，道路交通法違反，傷害，恐喝，恐喝未遂被告事件
- 高刑集 40 巻 3 号 720 頁／判時 1261 号 132 頁／判タ 652 号 254 頁

I 事 案

　大阪高裁の判決文が引用するところによれば，原判決（大阪地判昭和 61 年 9 月 26 日公刊物未登載）は，被告人（X）について，「いわゆる承継的共同正犯として」傷害罪の共同正犯が成立するとしていた。原判決が認定した事実は，以下のようなものである。

　Y（原審相被告人）は，Z と共謀の上，A（被害者）方において，Z が，A の顔面を 1 回殴打し，続いて暴力団事務所に連行するタクシーの中で 2 回ほど同人の顔面を殴打する暴行を加え，引き続いて暴力団事務所において，W とも共謀の上，A に対し，こもごもその顔面，頭部を数回にわたって手拳，木刀及びガラス製灰皿で殴打し，あるいは，その下腿部を足蹴りにする暴行を加え，さらに，その途中から X も Y，Z らと意思を相通じ共謀の上，その顔面を 2，3 回殴打する暴行を加え，よって，A に対し，加療約 8 日間を要する顔面打撲，頭頂部挫創，右下腿打撲の傷害を負わせた。

　原判決は，このように事実を摘示した上で，これが「刑法 60 条，204 条，罰金等臨時措置法 3 条 1 項 1 号」に該当するとした。

　これに対し，被告人側が控訴した。弁護人作成の控訴趣意は，(1) 被告人は，他の者の暴行がすべて終了したのちに現場に現れて，A の顎を 2，3 回突くように押しただけであって，被告人が，同人に対する暴行を他の者と共謀

したり，同人の顔面を 2, 3 回殴打したことは全くなく，(2) かりに，被告人の上記行為が暴行にあたるとしても，Aの原判示傷害は，被告人の上記行為前にすでに生じていたものであるから，いわゆる承継的共同正犯の理論によっても，被告人に傷害罪の刑責を問うことはできない．したがって，原判決は，これらの点において，事実を誤認し，かつ，法令の適用を誤ったものである，というものであった．

II 判　旨

破棄自判（原判決中，Xに関する部分を破棄し，被告人を懲役 1 年 2 月に処した）

　原判決は，被告人がAの「顔面を 2, 3 回殴打」した旨認定するが，「顎を手で 2, 3 回突き上げる」程度であったというべきである．「しかし，……被告人の有形力行使も，その前後のいきさつ，被告人の意思及び突き上げの程度（決して軽いとはいえない）などに照らし，これを暴行と認めるのに十分である．そして，……被告人の右暴行は，……Z らとの共謀に基づくものと認めるべきである．そうすると，いわゆる承継的共同正犯の成立範囲につき原判決のような見解を採るならば，被告人の暴行の態様が右の程度に止まる場合でも，被告人につき原判示傷害の犯罪の共同正犯を肯定すべきことになる．しかし，当裁判所は右見解には賛同できない」．

　「先行者の犯罪遂行の途中からこれに共謀加担した後行者に対し先行者の行為等を含む当該犯罪の全体につき共同正犯の成立を認め得る実質的根拠は，後行者において，先行者の行為等を自己の犯罪遂行の手段として積極的に利用したということにあり，これ以外には根拠はないと考えられる．従って，いわゆる承継的共同正犯が成立するのは，後行者において，先行者の行為及びこれによって生じた結果を認識・認容するに止まらず，これを自己の犯罪遂行の手段として積極的に利用する意思のもとに，実体法上の一罪（狭義の単純一罪に限らない）を構成する先行者の犯罪に途中から共謀加担し，右行為等を現にそのような手段として利用した場合に限られると解するのが相当である」．

「もっとも，例えば，『暴行又ハ脅迫』により被害者の反抗を抑圧した状態に置き，その所持する財物を『強取スル』ことによって成立する強盗罪のように，一罪であっても一連の行為により一定の結果を発生させる犯罪（強姦，殺人等についても同様である）については，後行者が，先行者の行為等を認識・認容して犯行に共謀加担すれば（例えば，先行者が強盗目的で暴行中，自らも同様の目的で右暴行に加わり，あるいは，反抗抑圧の結果を生じた段階でこれに加わって，自ら金品を強取するなど），多くの場合，先行者の行為等を自己の犯罪遂行の手段として積極的に利用したと認めるのが相当であるといい得るから，これらの犯罪については，当裁判所の見解によっても，全面肯定説によった場合と（特異な場合を除き）おおむね結論を異にしないと考えられる。しかし，例えば，先行者が遂行中の一連の暴行に，後行者がやはり暴行の故意をもって途中から共謀加担したような場合には，一個の暴行行為がもともと一個の犯罪を構成するもので，後行者は一個の暴行そのものに加担するのではない上に，後行者には，被害者に暴行を加えること以外の目的はないのであるから，後行者が先行者の行為等を認識・認容していても，他に特段の事情のない限り，先行者の暴行を，自己の犯罪遂行の手段として積極的に利用したものと認めることができず，このような場合，当裁判所の見解によれば，共謀加担後の行為についてのみ共同正犯の成立を認めるべきこととなり，全面肯定説とは結論を異にすることになる」。

「前示の認定によれば，被告人は，〔暴力団〕事務所１階応接室へ現われた段階で，同室内におけるＺらの行動や被害者Ａの受傷状況，更には〔同事務所に居合わせた者〕の説明などにより，事態の成行きを理解し，同室内におけるＺらのＡへの暴行及びこれによる同人の受傷の事実を認識・認容しながら，これに途中から共謀加担したものといい得る。しかし，前示のような暴行罪そのものの性質，並びに被告人がＡに対し現実にはその顎を２，３回突き上げる程度の暴行しか行っていないことからみて，被告人が先行者たるＺらの行為等を自己の犯罪遂行の手段として利用する意思であったとか，これを現実にそのようなものとして利用したと認めることは困難である。従って，本件において，被告人に対しては，Ｚらとの共謀成立後の行為に対して

共同正犯の成立を認め得るに止まり、右共謀成立前の先行者の行為等を含む犯罪全体につき、承継的共同正犯の刑責を問うことはできないといわざるを得ない」。

「本件においては、……Aの受傷の少なくとも大部分は、被告人の共謀加担前に生じていたことが明らかであり、右加担後の暴行（特にYの顔面殴打）によって生じたと認め得る傷害は存在しない。そうすると、被告人に対しては、暴行罪の共同正犯が成立するに止まり、傷害罪の共同正犯の刑責を問うことはできない」。

III 解　説

1　問題の所在

先行行為者の犯罪にその途中から共謀加担した後行行為者に対し、加担前の先行行為者の行為及びこれによって生じた結果をも含めた当該犯罪全体につき共同正犯としての刑責を問いうるか。

この問題は、後行行為者がいかなる範囲で先行行為者の行為やその結果を「承継」するのかという形で、「承継的共犯・承継的共同正犯の是非」として争われてきた。

そして、後行行為者の関与の態様に応じて、後行行為者が共同正犯に該当するか否かが問題となる場合（承継的共同正犯）と、後行行為者に幇助の成否が問題となる場合（承継的幇助）がある。[1]

以下では、まず、本判決の論理を確認した上で、承継的共同正犯の是非と承継的幇助の是非を一括して論じ、しかる後に、承継的共同正犯と承継的幇[2]

---

1)　承継的教唆は、論理的にありえない。後から関与することによって犯意を生じさせることは不可能だからである。

2)　なお、承継的共同正犯・承継的幇助のいずれも否定しつつ、その否定の理由は、共同正犯・共犯それぞれにおいて異なるとするものとして、照沼③244頁以下、同④348頁がある。

助の関係，刑法207条による同時傷害の特例との関係について，順次，補足的に論ずることとしよう。

2 大阪高裁の論理

　まず，大阪高裁の論理を——前掲引用部分以外にも言及しつつ——確認しておこう。本判決は，承継的共同正犯を一切認めない全面否定説，および，承継的共同正犯を常に認める全面肯定説の，いずれをも採用せず，中間的な見解を採用することを明示したものである。本判決は，以下のように論じている。

　承継的共同正犯をすべて否定する見解（全面否定説）は，「刑法における個人責任の原則を重視する見解として注目に値するが，後行者において，先行者の行為等を認識・認容するに止まらず，積極的にこれを自己の犯罪遂行の手段として利用したと認められる場合には，先行者の行為等を実質上後行者の行為と同視し得るというべきであるのに，このような場合まで承継的共同正犯の成立を否定する見解は，妥当でない」。

　また，後行行為者において，先行行為者の行為等を認識・認容して一罪の一部に途中から共謀加担した以上常に全体につき共同正犯の刑責を免れないとする見解（全面肯定説）も，「実体法上の一罪は，分割不可能な一個の犯罪であるから，このような犯罪に後行者が共謀加担したものである以上，加担前の先行者の行為等を含む不可分的全体につき当然に共同正犯の成立を認めるほかないとする点に論拠を有すると考えられる。右見解が，承継的共同正犯の成立を実体法上の一罪に限定する点は正当であり，また，実体法上の一罪の中に分割不可能なものの存することも明らかなところであるが，実体法上一罪とされるものの中にも，これを構成する個々の行為自体が，形式的にはそれぞれ一個の構成要件を充足するものであるけれども，実質的にみてその全体を一個の構成要件により一回的に評価すれば足りるとして一罪とされるもの（接続犯，包括一罪等）があることを考えると，実体法上の一罪のすべてが絶対に分割不可能であるということは，独断であるといわなければならない。しかも，右見解においては，たとえ分割不可能な狭義の単純一罪に加担した

場合であっても，後行者が先行者の行為等を認識・認容していたに止まるのであれば，何故に，先行者の行為による結果についてまで後行者に刑責を問い得るのかについての納得し得る説明がなされていない」。

大阪高裁は，このように述べた上で，前述のように，「いわゆる承継的共同正犯が成立するのは，後行者において，先行者の行為及びこれによって生じた結果を認識・認容するに止まらず，これを自己の犯罪遂行の手段として積極的に利用する意思のもとに，実体法上の一罪（狭義の単純一罪に限らない）を構成する先行者の犯罪に途中から共謀加担し，右行為等を現にそのような手段として利用した場合に限られる」としたのである。

そして，本判決においては，「後行者において，先行者の行為等を自己の犯罪遂行の手段として積極的に利用した」ことが，このような限定的な承継を認める根拠である，とされているのである。

3 全面肯定説

このような大阪高裁の判断は，判例の流れにおいて，どのように位置づけられるのであろうか。

承継的共犯ないし承継的共同正犯について言及した判例は，3パターンに分類される[3]。

その第一は，承継を広く肯定する判例であり，その第二は，承継を認めない判例であり，その第三は，限定的に承継を認めるものである。以下，順次，それぞれの立場に属する（裁）判例を概観しよう。

承継的共犯に関する最高裁判例は，未だ存在しない[4]。このため，しばしば，大審院昭和13年11月18日判決（刑集17巻839頁）がリーディング・ケースとして引用される。

---

3) 照沼③213頁以下参照。
4) 最高裁昭和32年10月18日決定（刑集11巻10号2675頁）が承継的共犯に言及した最高裁判例として引用される場合もあるが，後行行為者が強盗傷人罪における傷害行為を行ったものとの評価を前提としているため，承継的共犯に関する先例としては適切ではない。

同判決は，強盗目的で被害者を殺害した夫から事情を知らされ，金員の強取について協力を求められた妻が，これを承諾し，夫による金品強取を容易にしたというものであり，「刑法第240条後段の罪は強盗罪と殺人罪若は傷害致死罪より組成せられ右各罪種が結合せられて単純一罪を構成するものなるを以て他人が強盗の目的を以て人を殺害したる事実を知悉し其の企図する犯行を容易ならしむる意思の下に該強盗殺人罪の一部たる強取行為に加担し之を幇助したるときは其の所為に対しては強盗殺人罪の従犯を以て問擬する」べきであって，強盗罪もしくは窃盗罪の従犯に止まるとすべきではない，とした（仮名遣いを改めた）。ここでは，240条後段の罪が単純一罪であることが，妻である被告人に対し，強盗殺人罪の成立を認める理由とされていたのである[5]。

また，この考え方は，かつて有力に主張されたかたい犯罪共同説に依拠し，各共犯者に同一罪名の犯罪を成立させることを志向したものと評される[6]。

もっとも，ひとことで「一罪」と言っても，さまざまな場合が含まれる。本判決も指摘したように，実体法上一罪とされる場合であっても，形式的には複数回の構成要件充足を観念できる場合が存在する（本判決は，接続犯や包括一罪等をその例として掲げた）。このため，「実体法上の一罪のすべてが絶対に分割不可能であるということは，独断」とも考えられる。

このため，このような考え方は，徐々に変更を迫られることとなった[7]。さ

---

[5] このように「一罪性」や「構成要件の不可分一体性」といった形式的な理由によって承継を認めた判例は，明治期から散見される。照沼③217頁以下参照。

[6] たとえば，西田①68頁。かたい犯罪共同説は，完全犯罪共同説とも称される，罪名の異なる共同正犯を一切認めない見解である。ただし，「完全犯罪共同説」というタームが多義的に用いられていることについては，亀井源太郎『正犯と共犯を区別するということ』（2005年）18頁注16参照。

[7] ただし，下級審裁判例においては，近年まで，一罪性を根拠として承継的共犯を認めるものも散見される。照沼③217頁以下，島田⑦855頁参照。
また，形式的な一罪性のみを根拠としたものではないが，薬事法違反等被告事件にかかる東京高裁平成8年11月19日判決（東高刑時報47巻1～12号125頁）は，「各犯行とも，それぞれ一罪としての一体性と統一性とが強く保たれていること」を根拠として，被告人が関与する以前の，薬事法に違反する医薬品の製造についても，被告人は承継的共同正犯として責任を負うとしている。このように，形式的な一罪性を超えた一体性を根拠にする考え方からは，科刑上一罪や，包括一罪とされ

らに，学説上も判例上もかたい犯罪共同説へ支持が次第に失われていったということも[8]，全面肯定説が徐々に廃れていったことの理由となろう[9]。

4 　全面否定説

これに対し，昭和30年前後から，承継を一切否定する裁判例も散見された。

たとえば，浦和地裁昭和33年3月28日判決（判時146号33頁）は，集団による強姦行為に途中から関与した被告人らについて，一連の強姦行為によって被害者の負った傷害の結果が同人らの関与後に生じたものであるか否かが確定できなかったことから，「被告人等については強姦の範囲内で責任を問い得るに過ぎない」とし，後行行為者が関与する前に為された先行行為者による行為も含めた全体に責任を負うとする考え方を否定している。

ここでは，個人責任の原則が強調された上で，共同正犯が成立するのは「主観的に1個の犯罪に関与したものの間に於て共同犯行の認識即ち相手方の行

　　　る場合の一部において，各行為の一体性が弱い場合には承継を否定することとなる（その他の場合は，形式的に一罪性を根拠とする場合と同じ結論になろう）。島田⑦855頁以下参照。
 8)　裁判所は，昭和20年代から，かたい部分的犯罪共同説を採用するに至る（たとえば，最決昭和35年9月29日集刑135号503頁が代表的である）。さらに，その後，判例は，やわらかい部分的犯罪共同説，ないし，行為共同説を採ることとなったと理解される。亀井・前掲注（6）19頁以下参照。
　　　なお，近時，最高裁平成17年7月4日決定（刑集59巻6号403頁）がやわらかい部分的犯罪共同説を採ったとされることが少なくない。
　　　たしかに，同決定は，「被告人には，不作為による殺人罪が成立し，殺意のない患者の親族との間では保護責任者遺棄致死罪の限度で共同正犯となると解する」と判示しているので，このような理解にも理由はある。もっとも，共同正犯の「本質」論との関係では，同決定は過大に重視されるべきではないようにも思われる。最高裁は，不作為犯の成否について職権で判断したのであって，それ以上の判示は特にしていない。結論部分で，上記引用のように述べて，原判断を維持したのみである。また，原審・原原審をつぶさに検討しても，共同正犯の「本質」論について言及する部分はない。したがって，同決定が，（やわらかい行為共同説に立脚したと見られる）最高裁昭和54年4月13日決定（刑集33巻3号179頁）を変更する趣旨を含んでいたとは，やや考えにくい。
　　　私見においてはやわらかい行為共同説を妥当と考えるが（やわらかい部分的犯罪共同説には，若干の疑問がある。亀井・前掲注（6）45頁以下），このことを別にしても，「最高裁が部分的犯罪共同説を採用した」というのは言い過ぎであるように思われる。藤井敏明「判解」最判解平成17年度206頁以下も――私見とは異なり，前掲・昭和54年決定がやわらかい部分的犯罪共同説を採ったとする理解を前提に

為を心理的に支配し自己の行為として利用している」場合のみであり，後行行為者が先行行為者の行為を認識していても，「支配したとは云えない」．このことは，「後行者が先行者の惹起した状態を利用したとしても同じであり」，また，「先行者が一方的に後行者の参加を予定していたとしても」，あるいは，「単純一罪のみならず包括一罪においても同様である」，とされたのである．

同様に，全面否定説をとった裁判例として，例えば，広島高裁昭和34年2月27日判決（高刑集12巻1号36頁）がある．

5　限定肯定説

もっとも，近年では，承継を限定的に肯定する立場に拠る裁判例が，少なからず見られる（本判決も，このグループに属する）．

そこでは，前述のような一罪性や，先行行為者が生じさせた事態についての認識のみではなく，先行行為者の行為を積極的に利用したことが要求されている．たとえば，本件に先立ち，横浜地裁昭和56年7月17日判決（判時1011号142頁＝**判例1**）は，先行行為者が金員を喝取するため被害者に対し暴行・脅迫を加え畏怖させていた（被害者は，これらの被告人関与前の行為によって傷害を負った）ところへ行き会わせ，先行行為者らの指示に従い現金の交付を受けた被告人（後行行為者）について，「〔先行行為者ら〕の恐喝の犯行を容易ならしめこれを幇助した」とした．すなわち，恐喝については承継を認めつつ共同正犯には該たらないとし（幇助とした），さらに傷害については承継を否定したが，その際，以下のように論じている．

「本件は先行行為者が恐喝・傷害の実行に着手し，暴行行為のほとんど大部分，かつ，重要部分は終了していたものの，その全部が終了しないうちに，その事情を知りながら，自らは暴行を加えることなく金員受領行為について

して「昭和54年判例と併せて読めば……『やわらかい部分的犯罪共同説』になじむ判示ということができよう」とはされるものの——共同正犯にかかる判示について，「そこに判例としての拘束力があるかということについては，慎重に考える必要があろう」とするのである．

9)　島田⑦854頁参照．

のみ関与したというものである」。

「承継的共同正犯において，じごに犯行に加担した者に，それ以前の先行行為者の行為についてまで責任を負担させることができる理由は，先行行為者の行為及び生じさせた結果・状態を単に認識・容認したというにとどまらず，これを自己の犯行の手段として積極的に利用すべく自己の犯罪行為の内容に取入れて，残りの実行行為を他の共犯者と分担して行うことにあり」，本件では，被害者が先行行為者らの行為により「畏怖状態にあることを認識・認容して金員受領行為に加担しているので，これによって恐喝罪の実現に協力したと評価することができるが，傷害の結果を生じさせることやその拡大につながるような暴行等の寄与行為はなんらしていないから，傷害については共同実行の意思及びその事実の存在を認めることはでき」ない。

ここでは，本判決と同様に，先行行為者による行為を積極的に利用した場合のみ承継を認めるという考え方を前提に，**判例 1** の事案では，そのような事情が認定できないとされ，前述のような結論に至っているのである（なお，恐喝につき共同正犯の成立を否定しつつ，幇助の成立を認めた点については後述 6 参照）。

このような考え方に対しては，一罪性を超えた実質的な承継の論拠を見いだそうとする点に好意的な評価もありうる。もっとも，学説上は，なぜ，「積極的に利用した」と認められれば，関与前にすでに終了していた先行行為者による行為及びその結果について，後行行為者が責任を問われるのか，なお，明らかでないという批判も強い。また，被害者に暴行・脅迫を加えて意思を抑圧した後に財物奪取意思を生じた場合，新たな暴行・脅迫がなければ強盗罪は成立しないとされること[10]も，本判決や**判例 1** のような説明に疑問を生ぜしめることとなろう[11]。

また，従来，限定肯定説は結合犯や多行為犯を念頭に置いていたが，本判決は包括一罪の場合も含まれるとしたものであるとする指摘にも留意すべき[12]

---

10) たとえば，東京高裁昭和 48 年 3 月 26 日判決（高刑集 26 巻 1 号 85 頁）。さらに，近時，このことを前提に，「実質的な暴行・脅迫」が継続していたとしたものとして，東京高裁平成 20 年 3 月 19 日判決（高刑集 61 巻 1 号 1 頁）がある。

11) 前田 500 頁以下参照。

6　承継的共同正犯と承継的幇助

ところで，**判例1**は，恐喝につき，共同正犯の成立を否定しつつ，幇助の成立を認めた。このような考え方は合理的であろうか。

横浜地裁は，次のように言う。

「いわゆる承継的共同正犯と承継的従犯とでは，いずれも先行行為者が特定の犯罪の実行に着手し，まだその全部を終了しないうちに，後行行為者がその事情を知りながらこれに介入し，先行行為者と意思を通じて，じごの行為をする点では同じであり，ただ後行行為者が行う行為が残りの実行行為を分担するものである場合が共同正犯，実行行為そのものを行うのではなくそれ以外の行為をもって実行行為を容易にする場合が幇助犯とされる」。

「被告人は……財物の交付を受ける行為のみを，情を知ってなした者であり，かつ，これを自らの犯罪遂行としてなしたのではなく，〔正犯者ら〕に指示され，それらの者のために加担したものであって，恐喝の正犯意思を有していたとまでは認め難いから，……恐喝幇助犯」に止まる。

すなわち，横浜地裁は，承継的共同正犯と承継的幇助は，「承継を認めるか否か，あるいは，いかなる範囲で承継するか」という次元では差がなく，承継的共同正犯と承継的幇助は，正犯と共犯の区別一般の考え方に従って区分けされる，とする考え方により，正犯性を否定し，幇助に止まるとしたのである。

これに対し，学説上，承継的共同正犯を否定し，承継的幇助のみ肯定するという立場（精密には，関与以前の事象についての「承継」は認めないが，途中から関与した場合に，既遂結果発生前に関与した者を幇助犯とする見解）がある（二元説）[13]。例えば，「既遂結果発生以前に『正犯者の構成要件該当行為』を通じて法益侵害を促進すれば，当該部分のみを促進したことを根拠として幇助犯が成立しうる」

---

12)　松原芳博「共犯の処罰根拠・その2」法セ 677 号（2011 年）111 頁。
13)　照沼③ 243 頁以下参照。

とする見解がそれであり、この見解は、正犯・共犯の処罰根拠がそれぞれ異なることを前提として、「共犯である幇助は、正犯である共同正犯とは異なり事象全体を『支配』する必要はないのであるから、ここで詐欺罪や恐喝罪の幇助犯の成立を認めることに支障はない」とするのである[14]。

このような理解の是非について、ここで詳論する紙幅の余裕はないが、近時、共同正犯が、共犯性と正犯性の二重の性格を有すると指摘される場合があること[15]からすると、関与後の促進を理由に幇助を認めることができるとすれば、途中から関与した者が当該結果発生にとって重要な役割を果たした場合、関与後の寄与を理由に、関与後の部分についてのみ、共同正犯となる可能性も捨てきれないことは指摘しておきたい[16]。

7　同時傷害の特例との関係

なお、たとえば、東京高裁平成 8 年 8 月 7 日判決（東高刑時報 47 巻 1～12 号 103 頁）は、傷害が生じた時期の立証が困難な事案において、「一口に加担後の行為といっても、その範囲の確定は必ずしも容易ではないときがあるのであって、その点明確な識別・分離が不可能なものについては、後行行為者は、先行行為者の行為ないしそれに基く傷害の結果等について全体として共同正犯としての刑責を負うとすることもやむを得ないというべきであり、またそうする以外に適当な処理方法がない」[17]として、承継を認めている[18]。

これらの考え方の背景にある発想は、承継的共犯を認めないことと 207 条

---

14) 照沼④ 347 頁。
15) 亀井・前掲注 (6) 3 頁、松原芳博「正犯と共犯・その 2」法セ 675 号（2011 年）104 頁以下参照。さらに、松原・前掲注 (12) 110 頁は、「承継の問題性は、正犯性の問題以前に、広義の共犯に共通する因果性に関わるものである」とする。
16) ただし、多くの場合、途中から関与した者が、当該犯行全体の中で重要な役割を果たしたと評価できる場合は少ないのではないかとも思われる。
17) これに対し、同判決は、加担前・加担後を明確に分離できる場合には、「途中から加担した後行行為者が、先行行為者の行為ないし結果等を自己の犯罪遂行の手段として利用したと評価すべき特別の事情でもない限り、途中加担者に対して、加担前の行為やこれによって生じた結果等についての刑責を帰属させるべき実質的根拠に乏しい」としている。
18) 裁判例において少なからずみられる考え方である。島田⑦ 858 頁参照。

の規定との間に，不均衡があるのではないか，とするものである。

これに対し，本判決は，意思の連絡なく複数の者が順次被害者に暴行を加え被害者が受傷したが，傷害の結果を生じさせた行為者を特定できない場合には，207条により各行為者が傷害罪の刑責を免れず，他方，本件のような場合には，後行行為者の罪責が暴行罪に止まるとされることにつき，「一見均衡を失する感のあることは，これを否定し難い」と認めつつ，この「結論が不当であるとは考えられない」とする。

その理由につき，本判決は，207条は傷害の刑責を負うべき者が存在しなくなる不合理を解消するため特に設けられた例外規定であって，後行行為者が先行行為者との共謀に基づき暴行を加えた場合は，「少なくとも〔先行行為者〕に対しては傷害罪の刑責を問うことができる」から，「右特則の適用によって解消しなければならないような著しい不合理は生じない」としている。[19]

【参考文献】
① 西田典之「承継的共犯」芝原邦爾編『刑法の基本判例』(1988年)
② 上嶌一高「承継的共犯」争点
③ 照沼亮介『体系的共犯論と刑事不法論』(2005年)
④ 同「共同正犯と幇助犯——承継的共犯を素材として」刑法48巻3号 (2008年)
⑤ 堀内捷三「判批」百選6版
⑥ 只木誠「判批」百選6版
⑦ 島田聡一郎「承継的共同正犯」注釈刑法 (1)

（亀井源太郎）

---

19) ただし，本判決は，以下のように述べ，前述のような議論にもかかわらず，なお，207条により，「被告人に対し傷害罪の刑責を問う余地は残されている」とする（ただし，その場合は訴因変更が必要であるところ，訴因変更手続が履践されていないとして，この「余地」を指摘するに止めている）。
「本件のように，〔先行行為者〕の暴行終了前に〔後行行為者〕がこれに共謀加担し，〔被害者〕の傷害が，〔後行行為者〕の共謀加担の前後にわたる〔先行行為者〕の暴行によって生じたと認められる場合には，〔後行行為者〕の共謀加担後の〔先行行為者〕，〔後行行為者〕の暴行とその加担前の〔先行行為者〕の暴行とを，あたかも意思連絡のない2名……の暴行と同視して，刑法207条の適用を認める見解もあり得るかと思われ，もし右の見解を肯認し得るものとすれば，本件においても，同条の規定を媒介とすることにより，被告人に対し傷害罪の刑責を問う余地は残されている」。

17

共犯からの離脱
――おれ帰る事件――

最高裁判所平成元年6月26日第一小法廷決定
昭和63年（あ）第948号 傷害致死，死体遺棄被告事件
刑集43巻6号567頁／判時1315号145頁／判タ699号184頁

I 事 案

　Yの舎弟分であるXは，両名がスナックで一緒に飲んでいたAの態度に憤慨し，謝らせるべく車でY宅に連行したが，Aが反抗的な態度をとり続けたことに激昂し，Yと共謀の上，約1時間ないし1時間半にわたり，竹刀や木刀でAの顔面，背部等を多数回殴打するなどの暴行を加えた（第1暴行）。Xはその後，Y方を立ち去る際に「おれ帰る」と言っただけで，自分としてはAに対しこれ以上制裁を加えることをやめるという趣旨のことは告げず，Yに対しても，以後Aに暴行を加えることをやめるよう求めたり，同人を寝かせたり病院へ連れて行ったりするよう頼んだりせずに，現場をそのままにして立ち去った。その後，Aの言動に再び激昂したYは，「まだシメ足りないか」と怒鳴って顔を木刀で突くなどの暴行を加えた（第2暴行）。AはY方において頚部圧迫等により窒息死したが，死亡結果が第1暴行により生じたものか第2暴行により生じたものかは証拠上明らかにならなかった。

　以上の事実に関し，1審判決（東京地判昭和62年7月27日刑集43巻6号575頁参照）はX，Y両名に傷害致死罪の共同正犯の成立を認めたが，その際，量刑判断において，Xが現場から立ち去った後にYが致命傷となる暴行を加えた事実を認めることはできず，Xが共犯関係から離脱したことを認めることはできないと判示した。他方，2審判決（東京高判昭和63年7月13日高刑集41巻

2号259頁）は，Yによる第2暴行が死亡結果をもたらした可能性は否定できないとしつつ，第2暴行の時点においてもXとYの共犯関係は解消されていないから，死亡結果が第2暴行によって生じたとしてもXは傷害致死罪の共同正犯の責任を負うとした。その際，本件のような事案において共犯の離脱ないし共犯関係の解消が認められるためには，①離脱者が自ら被害者に暴行を加えることをやめること，②離脱の意思を他の共犯者に知らせるとともに，他の共犯者にもこれ以上暴行を加えないことを求めて，現に加えられている暴行をやめさせること，③以降は自己も含め共犯者の誰もが当初の共謀に基づく暴行を継続することのないような状態を作り出すこと，の3点が必要であるとされた。これに対してXは，本件は離脱の問題ではなく，共謀に基づく暴行が終了した後の問題であって，Yが単独で加えた第2暴行により生じた可能性がある死亡結果の責任をXに問うことはできないとして上告した。

II 決定要旨

上告棄却

　最高裁は，弁護人の上告趣意は刑訴法405条の上告理由に当たらないとしながら，職権でXの傷害致死罪の成否につき判断した。それによれば，Xが帰った時点ではYが「なお制裁を加えるおそれが消滅していなかったのに，Xにおいて格別これを防止する措置を講ずることなく，成り行きに任せて現場を去ったに過ぎないのであるから」，「当初の共犯関係が右の時点で解消したということはできず」，第2暴行も当初の共謀に基づくものと認められる。したがって，第2暴行がAの死因であるとしてもXは傷害致死罪の責任を負う。

III　解　説

1　問題の所在

　本件では，当初の意思連絡に基づいて第1暴行がなされ，暴行罪としては既遂の状態に至ったのちに現場を離れている。そこで，証拠上明らかにならなかった，それ以降に発生した死亡結果の原因については，「疑わしきは被告人の利益に」の原則に則ってXに有利に仮定し，第2暴行のみに起因すると考えた場合に，なおXが傷害致死罪の共同正犯として責任を問われるのかが問題となる。これは，共犯者の一人が現場を立ち去り，その後に他の共犯者によって結果が生じた場合になおその結果について責任を負うか，という問題であり，一般に「共犯からの離脱」ないし「共犯関係の解消」といわれている[1]。ここでは，実行の着手後の離脱・解消の可否が問題となっている。

2　「共謀」の内容ないし射程

　ところで，1で述べた離脱の可否を論じる前提として，どこから「離脱」するのかという問題，すなわち，当初にいかなる範囲で共犯関係が形成されていたのかを確認しておくことが必要となる。本件でいえば，もし客観的にYの行為が当初の意思連絡とはまったく無関係であったのなら，それは単独犯であって，Xにとっては離脱を論じるまでもなく，最初からかかわりのない事柄であったということになろう。近時，この問題は「共謀の射程」として位置づけられたうえで検討されている。すなわち，判例上は，本件のような事案も含め，共同正犯が成立するためには「共謀」が必要であり，関与者各人にいかなる範囲について「共謀」が認められるかが重要だとされているが，

---

1) 原田①178頁は，被告人が共同遂行の意思を放棄して離れる場合を「共犯の離脱」と呼び，共同遂行が終了したとして離れる場合を「共犯の解消」と呼ぶ，としている。また，後述する最高裁平成21年6月30日決定（**判例4**）では，事実としてその場から離れることを「離脱」として，法的評価として結果についての罪責が否定されることを「解消」と呼んでいるように見受けられる。ただ，一般的には両者を特段に区別した取り扱いはなされていない。

もし共犯者のうちの一人が実現した事実が「共謀」とは無関係に行われたのだとすれば，離脱の成否以前に，さらにはより遡って，その事実に関する各人の故意（ないし錯誤）の有無を検討する以前に，その事実は客観的にみてすでに共謀の射程外にあったとして，罪責を問われないことになる。例えば，XとYが「Aに睡眠薬を飲ませて眠り込ませ，その間にAの金品を盗む」ことについて意思連絡を遂げ，実際にAに睡眠薬の入ったビールを飲ませたが，なかなかAが眠り込まなかったので，待ち切れなくなったYがAに暴行を加えて負傷させ，財物を奪った事案について，XとYの間には昏酔強盗罪（刑239条）の共謀が事前に成立し，実行に着手したと認められるものの，昏酔強盗とは手段方法が質的に異なっている暴行脅迫を手段とする強盗罪（刑236条）についての共謀が認められなければ強盗致傷罪（刑240条前段）の責任を負わせることはできないとしたうえで，X自身は何ら暴行脅迫を加えていないこと，Xが事前に昏酔強盗の計画が強盗へと発展する可能性を認識していたとは認められないこと，Yが暴行を加えている時点でXがその暴行を自己の手段として利用しようとしたとまでは認められないことなどを指摘して，Xには強盗致傷罪の共同正犯は成立しないとした裁判例（**判例1**）がある。ここでもしXの故意の点に着眼するならば，抽象的事実の錯誤に関する法定的符合説の見地から，昏酔強盗罪と強盗罪につき，保護法益の共通性などから両罪の構成要件が実質的に符合すると考えて，Xに軽い限度で昏酔強盗罪の共同正犯の成立を認めるという処理も可能であったと考えられる。しかし，本判決がそのような方法をとらず，強盗に関する新たな共謀の成否を検討しているのは，当初の（昏酔強盗に関する）共謀の射程にYによる強盗致傷行為は含まれていなかったという判断が前提とされているからであると推測できる。

---

2) 東京地判平成7年10月9日判時1598号155頁。ただし，YがAに傷害を負わせた後に，Xがその意図を認識しつつ，Aの犯行抑圧状態を自己の犯罪遂行の手段として積極的に利用し，Yの財物奪取行為に加担したことから，いわゆる承継的共同正犯としてXには強盗罪の共同正犯が成立するとされた（この問題については本書16を参照）。

本稿では共謀の射程に関する詳細な検討はできないが，ここで確認しておくべきことは，判例上「共謀」の成否として扱われている問題には，(A) 共犯者の行為を通じた結果に対する (間接的な) 因果性の有無という問題と，(B) 結果に対する故意の有無という問題が含まれているということである。そして，少なくとも従来の実務では，「共謀」概念の中に，集団内で果たした役割の重要性などの多様な内容を含めて理解した上で，これを共同正犯の成立要件であるとする理解がきわめて有力であったことからすると，ここにはさらに，(C) 共同正犯としての正犯性の有無という問題も含まれていたということになろう。したがって，判例における共同正犯からの離脱，すなわち「共謀」からの離脱という問題を検討する際にも，そこでは (A)(B)(C) のどの局面が問題となっているのかを意識しておくことが有益である。本件平成元年決定の事案に即していえば，X には殺意はなく，したがって第 2 暴行による A の死亡という結果は意図されていなかったが，それにもかかわらず，第 1 暴行の共謀に基づいて傷害「致死」罪の成立が認められており，ここでは**判例 1** と同様に，死亡結果も当初の共謀の射程内に含まれていたと判断されていることが分かる (以上から，上述したうち (B) の問題は関係がなくなる)。たしかに，一般論として第 1 暴行の内容だけを取り出してみても，酩酊しておりほぼ無抵抗だった被害者に対し，竹刀や木刀も用いて，二人がかりで，一方的に約 1 時間にわたって激しい暴行を加えたというものであり，このような行為を合意のうえで遂行し，これによって死亡させたとしたら，まさに暴行に内在する高度の危険性が死亡結果の中に実現したものと評価できるから，その結果は当初の共謀の射程内に含まれていると評価できるだろう。

しかし，現実には，死亡結果は第 2 暴行に基づいており，しかも，第 1 暴行後 X は現場を離れているから，これによって上述のような「当初の共謀」

---

3) 詳細については，十河④，橋爪⑤を参照。
4) この点に関しては，佐伯仁志「共犯論 (2)」法教 306 号 (2006 年) 49 頁以下参照。
5) このような視点の重要性を説くものとして，嶋矢貴之「判批」百選 6 版 197 頁，橋爪⑤ 25 頁など。こうした部分は判文だけを見ていてもなかなか意識しにくいものであり，判例を理論的な観点から分析したうえで学ぶことの重要性を知る格好の教材となろう。

が解消されたとすれば，Xは死亡結果の責任までは問われないことになるのではないか。これが離脱の問題である。以下ではまず，共同正犯のみならず広義の共犯全体にかかわる問題として理解されてきた「離脱」をめぐる議論の経緯を示すことにし，そのうえで，上述した (A)(B)(C) の問題がいかに関わり合っているのかを簡単に検討してみたい。

3 共犯からの離脱

(1) 中止未遂の問題か

共犯者の一人が以後の犯罪遂行を取りやめた後に他の共犯者が実行した犯罪についていかなる範囲で責任を負うか，という問題については，かつての判例は，これを共犯における中止未遂の成否の問題として扱っていた。例えば，最高裁昭和24年12月17日判決 (刑集3巻2号2028頁＝**判例2**) では，XはYと強盗を共謀のうえ，A宅に押し入り，YがAに対して包丁を突きつけて現金を渡すよう脅迫し，Xもその傍らでナイフを手にしてこれに加わったが，その際，Aの妻が当初差し出した現金について，Xは「俺も困って入ったのだからお前の家も金がないのならばそのような金は取らん」などと告げて受け取らず，Yに対しても「帰ろう」と言って先に家の外に出たが，その後にYがAの差し出した現金を奪って出てきて，Xに対し「お前は仏心があるからいかん，俺が貰ってきた」などと告げ，結果的にその金銭を両名で遊興費に費消した，という事案につき，弁護人が，XはむしろYの行為を阻止したものと認めて差し支えなく，金銭の費消も発覚を防ぐため受動的にYに追従して行っただけで偶発的な出来事にすぎないなどとして，Xには「中止未遂」が成立すると主張したのに対し，最高裁は，Yが金員を強取することを阻止せず放任した以上，Xのみを中止未遂として論ずることはできず，Yによって遂行された強盗既遂の結果について責任を免れることはできないとしている。ここではたしかに，弁護人の主張に応ずる形で中止未遂の成

---

6) **判例2**については，清水一成「判批」百選6版198頁，照沼亮介「判批」プラクティス392頁など参照。

立が否定されるという形式がとられていた。

ただ,もしこのような論理を徹底した結果として,いかなる場合にも他の共犯者による結果の実現を「阻止」しなければ既遂結果について共同正犯としての罪責を免れないとすると,いったんは完全に他の共犯者全員を説得して犯行を断念させたが,その中の一人が単独で再び犯罪を遂行したような場合にも既遂犯の罪責を問われることになりかねず,酷ではないか,という疑問が示された。そこで学説では,結果が発生した以上は本来の意味での中止「未遂」として扱うことはできなくとも,中止に向けて「真摯な努力」をした者についてはこれに準じて取り扱い,未遂犯としての罪責を問えば足りるとする見解[7]が主張された。しかし,間接的にせよ結果を惹起したという関係が認められるのであれば既遂犯として扱われることになるはずであるし[8],未遂犯として扱うのであれば中止未遂の成立の可能性も当然に生じるはずであると批判され[9],多数の支持を得られなかった。

(2) 因果性遮断説と本決定の位置づけ

判例2の事案をあらためてよくみてみると,他の共犯者による実行の着手後に犯罪遂行を放棄した事実が認められる。そして,既遂犯としての罪責を免れるためには,他の共犯者による犯行を阻止する必要があり,それをせず放任した以上は結果についての責任を負うと評価されていることが分かる。これらの問題は,未遂犯の成立を前提とする刑法43条但書の解釈の範疇にとどまるものではなく,むしろ着手前においても生じうるし,例えば継続犯などの場合には既遂後においても(量刑上,どの部分まで責任を問われるのかを画するという意味で)生じうるといえよう。

現在の共犯論においては,他の共犯者の行為に加担し,他人の行為を通じて,法益侵害結果の発生に対し心理的ないし物理的な因果性(あるいはその双方)を及ぼしたことをもって共犯の処罰根拠とする考え方(因果的共犯論)が前提とされている。つまり,それが間接的であるにせよ,自ら因果的に引き起

---

[7] 大塚348頁。
[8] 山口・探究総論261頁。
[9] 西田⑥251頁。

こした事態についてその限度でのみ責任を負うのであり，その点では単独犯と変わらない性質を有している（個人責任原理に服する）ということである。このような考え方を前提とすると，いったん共謀に加わった者が，当初自らの与えた「因果的な影響」を解消した場合，言い換えれば，他の共犯者が当初の共犯関係とは質的に異なる，新たな意思連絡に基づいて犯罪を遂行したと評価される場合に，離脱ないし解消が認められることになる。このように考えると，離脱の問題と中止未遂の問題は別であり，たとえ結果が生じてしまったとしても，離脱の成立が承認されたのであれば，その共犯者には未遂犯の限度でしか責任を問えず，そして「未遂」である以上は，その共犯者本人について別途中止未遂の成立要件を検討したうえで，それらを充たすのであれば 43 条但書の適用が認められる余地が生ずることになる。このような考え方は因果性遮断説と称されて現在の支配的な見解となっている。[10]

判例も，後述するように，こうした見解と整合する形で，この問題を中止未遂の問題としてではなく「離脱・解消」の問題として扱う態度をとるようになった。そして，平成元年決定についてもそうした見地から説明されるのが一般的である。調査官解説によれば，同決定は，X において A を連れて帰るとか，医者の手配を Y に頼むなどの措置をとらず，以後暴行を加えないように求めることもせず，ただ立ち去っただけであり，当初の共謀及び第 1 暴行による「物理的・心理的効果は依然消滅しておらず，犯行再燃の危険性が十分あった」[11]としたうえで，第 2 暴行についても共同正犯としての責任を負うとするものである。そして，他の共犯者による犯行を現実には阻止できなかったという意味で 2 審判決が示した要件を完全には具備しなかったとしても，「自らの寄与分の程度の加功の撤回」[12]によって物理的・心理的影響を解消したのに共犯者が「別個の犯行」を実行したような場合には離脱を認める余地を残すものであって，因果性遮断説の考え方を実質的に採用するものだと評価されている。[13]以下では便宜上，実行の着手前の離脱と着手後・既遂後の

---

10) 以上の議論については，平野Ⅱ383 頁以下，西田⑥，山口 352 頁以下，佐伯仁志「共犯論（1）」法教 305 号（2006 年）53 頁以下，今井⑦などを参照。
11) 原田① 185 頁。

離脱に分類した上で，判例を手掛かりに従来の議論を整理する。

(3) 着手前の離脱

一般論でいえば，共犯者が計画された犯罪実行に着手する以前であれば，結果発生の危険性は相対的にそれほど切迫していないから，離脱を認めるために必要な「措置」の程度は相対的にさほど重大なものを要しないと考えるのが自然である。裁判例では，被告人が離脱の意思を表明し，他の共犯者らがこれを了承した場合に離脱を肯定したもの[14]，また，意思を明示していなくても，他の共犯者らが離脱の事実を意識して自分たちのみで犯罪を遂行した場合には離脱を肯定しうるとしたものがあり[15]，学説でもこれらを受けて，着手前の離脱であれば原則的に何らかの形で離脱の意思表示と他の共犯者による了知がなされれば離脱を認めてよいとする理解が示されるようになった[16]。ただ，一般論としては確かにそのようにいい易いが，それはあくまで事実認定上の問題にすぎない。因果性遮断説を前提とするなら，当初与えた心理的・物理的影響を解消するのに必要な程度の措置がなされたか否かのみが問題なのであって，与えた影響が軽微でこれを消去したといえれば「意思表示と了知」がなくとも離脱を認める余地があるし，逆に重大な影響を及ぼしていたのであれば「意思表示と了知」だけでは足りず，何らかの防止措置が要求されることもありえよう。現に，松江地裁昭和51年11月2日判決（刑月8巻11＝12号495頁＝**判例3**）では，暴力団の若頭で，被害者を殺害する計画を自己が中心となって立案したが，配下の実行担当者が着手する以前に，共犯者全員

---

12) 原田①185頁。東京地裁平成12年7月4日判決（判時1769号158頁）は被告人の当初の関与の程度が弱かったことを指摘して，犯罪遂行を現実には阻止できなくとも，捜査協力によって自らの与えた影響を「将来に向けて消去したものと評価できる」として，その時点での離脱を肯定しているが，これは本文で示した見解に整合的な立場であると考えられる（この点に関し，島田聡一郎「判批」判評534号（2003年）202頁）。
13) 原田①182頁。
14) 東京高判昭和25年9月14日高刑集3巻3号407頁。
15) 福岡高判昭和28年1月12日高刑集6巻1号1頁。ただし，当初の因果的影響が相応に強かったとみられる事案であったため，離脱を認めるためにはただ立ち去るだけでは足りないのではないかとの疑問が示されている（原田①189頁，西田⑥240頁以下，照沼亮介「判批」プラクティス396頁など）。
16) 例えば，大谷475頁など参照。

を連れて帰るよう指示した被告人につき,「団体の頭」であって他の共犯者を統制しうる立場にある人物は,殺害を取りやめることを周知徹底させ,共謀関係がなかった状態に復元させなければ離脱は認められないとしたうえで,自ら現場に赴いて他の共犯者らを説得し,連れ戻すなどの積極的行動をとっていなかった以上,他の共犯者らが新たな共謀に基づいて実行した殺人の結果についても共同正犯としての責任を負うとされている[17]。ここでは,当初の意思形成において重要な役割を果たし,多大な心理的影響を与えた場合には,たとえ着手前であり,また計画中止の意思を伝えて他の共犯者らに了知されたとしても,それだけでは当初の影響を解消したとはいえず,離脱は認められないと判断されているのである。

　そして,実行の着手前の離脱が問題となった事案について,最高裁として初めてこのような態度を鮮明にしたと考えられるのが,最高裁平成21年6月30日決定 (刑集63巻5号475頁＝**判例4**) である。この事案では,すでに以前にも数回にわたり民家に侵入して強盗を行っていた被告人ら8名のうち,まず共犯者2名が被害者方の屋内に侵入し,内部から入り口の鍵を開けて侵入口を確保したうえ,被告人を含む残りの共犯者らが屋内に侵入して強盗に及ぶという住居侵入・強盗の共謀を遂げた。そして,実際にそのとおりに侵入した2名が侵入口を確保したが,強盗に着手する以前に,見張り役の共犯者が,現場付近に人が集まってきたのを見て犯行の発覚をおそれ,屋内にいる共犯者らに電話をかけ,「犯行をやめた方がよい,先に帰る」などと一方的に伝えただけで電話を切り,付近に止めてあった自動車の車内で待機していた被告人ら2名と相談して一緒に逃げることを決め,被告人が自動車を運転して現場付近から立ち去った。その後,屋内にいた共犯者2名は,いったん屋外に出て,被告人ら3名が立ち去ったことを知ったが,現場付近に残っていた共犯者3名と共に強盗を実行し,その際に加えた暴行によって被害者2名を負傷させた。ここでは,被告人は住居侵入としては既遂に至っているが,

---

　17) **判例3**については,西村秀二「判批」百選6版193頁,照沼亮介「判批」プラクティス397頁など参照。

強盗としては着手以前に現場を離れているため，離脱が成立しないかが争われたが，最高裁は，被告人は「格別それ以後の犯行を防止する措置を講ずることなく」待機していた場所から立ち去ったのみで，残された共犯者らが「そのまま強盗に及んだ」ことを認定したうえで，たとえ着手前に「見張り役の上記電話内容を認識した上で離脱し，残された共犯者らが被告人の離脱をその後知るに至ったという事情があったとしても，当初の共謀関係が解消したということはできず，その後の共犯者らの強盗も当初の共謀に基づいて行われたものと認めるのが相当である」として，被告人は住居侵入のみならず強盗致傷についても共同正犯として責任を負う，とした。本件でもやはり，問題となる強盗致傷については着手以前の段階であり，さらに，一方的とはいえ離脱の意思を伝えて立ち去り，その事実が他の共犯者らに了知されたうえで以後の犯行がなされている。そして，**判例 3** とは異なり，被告人は首謀者的な地位にあったとまではいえないから，上記の事情のみで離脱を認めるべきだとする見解もある。[18] しかし，この事案ではすでに被告人らは同様の犯行を繰り返しており，その際には実行を分担するなど重大な寄与を行っていること，強盗自体は着手以前にとどまっているものの，すでに住居侵入としては既遂であり，[19] かつ屋内に入ることで強盗に至る危険がかなり切迫していたとみられることなどを踏まえると，[20]「首謀者」とまではいえなくとも，この時点に至るまでの意思連絡や寄与に基づいて共犯者らに及ぼした心理的影響は相応のレベルに達していたと考えられる。従って，離脱の意思表示とその了知があったとしても，ただ単に発覚をおそれて逃走するというだけでは，なおそうした影響を解消するには不十分であり，事例判断として離脱を否定した結論自体は支持しうると思われる。[21]

---

[18] 山中敬一「共謀関係からの離脱」立石古稀 578 頁は以上のような観点から離脱を認めるべきであったとする（ただし，因果性の解消としてではなく，共同正犯としての正犯性が否定されるべきであったとする）。

[19] この点で，侵入自体も着手以前の状況であった福岡高裁昭和 28 年 1 月 12 日判決（高刑集 6 巻 1 号 1 頁＝前出注 15）とは事実関係が異なる（この点に関し，豊田兼彦「判批」刑ジャ 27 号（2011 年）84 頁注 6 参照）。さらに，この福岡高裁判決の結論にも異論があることについては注 (15) 参照。

[20] 十河太朗「判批」判例セレクト 2009・31 頁。

(4) 着手後・既遂後の離脱

　以上に対して，着手後及び既遂後の離脱が問題となった事案では，かねてより判例はより厳格な要件を課してきた。例えば，自動車による監禁を共謀し実行に関与した被告人が，実行の中途で警察に発覚することをおそれ，「おれは先に帰るから」などと言い残したのみで立ち去った事案につき，他の共犯者らによる監禁の継続を「現実に阻止」していないとして，離脱を否定したものがある。[22]　そして，平成元年決定の事案においても，3 (2) でみたように，2審判決はこの意味に解される要件を掲げていた。他方で，毒劇法違反の薬品所持に関して，当初の共謀に基づいて禁止された薬品を共同所持していた被告人らが，その返還を要求したが，他の共犯者がこれに応じなかったという事案につき，結論としては離脱を否定しているものの，そのための要件として，薬品をいったん取り戻して共犯者の占有を失わせるか，あるいはそのための真摯な努力をなしたにもかかわらず返還がなされず，以後は当初の共謀とは全く別個な独自の新たな意思に基づいて所持がなされたものと認めるべき特段の事情がなければならないとしたものがあり，[23] 何らかの措置が必要であるとされてはいるものの犯行の「現実の阻止」までは必要とされていない点が注目される。そして，平成元年決定はむしろこのように現実の阻止までは要求しておらず，因果的影響力を解消しうるだけの「措置」のみを要求するものと解されることについてはすでに述べたとおりである。本決定後の裁判例でも，とくに当初の被告人の寄与度の大きい事案では，他の共犯者による「犯行継続の危険性」を除去せず，単に成り行きに任せていたとみられる

---

21) もっとも，**判例4**の結論が因果性遮断説からは自明のことであるとまで言い切るのは疑問である。着手前後の区別を用いず因果的影響力の解消を基準としているという意味において**判例4**が因果的共犯論を明示的に採用したものであると評価する論者（林幹人「共犯の因果性」曹時62巻7号（2010年）4頁）も，その結論は本文で掲げたような事情を総合考慮して導かれた事例判断であることを強調している（同6頁以下）点に留意すべきである。なお，因果性が肯定できても正犯性が肯定できるかどうかは別途問題とされうるであろう（松原芳博「共犯の処罰根拠・その2」法セ677号（2011年）113頁）。

22) 東京高判昭和46年4月6日東高刑時報22巻4号156頁。

23) 東京地判昭和51年12月9日判時864号128頁。

場合に離脱を否定しており，このようなスタンスに立っていると考えられる。

ところが，着手後の離脱と類似した状況にある事案で，以下のような判例が現われ，新たな問題を提起している。最高裁平成6年12月6日判決（刑集48巻8号509頁＝**判例5**）の事案では，被告人はA，B，C，D女，E女らと歩道上で雑談していたところ，酩酊した通りかかったFとAが口論となり，FがD女の髪をつかんで道路を横断し引き回すなどの乱暴を始めたため，被告人，A，B，CはこれをやめさせようとFに対して殴る蹴るなどの暴行を加え（第1暴行），Fも応戦した。その後，FはD女の髪から手を放したものの，被告人ら4名に対して悪態をつき，なおも応戦する気配を示しながら駐車場の奥の方に移動し，被告人らはその後を追った。その間，Fの罵言を聞いたA，BがそれぞれFを殴ろうとし，Cがその都度間に入って制止したが，直後にAがFを殴打し（第2暴行），Fは転倒して重傷を負った。以上の事実に関し，1審，2審は共に被告人ら4名の行為を一連の行為として傷害罪の共同正犯が成立するものとし，これが過剰防衛に当たるとしたが，最高裁は以下のように判示した。すなわち「本件のように，相手方の侵害に対し，複数人が共同して防衛行為としての暴行に及び，相手方からの侵害が終了した後に，なおも一部の者が暴行を続けた場合において，後の暴行を加えていない者について正当防衛の成否を検討するに当たっては，侵害現在時と侵害終了後に分けて考察するのが相当であり，侵害現在時における暴行が正当防衛と認められる場合には，侵害終了後の暴行については，侵害現在時における防衛行為としての暴行の共同意思から離脱したかどうかではなく，新たに共謀が成立したかどうかを検討すべきであって，共謀の成立が認められるときに初めて，侵害現在時及び侵害終了後の一連の行為を全体として考察し，防衛行為としての相当性を検討すべきである」。そのうえで，本件の第1暴行は正当防衛であり，第2暴行に関しては，自ら暴行を加えていないが，他の者の暴行を制止しているわけでもない被告人につき暴行の意思や共謀を認めることはでき

---

24) 東京地判平成7年10月13日判時1579号146頁，神戸地判平成18年7月21日判タ1235号340頁等を参照。

ないとして，第1暴行と第2暴行とを「一連一体のものとして総合評価する余地はなく」無罪であるという。ここでは，被告人は当初，共謀に基づいて暴行に着手しており，Aによる第2暴行（から生じた傷害結果）について離脱ないし解消を認めるためには，平成元年決定の論理及び因果性遮断説の立場からは，Aらによるさらなる暴行の危険性を解消するだけの措置を講ずる必要があるとも考えられる。しかしそうした事実は認められないにもかかわらず，第2暴行について被告人に罪責は問われていないのである。

そこで，他の者による暴行の危険を除去する措置をとっていないという事実を重視する見解からは，当初の第1暴行の共謀内容が正当防衛であったとしても，共同正犯の成立の可否は構成要件段階の問題であって，違法性阻却事由の成否の判断に先行するものであり，かつ，当初の共謀に基づく影響力を解消できていないのであれば，**判例5**でも離脱は認められず，被告人も傷害罪（の過剰防衛）として罪責を問われることになるはずであるとされる[25][26]。しかし，これに対しては，被告人は当初の共謀形成に際しては主導的な役割を果たしておらず，第1暴行時の行為の程度もFを「6分の力で数回蹴った」というにとどまるものだと認定されており，その後はAらの犯意を強化するような言動をしていないから，因果的影響力は乏しいし，その影響もCの制止によって遮断されたと評価できること[27]，また，Aは侵害終了後のFの罵言を聞いて殴りかかっているのに対して，被告人はこれを聞いていないとされていること[28]などが指摘され，第2暴行は当初の共謀とは別個独立の行為であると説かれている。このように解するときは，**判例5**は（2で示した）「共謀の

---

25) ここでは，第2暴行時にはFによる侵害の急迫性は既に消失していたという事実が前提とされているため，Aについてはいわゆる量的過剰防衛の成否が問題となり，第1暴行との行為の一体性が認められていることになる（川口政明「判解」最判解平成6年度225頁，229頁注12，さらに本書5を参照）。逆に，当初からの侵害の継続性が認められるなら，通常の（質的）過剰防衛の成否が問題となろう。

26) 只木誠「判批」百選5版191頁。**判例5**に関して同様の疑問を提起し，結果的加重犯における帰責の限定が必要であるとする見解として，井田良「判批」判例セレクト1995・34頁。

27) 佐伯仁志「判批」ジュリ1125号（1997年）150頁。

28) 嶋矢貴之「判批」百選6版196頁，齊藤彰子「判批」プラクティス421頁。

射程」外の行為についての罪責が否定された事案であるということになろう。[29]

(5)「因果性の解消」とは何か

このように，従来の議論は因果性遮断説の文脈において説明されてきたのであるが，本来，共犯の因果性は促進的因果性で足りるとされ，条件関係は不要だとするのが一般的な理解であり，[30] かように容易に認められる「因果的影響」を解消するためには具体的にどの程度の「措置」が必要なのかについては，ときとしてかなり微妙な判断が求められる。

名古屋高裁平成 14 年 8 月 29 日判決（判時 1831 号 158 頁 = **判例 6**）の事案では，被告人は A，B らと共謀のうえ，C に対して暴行を加えて傷害を負わせたが（第 1 暴行），B の制止をきっかけとして暴行が中止され，被告人が C をベンチに連れて行って「大丈夫か」などと問いかけたのに対し，A が被告人に文句をいって口論となり，A がいきなり被告人を殴りつけて転倒させ，失神させた。その後，A は被告人をその場に放置したまま，C を車両に乗せて港岸壁まで移動し，そこで A が再度 C に対する暴行を加えて傷害を負わせた（第 2 暴行）。C が負った傷害のうち一部は，第 1 暴行のみによるものか第 2 暴行のみによるものか両者相俟って生じたものか，証拠上明らかにならなかった。1 審判決は，第 1 暴行は C の反抗を抑圧し抵抗できない状態にするほどの激しいものであり，この結果として A が第 2 暴行に及ぶことができたこと，第 1 暴行が中止されたのは B の制止がきっかけであって，当初の共謀の目的を達したため終了したものではないことを挙げたうえで，第 2 暴行は当初の「共謀内容と同一の動機，目的の下になされたものである」うえに，A が被告人を失神させた段階において，被告人との「共謀，その実行行為によりもたらされた心理的，物理的な効果は残存しており」，A が「これを利用してなお犯行を継続する危険性があったことは明らかである」として，失神したことをもって離脱や解消を認めるべきではなく，被告人は第 2 暴行によって生じた傷害結果についても罪責を負うとした。これに対して **判例 6** は，A を中心と

---

29) 今井⑦ 119 頁。
30) さしあたり，高橋則夫・争点 96 頁以下参照。

して形成された当初の共犯関係は，被告人に対する暴行と，その結果失神した被告人の放置というＡの行動によって一方的に解消され，第２暴行は被告人の意思・関与を排除してＡらのみによってなされたものと解するのが相当である，として離脱を肯定した[31]。

　この事案では，「仲間割れ」が生じて被告人は他の共犯者らから一方的に排除されたという事実を認めることができる。ただ，「犯行グループの一員」といえなくなったことがただちに既遂犯の不成立という法的評価に結び付くわけではない[32]。現に，１審判決のいうように，第１暴行によってＣの反抗抑圧状態が生じており，これを利用してＡがさらなる犯行に及ぶおそれがあったにもかかわらず，被告人はこれを防止する措置を講じていないため，離脱は認められないとする評価もありうるのである。しかし，一連の経緯をみれば第２暴行時においてＡらが被告人の存在及び寄与から心理的影響を受けているとはいいがたいと考えられる。この事案のように，一方的に失神させられたり重傷を負わされた場合（究極的には殺害された場合）などにおいて，常に履行不能な「防止措置」を要求するというのはナンセンスであるし，仮に物理的影響が残存していたとしても，新たな共謀に基づいて質的に異なる犯行が開始されたと評価される余地はあると考えるべきであろう。そこで問題は，**判例６**のように心理的影響がひとまず解消されたと評価しうるものの物理的影響が解消されたとはいいにくい場合に，いかなる理論的根拠から離脱・解消を認めることができるか，ということになる。

　この点，主として共犯の成否の場面において問題となる「心理的因果性」は，純粋に自然科学の見地からその「法則性」の詳細を解明できるようなものではなく，共犯者によって提供された「行為の理由」が正犯者本人において受容された場合に肯定されるものであるという特殊性を有している[33]。ここ

---

31)　ただし，**判例６**は，被告人は第１暴行と第２暴行のいずれによって生じたのか明らかでない結果についても同時傷害の規定（刑 207 条）によって責任を負うとしているが，双方の行為に関与し，いずれにせよ傷害の責任を負う共犯者がいる場合にも同規定の適用があるとすることに対しては異論が唱えられている（西田 307 頁，照沼亮介「判批」判例セレクト 2004・32 頁）。

32)　豊田・前掲注（19）86 頁。

では，働きかけの対象となる正犯者の側において自由な意思決定の余地が残されており[34]，対象の側との相互作用によってはじめて因果的な影響や結び付きが認められるという点で，とくに単独犯の場合における通常の因果関係の判断とは事情を異にする部分が認められる（こうした理由から，上述した通り，共犯の因果性は促進的因果関係で足りると一般に解されている）。また，心理的影響がなくとも物理的影響を与えた場合には少なくとも幇助犯の成立可能性が残されているが[35]，因果関係の判断が「行為の創出した危険性が結果の中に実現したといえるか」という，その意味において規範的な判断であることからすれば[36]，以上のような事実的な関連性が認められるとしても，当初の共犯関係とは異なった意思決定に基づいて「異なった危険」が創出され，それが結果の中に実現されたといえる場合には，当初の因果的影響は否定されると考えられよう。**判例6** 以外にも，従来，「共謀の射程」外にあるとされたり，「新たな共謀」が形成されたといわれてきた事案の多くは，このような意味において当初の因果性が否定されたものであると評価できるように思われる[37]。

(6) 「共謀の解消」とは何か

以上に述べた意味での因果性が否定しえない場合には，原則として既遂結果との関係で共犯が成立しうる。ただし，2で述べたように，故意犯の場合には故意の存在が認められねばならないし，共同正犯の場合にはそれに加えて「正犯性」が認められる必要がある。この点，従来の判例では「共謀」によって共同正犯の成立が基礎づけられるとする説明が有力であるため，ややもすると因果性や故意といった他の犯罪成立要件との区別が不明確になりがちで

---

33) 林幹人『刑法の基礎理論』（1995年）176頁以下，林377頁以下参照。
34) 増田豊『語用論的意味理論と法解釈方法論』（2008年）512頁以下参照。
35) 従来，共同正犯には意思の連絡が必要であるが，幇助犯では必要ないとする理解が一般的であった。この点に関しては鎮目征樹・争点106頁以下。
36) 本書1を参照。
37) 以上に対して，葛原力三「判批」平成21年度重判解180頁，同「演習」法教361号（2010年）131頁，金子博「判批」立命332号（2010年）291頁以下は，このような説明は因果的共犯論と整合しないとするが，論者が前提とする「因果性」の内容は事実的因果性に尽きており，本文で述べたような刑法上の（特に共犯における）帰責を基礎づけうるものではないように思われる。

あった。しかし，これらは別個の問題であり，(A) 因果性や (B) 故意が否定されて結論的に不可罰となるような場合と，(C) 正犯性のみが否定され，その結果として幇助犯としての処罰の余地が残る場合とは区別されるべきである。

　この点，従来は，共同正犯が成立するためには「意思の連絡」に基づいて寄与を分担することにより「相互利用・補充」の関係が認められなければならないとされることが多かったが，上記の (B) と (C) を区別するうえで，そこでいわれる「意思の連絡」の内容がいかなるものなのかが問題となる。もしそれが単なる構成要件該当事実の認識・認容等に尽きるものであるとすれば，故意と異なる点はないことになるからである。しかし，例えば，AとBが二人でCを殺害するという計画を事前に立てている時点では，そこでのA・B両名の主観は，現実にCの殺害に着手する時点での（周囲の具体的状況等を含めた）構成要件該当事実の認識とは異なり，厳密にいえば故意とは異なる。むしろそこでは，一種の分業に基づき，構成要件的評価との関連性を未だ有していない，双方向的な「役割分担」に関する認識が認められるにとどまる。言い換えれば，共同正犯における主観的要件の内容としては，「共通の目的に

---

38)　佐伯・前掲注 (4) 49 頁以下，照沼亮介・争点 100 頁以下など参照。共謀の射程に関する近年の研究においても「共謀」概念それ自体に「寄与度の大きさ」などの多様な内容が盛り込まれていることが多く（例えば十河④ 98 頁，100 頁以下，鈴木彰雄「共謀共同正犯における『共謀の射程』について」立石古稀 517 頁以下など），その結果として「共謀がない」とされた場合に実際にはいかなる要件が否定されているのかが必ずしも明らかでない。

39)　(B) のみが欠ける場合には，過失単独犯，過失共同正犯の成立の余地がありうる。

40)　佐伯・前掲注 (10) 54 頁参照。

41)　そうだとすると，「故意の共同」なくしては共同正犯は成立しえず，過失共同正犯は理論的にありえないということになろうが，そのように解する必然性はないように思われる。また，従来は「共謀」の形成により結果の「相互帰属」が可能となるとする説明が多かったが，その場合にこうした概念によって単に故意や心理的因果性が認められるにとどまらず「共同正犯としての正犯性」までもが基礎づけられるとする理論的根拠に関してはなお明らかにされていなかったように思われる。

42)　この点に関し，小島秀夫「共同正犯と幇助犯の区別基準」明治大学法学研究論集 33 号 (2010 年) 63 頁，島田聡一郎「共謀共同正犯論の現状と課題」川端博ほか編『理論刑法学の探究③』(2010 年) 59 頁，松原芳博「正犯と共犯・その 2」法セ 675 号 (2011 年) 111 頁等参照。

向けた役割分担の認識」で足りるのである。さらに，例えば「Cに制裁を加えてやろう」とか，「どこかの家へ押し入ろう」などといった形で，いかなる構成要件該当事実を実現するのかが事前に必ずしも明確にされていないケースを想定すれば，共同正犯における意思連絡の内容と「故意の共同」とは，その成立が問題となる時点・内容などの点でやはり異なっているように思われる。以上のように考えると，仮に現場を離れた後で他の共犯者が実現した事実との関係で因果性や故意が否定できないのだとしても，実際に生じた事実との関係において役割分担についての認識が欠けるのであれば，共同正犯の成立は否定され，幇助犯の余地のみが残ることになると解される[44]。

なお，(A) と (C) の区別に関しては，共同正犯の正犯性を基礎づけるためには客観的にいかなる程度の寄与が必要となるかという問題に依存することになろう。学説上の一般的な理解からは，共同正犯が成立するには単に因果的寄与が存在したというだけでは足りず，「重要な役割」を果たしたことが必要だと解されているから[45]，現場を離れた後に他の共犯者によって実現された事実との関係で因果性や故意が否定できなくとも，そのような事情が充たされていなければ，やはり共同正犯の成立が否定され，幇助犯の余地のみが残ることになると考えられる。

【参考文献】

本件の解説・評釈として
①原田國男「判解」最判解平成元年度
②島岡まな「判批」百選6版
③照沼亮介「判批」プラクティス

共謀の射程について
④十河太朗「共謀の射程について」川端博ほか編『理論刑法学の探究③』(2010年)
⑤橋爪隆「共謀の射程と共犯の錯誤」法教359号 (2010年)

---

43) これに対して，事前に一方的に指示を出すにとどまり，それ以上犯行形成過程における具体的な寄与がなされていない場合には，「共同して実行する」という実体が欠けるため，共同正犯は成立しないと解される。

44) 島田⑧12頁以下は，この場合は不作為共犯の成否を別途検討すべきだとする。なお，東京高裁平成20年10月6日判決（判タ1309号292頁）も参照。

45) 照沼亮介・争点100頁以下，本書14，15などを参照。

共犯からの離脱・共犯関係の解消について
　⑥西田典之「共犯の中止について」法協100巻2号
　⑦今井猛嘉・争点
　⑧島田聡一郎「共犯からの離脱・再考」研修741号（2010年）
　⑨豊田兼彦「共犯からの離脱」法教359号（2010年）

（照沼亮介）

18

不作為による共犯
―せっかん死事件―

- 札幌高等裁判所平成 12 年 3 月 16 日判決
- 平成 11 年（う）第 59 号 傷害致死（変更後の訴因傷害致死幇助）被告事件
- 高等裁判所刑事裁判速報集（平 12）227 頁／判時 1711 号 170 頁／判タ 1044 号 263 頁

I 事　案

　被告人は，元の夫 P との間にもうけた長男 Q と次男 A（事件当時 3 歳）を連れて Y と内縁関係に入った。その後，Y は，被告人に激しい暴力をふるい，Q や A に対してもせっかんを繰り返すようになったが，被告人はこれを見ても制止することなく無関心な態度を示していた。事件当日も，Y が，K マンション 1 号室において，A に，顔面および頭部を多数回殴打して転倒させるなどの暴行を加え，硬膜下出血等により死亡させた際，被告人は，Y が A に暴行を加えようとするのを認識したが，これを制止しなかった。

　第 1 審（釧路地判平成 11 年 2 月 12 日判時 1675 号 148 頁）は，不作為による幇助の一般的要件として，「①他人による犯罪の実行を阻止すべき作為義務を有する者が，②犯罪の実行をほぼ確実に阻止し得たにもかかわらず，これを放置しており，③要求される作為義務の程度及び要求される行為を行うことの容易性等の観点からみて，その不作為を作為による幇助と同視し得ることが必要と解すべきである〔丸数字は筆者〕」とした上で，本件については，以下のように判断した。すなわち，①被告人は A の唯一の親権者であったこと，A は栄養状態が悪く極度のるい痩状態にあったこと，K マンションに入居して以降，Y が Q や A に対して毎日のように激しいせっかんを繰り返していたこと，本件当時，Y の暴行を阻止しうる者は被告人以外存在せず，A の生

命の安全の確保は被告人のみに依存していたことなどから，被告人にはYの暴行を阻止すべき作為義務が認められ，かつ，その程度は一定程度強度なものであったというべきであるが，被告人自身もYから強度の暴行を受けるようになって以降，子供達を連れてYのもとから逃げ出したいと考えていたものの，逃げ出そうとしてYに見付かり，酷い暴行を受けることを恐れ，逃げ出せずにいたことを併せ考えると，その作為義務の程度はきわめて強度とまではいえない。②罪刑法定主義の見地から不真正不作為犯自体の拡がりに絞りを掛ける必要があるうえ，不真正不作為犯をさらに拡張する幇助犯の成立にはとくに慎重な絞りが必要であることにかんがみると，Yの暴行を阻止すべき作為義務を有する被告人に具体的に要求される作為の内容としては，Yの暴行をほぼ確実に阻止しえた行為，すなわちYの暴行を実力をもって阻止する行為を想定することができる。③しかし，被告人は，本件当時，妊娠約6か月であり，Yと被告人には男女の体格差および体力差があったことにかんがみると，被告人がYの暴行を実力により阻止することは不可能ではなかったものの，その場合には，Yの反感を買い，被告人がYから激しい暴行を受けて負傷していた相当の可能性のあったことを否定し難く，場合によっては胎児の健康にまで影響の及んだ可能性もあったうえ，被告人は，Yから強度のものも含めて幾度も暴行を加えられており，Yの暴力に怯え，Yの機嫌を損ねることができない状態になっていたことからすると，被告人としては，本件せっかん当時，Yの暴行を実力により阻止することがきわめて困難な心理状態にあったというべきであり，以上の点にかんがみると，被告人に要求される作為義務の程度が一定程度強度のものであることを考慮しても，なお，被告人の不作為を，作為による傷害致死幇助罪と同視することはできないとして，無罪を言い渡した。

　これに対して，検察側から，被告人は，Yへの強い愛情や肉体的執着から，Yに嫌われることを恐れ，Yの機嫌をうかがう余り，YがAらに暴力を振るっても，見て見ぬ振りをしていたことが認められ，Yの暴行を阻止することが著しく困難な状況にあったものとはいえないうえ，不作為による幇助犯が成立するには，不作為によって正犯の実行行為を容易ならしめれば足り，

その不作為が正犯の実行に不可欠であることや，作為に出ることにより確実に正犯の実行を阻止しうることを要しないというべきであり，被告人に具体的に要求される作為は，Yの暴行を実力をもって阻止する行為に限られるものではないから，原判決には，判決に影響を及ぼすことが明らかな事実誤認および法令適用の誤りがあるとして，控訴がなされた。

II 判旨

破棄自判

札幌高裁は，第1審とは異なり，「❶不作為による幇助犯は，正犯者の犯罪を防止しなければならない作為義務のある者が，❷一定の作為によって正犯者の犯罪を防止することが可能であるのに，そのことを認識しながら，右一定の作為をせず，これによって正犯者の犯罪の実行を容易にした場合に成立し，❸以上が作為による幇助犯の場合と同視できることが必要と解される〔黒丸数字は筆者〕」との立場に立ち，本件については，以下のように判断して，不作為による傷害致死幇助犯の成立を肯定した。

すなわち，まず，❶被告人に作為義務が認められる根拠として，第1審の挙げる事情に加えて，被告人は，約1年8か月にわたり，Yとの内縁ないし婚姻関係を継続し，Yの短気な性格や暴力的な行動傾向を熟知しながら，Yとの同棲期間中常にAらを連れ，Yのもとに置いていたことを指摘し，さらに，第1審がその作為義務の程度はきわめて強度とまではいえないと判示したその前提となる事実認定を否定し，むしろ，その作為義務を基礎づける諸事実にかんがみると，右作為義務の程度はきわめて強度であったというべきであるとした。

次に，❷被告人に具体的に要求される作為については，第1審が掲げる「犯罪の実行をほぼ確実に阻止し得たにもかかわらず，これを放置した」という要件は，不作為による幇助犯の成立には不必要であるとの立場を前提に，Yは，以前，被告人がYのせっかんの様子を見ているとせっかんがやりにくいとの態度を露わにしていたうえ，本件せっかんの途中でも，後ろを振り返り，

被告人がいないかどうかを確かめていることが認められ、このようなＹの態度にかんがみると、被告人がＹの側に寄って監視するだけでも、Ｙにとっては、Ａへの暴行に対する心理的抑制になったものと考えられること、Ｙは、Ａに対する暴行を開始した後も、Ａおよび被告人の反応をうかがいながら、１発ずつ間隔を置いて殴打し、右暴行をやめる機会を摸索していたものと認められ、このようなＹの態度にかんがみると、被告人がＹに対し、言葉による制止行為をすれば、Ｙにとっては、右暴行をやめる契機になったと考えられることから、ⓐＹとＡの側に寄ってＹがＡに暴行を加えないように監視する行為や、ⓑＹの暴行を言葉で制止する行為によっても、Ｙの暴行を阻止することが可能ないし相当程度可能であったといえるので、ⓒＹの暴行を実力をもって阻止する行為のほか、ⓐおよびⓑもまた、被告人に具体的に要求される作為に含まれ、かつ、被告人がこれらの作為を怠った結果、作為がなされた場合に比べて、ＹのＡに対する暴行が容易になったことは疑いがなく、被告人は　そのことを認識しつつ、当時なおＹに愛情を抱いており、Ｙへの肉体的執着もあり、かつ、Ｙとの間の第２子を懐妊していることもあって、Ａらの母親であるという立場よりもＹとの内縁関係を優先させ、ＹのＡに対する暴行に目をつぶり、あえてそのことを認容していたものと認められるから、被告人は、右不作為によってＹの暴行を容易にしたものというべきであるとした。

そして、❸以上によれば、被告人の行為は、不作為による幇助犯の成立要件に該当し、被告人の作為義務の程度がきわめて強度であり、比較的容易なものを含む前記一定の作為によってＹのＡに対する暴行を阻止することが可能であったことにかんがみると、被告人の行為は、作為による幇助犯の場合と同視できると結論づけた。

III 解説

1 問題の所在

　不作為による共犯は，広い意味では，不作為による共同正犯，不作為による教唆犯，不作為による幇助犯に分類される。このうち，不作為による教唆犯については，学説上，否定的な見解が有力であり[1]，判例においても，その成立が認められた例は，知られていない。

　他方，不作為による共同正犯および幇助犯については，これを認める見解が多数を占めている[2]。不作為による共同正犯はさらに，不作為同士の共同正犯と，作為と不作為の共同正犯に分類され，例えば，夫婦が意思連絡のもと，その子供に必要な食事を与えず餓死させた場合が前者の例である[3]。他方，本件のように，作為者の犯罪行為を阻止すべき義務を有する者の不作為については，これを作為正犯者に対する不作為による幇助犯とする裁判例が多数存在する一方で[4]，不作為者を作為者との共同正犯としたものもみられる[5]。これに対して，本件第 1 審は，不作為者に作為者の犯罪行為を阻止すべき義務を認めつつ，それを怠った不作為と作為による幇助との同価値性を否定して，被告人を無罪としたのである。

　すなわち，本件でその成否が問題となった不作為による幇助犯に関しては，一方で，その成立要件，言い換えれば，不可罰的な不作為との限界が問題となり，他方で，共同正犯との区別が問題となる。

---

1) 注釈刑法（1）905-6 頁〔嶋矢貴之〕。
2) 林 438-40 頁，山中 860 頁，904 頁，アクチュアル 311 頁〔伊藤渉〕。
3) 大阪高判平成 13 年 6 月 21 日判タ 1085 号 292 頁（後出**判例 1**）。
4) 大判昭和 3 年 3 月 9 日刑集 7 巻 172 頁，最判昭和 29 年 3 月 2 日集刑 93 号 59 頁，大阪高判昭和 62 年 10 月 2 日判タ 675 号 246 頁，広島地判平成 16 年 4 月 7 日公刊物未登載，名古屋高判平成 17 年 11 月 7 日高等裁判所刑事裁判速報集（平 17）292 頁。
5) 後出**判例 1，2，3**。

2 不作為による幇助犯の成立要件

(1) 作為義務

不作為による幇助も不作為犯である以上，その成立には，不作為者が作為義務（保障人的地位）を有することが必要であり[6]，かつ，その発生根拠，要件は，不作為単独正犯のそれと同じであるとするのが多数の理解である[7]。裁判例においても，不作為による幇助犯の成否が問題となった事案[8]と，不作為単独正犯の成否が問題となった事案[9]とで，作為義務の有無を判断する際に重視されている事情に違いはなく，法令，契約，条理，保護の引き受け，法益侵害の危険を創出する先行行為，あるいは，不作為者しか法益侵害結果の発生を阻止しうる者はいなかったといった事情を根拠に，作為義務を肯定している。

本件においても，被害者Aの母親である被告人は，Yの短気な性格や暴力的な行動傾向を熟知しながら，Yとの同棲期間中常にAらを連れ，Yのもとに置いていたという，いわば自ら被害者を危険な状況に置いていたといえることや，被告人はAの唯一の親権者であり，本件当時，Yの暴行を阻止しうる者は被告人以外存在せず，Aの生命の安全の確保は被告人のみに依存していたことを根拠に，Aに対するYの暴行を阻止すべき義務が肯定されたのである。

---

[6] 本件と同様，作為者の犯行を阻止しなかった不作為の処罰が問題となった事例において，本件第1審以外に，不作為による幇助犯の成立を否定したものとして，名古屋高裁昭和31年2月10日判決（高刑集9巻4号325頁），大阪高裁平成2年1月23日判決（高刑集43巻1号1頁），東京高裁平成11年1月29日判決（判時1683号153頁）等があるが，いずれも，作為義務自体を否定したものである。

[7] 林⑥318頁，島田⑧65号221頁，西田⑩429頁。これに対して，単独犯における保障人的地位を肯定するために必要な状況よりも緩やかで足りるとするものとして，山口362頁。

[8] 注（4）掲記の裁判例参照。

[9] 大判大正4年2月10日刑録21輯90頁，最判昭和33年9月9日刑集12巻13号2882頁，最判昭和34年7月24日刑集13巻8号1163頁，福岡高宮崎支判平成14年12月19日判タ1185号338頁。

(2) 義務づけられる作為

本件第1審は，被告人の作為義務を肯定しつつ，結論的には，不作為による幇助犯の成立を否定した。そこで，不作為による幇助犯の成立には，作為義務のほか，いかなる要件が必要なのかが問題となる。

本件第1審が掲げるのは，犯罪の実行をほぼ確実に阻止しえたにもかかわらず，これを放置したこと（②），および，その不作為を作為による幇助と同視しうること（③）である。後者は，控訴審判決においても挙げられているが（❸），第1審判決の最大の特徴は，「罪刑法定主義の見地から……不真正不作為犯を更に拡張する幇助犯の成立には特に慎重な絞りが必要である」ことから，不作為による幇助犯の成立要件として②を要求し，これを前提に，被告人に具体的に要求される作為を，Yの暴行をほぼ確実に阻止しえた行為，すなわちYの暴行を実力をもって阻止する行為に限定した点にある。そして，このことが，最終的には，③の判断にも影響を及ぼしている（後述(3)）。

これに対して，控訴審は，不作為による幇助犯の成立には，第1審が掲げる②の要件は不必要であり，一定の作為によって正犯者の犯罪を防止する可能性で足るとした（❷）。従来，この点について明示的に判示した裁判例は少なく，作為正犯者の犯行を阻止すべき義務を有する者がそれを怠ることにより，犯行の遂行を容易ならしめたのであるから，不作為による幇助犯の刑責を免れないと述べるにとどめるものがほとんどである[10]。せいぜい，大阪高裁平成2年1月23日判決（高刑集43巻1号1頁＝前出注6）が「正犯者の犯罪を防止する法的作為義務のある者が，この義務に違反してその犯罪の防止を怠るとき，当該作為によって正犯者の犯罪を防止する事実的な可能性がある限り，不作為による幇助犯が成立するものと解される」と判示しているのが目につく程度である。他方，本件第1審判決のような立場を明示したものはこれまで知られていない。これに対して，本件以降，本件控訴審のような立場を明示する裁判例が少なからずみられるようになった[11]。

---

10) 最判昭和29年3月2日集刑93号59頁（前出注4），高松高判昭和40年1月12日下刑集7巻1号1頁，大阪地判昭和44年4月8日判時575号96頁，大阪高判昭和62年10月2日判タ675号246頁（前出注4）。

学説においても，作為による幇助犯が正犯行為ないしはその結果を促進すれば足りることを理由に，控訴審判決を支持する見解が一般的である[12]。もっとも，ここで注意すべきなのは，不作為者が負っているのは，あくまでも結果阻止義務ないし犯罪阻止義務なのであるから，義務づけられる作為は，結果を「回避」する，ないしは犯罪の実現を「阻止」する可能性のあるものであることが必要なのであり，結果を回避する可能性はなく，単に犯罪完遂のために作為者が余分な労力を費やすことになるだけの，あるいは，せいぜい法的に意味をもたない程度に結果の発生を遅らせる程度の効果しかもちえない作為は含まれないということである。

さらに，ここで「可能性」とは，どの程度のものを要するかが問題となる。本件控訴審は，既述のように，被告人がＹの側に寄って監視するだけでも（ⓐ），Ｙの暴行を阻止することは可能であり，また，言葉による制止行為によっても（ⓑ），Ｙの暴行を阻止することは相当程度可能であったとして，ⓐおよびⓑも被告人に具体的に要求される作為に含まれるとしたが，そこでは，これらの作為が容易に行いうるものであったことが考慮されている。他方，Ｙの暴行を確実に阻止しえたであろう，実力による阻止行為（ⓒ）については，そのような作為に出た場合には，Ｙの反感を買い，被告人自身も暴行を受けて負傷していた可能性が否定しがたいとしつつも，被告人はＹの暴行を実力により阻止することが著しく困難な状況にあったとはいえないとして，やはり具体的に義務づけられる作為に含まれるとした。

これは，それを行っていれば確実に結果を阻止しえたとまではいえない作為を行うことを刑罰をもって義務づけるためには，それを行うことが相当程度容易であることを要する反面，確実に結果を阻止しうる作為については，

---

11) 広島地判平成16年4月7日公刊物未登載（前出注4），名古屋高判平成17年11月7日高刑速（平17）292頁（前出注4）。

12) 神山① 154頁，高橋則夫「不作為による幇助犯の成否」現刑14号（2000年）102頁，橋本③ 149頁，阿部純二「不作為による従犯に関する最近の判例について」研修639号（2001年）13頁，大塚④ 173頁。反対，中森② 97-8頁，山中⑦ 361頁，曽根威彦「児童虐待と刑法理論——不作為犯における共犯を中心として——」現刑65号（2004年）74頁。

著しく困難とまでいえなければ義務づけうるとする趣旨と解される。すなわち，義務づけうる作為は，それによる結果回避可能性の程度によって一律に決定しうるものではなく，当該作為の容易性，それを行った場合に予想される不作為者に生じる法益侵害の程度と，当該作為によって結果を回避しうる可能性の程度を考慮して，そのような作為を行うことを当該不作為者に要求しうるかどうかを，個別具体的事例ごとに判断していく必要があるように思われる[13]

(3) 作為による幇助犯との同価値性

作為者の犯行を阻止する可能性のある作為を怠れば，当該作為がなされた場合に比して，作為者による犯罪の遂行は通常容易になると評価しうると思われるが，本件第1審および控訴審ともに，さらに，その不作為が作為による幇助と同視できることを，不作為による幇助犯の成立要件としている（③，❸）。そして，両者とも，その判断において，作為義務の程度および要求される作為の容易性を考慮し，第1審は，被告人に課される義務の程度は一定程度強度なものであったというべきであるが，きわめて強度とまではいえず，また，被告人は，本件せっかん当時，Yの暴行を実力により阻止することがきわめて困難な心理状態にあったことから，被告人の不作為を作為による傷害致死幇助罪と同視することはできないとしたのに対して，控訴審は，作為義務の程度はきわめて強度であり，また，前出ⓑおよびⓒのような比較的容易なものを含む作為によってYのAに対する暴行を阻止することが可能であったことから，被告人の行為は作為による幇助犯の場合と同視できると結論づけたのである。

このように，同価値性を独立に問題とすることに対しては，作為義務がまさに作為と不作為の同価値性を基礎づける要件として要求される以上，作為義務とは別に同価値性を問題とする意義を疑問視する見解が主張されてい

---

[13] 単独正犯の場合を念頭においたものであるが，その遂行自体は相当容易である限り，結果回避がある程度見込まれる作為を行うよう命じることは，むしろ法のとるべき態度ではないかと思われるとするものとして，塩見淳「不作為犯論」『刑法の争点〔第3版〕』(2000年) 18頁。

る。前述のように，不作為による幇助犯と不作為単独正犯とで作為義務の発生根拠，要件は同じであるとする立場を前提とすれば，作為義務の存在をもって，直ちに不作為と作為正犯との同価値性が基礎づけられるとまでいえるかには疑問の余地もあるが，少なくとも，本件で問題とされている不作為による幇助犯に関していえば，作為者の犯行を阻止する可能性のある具体的作為が義務づけられるといえれば，それを怠る不作為は，既述のように，作為正犯者の犯行を促進し，容易にしたと評価しうるので，さらに加えて，作為による幇助との同価値性を論じる必要はないように思われる。

　本件において，第１審ないしは控訴審が，被告人が負う作為義務の程度が一定程度強度，あるいは，きわめて強度であったとする根拠として挙げている事情は，Ａの法益の高度の脆弱性，ＹのＡに対する暴行の反復継続性，さらに，そのような状況についての被告人自身の帰責性，および，法益保護の被告人への依存性であり，これらは，被告人に対する事象への介入の要求を高める事情であり，逆に，第１審が，被告人の作為義務の程度はきわめて強度とまではいえないとする根拠として挙げている事情は，そのような要求を弱める事情であるように思われる。つまり，作為義務の程度が意味するところのものは，結果阻止のための一定の作為を行うことを不作為者に要求しうる程度であり，そうすると，結局のところ，第１審ないしは控訴審が，作為による幇助との同価値性を判断する際に考慮している作為義務の程度および作為の容易性は，いずれも，一定の作為を被告人に義務づけることの可否に関わる事柄であるといえ，一定の具体的作為を行うべき義務の存否の問題に解消されることになるように思われる。

　すなわち，第１審が，被告人の作為義務の程度はきわめて強度とまではいえず，しかも，被告人にとってＹの暴行を実力により阻止することがきわめて困難であったとする根拠として挙げている事情が認められるのであれば，そもそも，Ｙの暴行を実力で阻止する義務自体が否定され，その不作為と作為による幇助との同価値性を問題とするまでもなく，不作為による幇助犯の

---

14)　高橋・前掲注（12）102頁，橋本③149頁，大塚④173頁。

成立は否定されることとなろう。

3 不作為による幇助犯と共同正犯との区別

(1) 判例

　裁判例上，作為正犯者による犯罪実現を阻止しなかった不作為者の罪責について，多くのものは，もっぱら，作為義務の有無，作為による幇助犯と同視できるかどうかを論じており，その前提として，（共同）正犯が成立しないことを積極的に理由づけるものはまれである。本件第 1 審および控訴審もまたこのような流れに沿うものといえよう。これに対して，作為者の犯行を阻止しなかった不作為者について，作為者との共同正犯の成立を認めたと解しうる裁判例も存在する。

　たとえば，大阪高裁平成 13 年 6 月 21 日判決（判タ 1085 号 292 頁＝**判例 1**）は，被告人が，1 歳 2 か月の三女 B が泣き止まないことに腹を立て，B の顔面及び腹部を手拳で殴打するなどの暴行を加えたが，夫 X が一向に制止しようとしないことから，B を抱きかかえて隣室のこたつの前に移動し，同児を自分の右肩付近まで持ち上げたまま X の方を振り返り，「止めへんかったらどうなっても知らんから」と申し向けたが，X は，被告人の表情等から同人が B をこたつの天板に叩きつけようとしていることに気付きながら，嫌悪していた B を被告人に殺害させる意図から，黙ったまま顔を背けたところ，それをみた被告人は，X が自分を制止する気がなく，自分に B を殺害させようとしていると理解して，B をこたつの天板に強打することを決意し，B をこたつの天板目がけて叩きつけ，殺害した事案につき，「X においても，被告人と並んで B の親権者でその保護者たる実父であり，本件犯行当時，その場には，

---

15) わずかに，大阪高裁昭和 62 年 10 月 2 日判決（判タ 675 号 246 頁＝前出注 4）が，「被告人に課せられる前示のような作為義務の根拠及び性質，並びに被告人の意図が前示のように甲の殺害を積極的に意欲したものではなく，単に，これを予測し容認していたに止まるものであること等諸般の事情を総合して考察すると，本件における被告人の行為を，作為によつて人を殺害した場合と等価値なものとは評価し難く，これを不作為による殺人罪（正犯）に問擬するのは，相当ではない」と判示しているのが目につく程度である。

乳幼児らを除くと，被告人の本件犯行を制止することができる立場にあったのは，自分ただ一人であったものであるところ，こたつの前に立ってBを右肩付近にまで抱え上げて，自分の方を向いた被告人がBをこたつの天板に叩きつけようとしているのを十分理解し，被告人の前記の発言の意味するところも知悉し，しかも，その際，被告人が自分に制止して欲しいという気持ちを有していることまでをも熟知しながら，自らもBに死んで欲しいという気持ちから，被告人と一旦合った目を逸らし，あえて被告人を制止しないという行動に出ることによって，被告人がBをこたつの天板に叩きつけて殺害することを容認したといえるのであって，以上によれば，Bをこたつの天板に叩きつけるという方法によって，同児を殺害することについて，この時点において，暗黙の共謀が成立したと認めるのが相当というべきである」として，被告人とXとの殺人罪の共同正犯を肯定した。

　また，東京高裁平成20年6月11日判決（判タ1291号306頁＝**判例2**）は，被告人が，その二男C（当時3歳）に暴行を加えたうえ，下半身裸のまま屋外に出し，約1時間程して家の中に入れた後，被告人方を訪れたXが，Cに対し，その後頭部を床等に打ち付けるなどの暴行を加え死亡させた際，被告人は，手を出さないでとXに声をかけたのみで，Xの暴行を阻止する何らの具体的措置も講じなかった事案において，「被告人が先行する暴行を加えていない……場合……とは異なり，先行行為としてこれだけの暴行等を加えた者については，その暴行により被害者に生じた具体的危険な状況を自ら解消すべき義務があるから，他の者によるさらなる暴行を積極的に阻止すべき義務があ」り，しかも，被告人は，「少なくとも，XがCに手を出すこと自体は認容していたとみるほかな」く，「その後に行われたXの暴行……の態様は被告人が十分予想し得る範囲内のものであった」こと，また，「被告人がXの暴行を止めることは，事前はもとより，その途中でも可能であった」ことなどから，「被告人の責任は，幇助犯に止まるものではなく，不作為の正犯者のそれに当たるというべきであ」り，「顔を殴らないというXの言葉に対して，被告人がこれを了解した時点において，Xの作為犯と被告人の不作為犯との共同意思の連絡，すなわち共謀があったと認められる」とした。

さらに，東京高裁平成20年10月6日判決（判タ1309号292頁＝**判例3**）[16]は，Zらによる D に対する暴行およびその後の殺害の現場に同行したが実行行為を行わなかった X および Y の罪責が問題となった事案において，X については，Dに強姦されたという，事実とは異なる X の発言が契機となって Z らの暴行の犯意が発生したこと，X は，Zらが D に暴力を振るう可能性があることを十分認識しながら D を呼び出しており，身体に対する危険の及ぶ可能性のある場所に D を誘い入れたといえること，また，X 以外の者は，X の発言を信じた結果，D に対して怒りを持っており，危険が生じた際に D を救うことのできる者は X のほかにはいなかったことなどから，X は，本当は強姦などされていないという事実を説明して犯行の阻止に努めるべきであったとし，他方，Y についても，X の言葉が本当だと信じていた点は X と異なるが，D が一度痛い目にあったほうがいいと積極的に思っていたこと，X から話を聞いて，X を大声で叱るなどして Z らが聞き付ける素地を作り出したうえ，Z の怒る言動等を認識しながらも，D の呼び出しを求めるなどして，これを押し進めており，X と同様，身体に危険の及ぶ可能性のある場所に D を積極的に誘い入れたといえることなどから，警察や知人等に通報するなどして犯行の阻止に努めるべきであったとして，両名につき，殺人の不作為による共同正犯の成立を肯定した。

しかし，まず，**判例1**については，X は，被告人に対して，暴行を加えてでも B を黙らせろという趣旨で，「うるさいんじゃ，何でもいいから黙らせ。」などと発言し，被告人においてもそのような X の発言の趣旨を十分理解したうえで，B に対して，あやすなどの行動は一切とらないまま，いきなりその腹部を殴打するなどの激しい暴行を加え始めたこと，被告人の行為を阻止せず黙ったまま顔を背けるという X の態度を見て被告人が B をこたつの天板に強打することを決意したことからすれば，X につき，不作為ではなく作為による（広義の）共犯の成立が検討されるべきであったように思われる。もっ

---

[16] 評釈として，岩間康夫「判批」愛大185号（2010年）29頁，丸山嘉代「判批」警論64巻2号（2011年）173頁。

とも，注意すべきは，**判例1**は，Xを被告人とするものではないということである。Xを被告人としてその罪責を判断したのは，大阪高裁平成13年9月21日判決（裁判所ウェブサイト）であり，そこでは，「Y（**判例1の被告人**〔筆者注〕）において泣きやまない同児を布団に数回叩き付けるなどしたうえ，被告人（**判例1のX**〔同〕）と意思を相通じ合い，同児を自己の肩付近まで持ち上げて，こたつの天板に叩き付けて同児の後頭部を強打させて死亡するに至らせた」と簡潔に説示されるにとどまり，Yの犯行を作為と捉えているようにも読める。

また，**判例2**も，Xの暴行を阻止しなかった不作為のみをとらえて，Xの作為と被告人の不作為との共同正犯を認めたものというには疑問の余地がある。罪となるべき事実は，被告人がCに対して暴行を加えた後，被告人方を訪れたXと共謀のうえ，XにおいてCに暴行を加え，よってCに急性硬膜下血腫等の傷害を負わせ，当該傷害により死亡させたとなっており，**判例2**は，当初被告人の単独作為正犯として始まった暴行に，途中からXが共同正犯者として加わり，相前後する両者の暴行があいまってC死亡の結果が発生したものとして処理されていると解され，作為者の犯行を阻止しなかった不作為のみが結果帰責対象となる場合と一様には論じえない点に注意を要するように思われる。

以上に対し，**判例3**においては，たしかに，Xにつき，傷害の限度では，犯罪阻止義務を認め，その違反につき共同正犯の成立を肯定することは可能かもしれない。すなわち，㋐身体に危険の及ぶ可能性のある場所にDを誘い入れたことに加え，㋑危険が生じた際にDを救うことのできる者はXのみであったことから，犯罪阻止義務が認められ，また，Xの虚偽の発言がなければZらがDに暴行を加える理由はないのであるから，本当のことを告げるだけでその犯行意思を喪失させ，ほぼ確実にZらの暴行を阻止することが可能であったといえることから，その不作為を共同正犯と評価する余地もあろう。これに対し，殺害については，Zらは，いったんはDを病院に行かせるために解放したあと，犯行発覚を防ぐ目的で殺害を決意したものであって，当初の暴行がエスカレートした結果殺害に及んだという場合であればともか

く，このような新たな決意に基づく作為者の犯行についてまで，Xに阻止義務を認めうるか，あるいはその違反につき共同正犯として責任を負わせてよいか，なお疑問が残る。他方，Yについては，Xの話を信じていた点で，Xとは異なり，そもそも上記④のような状況が存在せず，たしかに⑦は認められるが，それだけを根拠に，Zらの犯行を阻止すべき義務を肯定しうるかは疑問である。むしろ，Yについては，Zらと同じく自らもDに対して怒りを感じ，Dの呼び出しをXに求めるなどしたのであるから，作為による共犯の成否が検討されるべきであったように思われる。

(2) 学説

本件のように，作為正犯者の犯罪行為を作為義務者が阻止しなかった場合，学説においても，原則として不作為による幇助犯の成立を認める見解が多数を占めている。これは，犯罪事象に対して現実の作用を有する作為と比較すれば，潜在的な作用可能性を有するにすぎない不作為は，従属的な役割を果たすにとどまるという考えに基づくものと思われる。しかし，このような作為と不作為との相違ゆえに，不作為犯の成立には作為義務が要求されるのであるから，作為正犯と競合する不作為を常に幇助犯と評価するのは疑問である。

逆に，犯罪阻止義務を負う者が作為を怠り，犯罪事実が実現した場合には，不作為犯の成立要件は充足されているのであるから，正犯の成立を否定する理由はないとして，身分犯における身分や領得罪における不法領得の意思のような，作為義務以外の正犯要素を欠く場合以外は，原則として正犯とする見解も，今日有力に主張されるようになっている。しかし，前述のように，不作為による幇助犯と不作為単独正犯とで作為義務の発生根拠，要件は同じ

---

17) 門田成人「判批」法セ666号（2010年）123頁。
18) 西村克彦『共犯の分析』（1966年）110頁，宮澤浩一『刑法の思考と論理』（1975年）109頁，植田重正『共犯論上の諸問題』（1985年）187頁，内田文昭「不作為の幇助——大阪高判平成2年1月23日（本誌731号244頁）——」判タ766号（1991年）93頁，同・概要（中）506頁，山中⑦331頁，曽根⑨411頁以下，山口361-2頁，大塚321頁，大谷447頁など。
19) 阿部・前掲注（12）9頁，井田492-3頁，葛原力三「演習刑法」法教359号（2010年）147頁。

であるとする立場を前提とすれば，作為義務の存在をもって直ちに正犯性の要件が充足されているとまでいえるかには疑問の余地がある。[20]不作為処罰の基礎が作為義務違反であるならば，なすべきであった具体的作為に着目して，その関与形態を区別することが考えられるように思われる。[21]

例えば，（ア）「要求される作為が犯罪実現過程に及ぼす現実的影響」，ないしは，「作為による犯罪事実の中核部分への作用可能性」に応じて正犯と共犯を区別する見解[22]，あるいは，（イ）相互の精神的・意思的関係を考慮して，なすべき作為をしていたならば，相手がどの程度の影響を受けたかによって区別され，それが大幅ならば共同正犯であるとする見解が主張されている。[23]要求される作為が犯罪実現過程や相手に及ぼす影響が大きければ，当該作為がなされなかった場合には，なされた場合に比して，犯罪実現にとっての大きな障害が取り除かれたこととなり，その不作為の犯罪実現にとっての寄与は重要であったと評価しうるので，その不作為は幇助犯にとどまるものではなく，作為との共同正犯であるといってよいであろう。[24]このような見解に対しては，どの程度の作用可能性ないしは影響があれば幇助犯ではなく共同正犯となるのかが不明確であるとの批判が予想されるが[25]，このような不明確性は，

---

20) 林⑥320頁，曽根⑨413頁。
21) 内海朋子「不作為の幇助をめぐる問題について」法政論究56号（2003年）11, 16頁。
22) 橋本③149頁。
23) 林440頁，同「共犯と作為義務——最高裁平成17年7月4日決定を契機として——」上法49巻3・4号（2006年）65頁。
24) これに対して，同じく，犯罪実現にとって重要な寄与を行ったか否かという基準により共同正犯と幇助犯を区別する立場を前提に，不作為には客観的な因果的寄与は認められないことから，その心理的因果性に着目し，不作為者が作為者に対して犯行実現に向けて決定的ともいえるような心理的影響を圧力を伴って与えている場合には，不作為者を共同正犯とすべきであるとする見解が主張されている（島田⑧64号60頁）。しかし，不作為者が作為者に現実に与えている心理的影響を問題とするのであれば，それは，不作為ではなく作為ではないかという疑問が生じる（林・前掲注(23)65頁）。むしろ，作為者による犯行を阻止しなかった不作為を問題とするのであれば，論者のいうような作為者に対する心理的影響の存在は，そのような影響を有する者が犯行を阻止する言動に出れば，作為者の実行意思が消滅ないしは大幅に減殺されたであろうといえるがゆえに，その不作為は幇助ではなく共同正犯と評価されることとなるという形で意味をもつように思われる。

不作為犯の場合に限ったものではないように思われる。

なお，前記（イ）説は，もっぱら，作為者の意思への影響を問題としているが，作為者の犯行を阻止する作為としては，実力で物理的に犯行を阻止する場合と，作為者の意思に働きかけて犯行の遂行をやめさせる場合がありえ，前者の場合は，作為者の意思への影響は不可欠ではなく，たとえ作為者の意思への影響が小さくても，要求される作為が犯罪実現過程に及ぼす物理的影響が大きければ，共同正犯の成立を肯定してよいであろう。[26]

【参考文献】
本件の解説・評釈として
①神山敏雄「判批」平成11年度重判解（2000年）
②中森喜彦「判批」現刑29号（2001年）
③橋本正博「判批」平成12年度重判解（2001年）
④大塚裕史「判批」百選6版

不作為による共犯について
⑤神山敏雄『不作為をめぐる共犯論』（1994年）
⑥林幹人「不作為による共犯」齊藤古稀
⑦山中敬一「不作為による幇助」齊藤古稀
⑧島田聡一郎「不作為による共犯について（1）（2・完）」立教64号（2003年），同65号（2004年）
⑨曽根威彦「不作為犯と共同正犯」神山古稀（1）
⑩西田典之「不作為による犯罪への関与について」神山古稀（1）

（齊藤彰子）

---

25) なお，不作為の同時正犯と幇助犯との区別に関しては，不作為者が作為に出ていれば「確実に」結果を回避できたであろう場合には不作為の同時正犯，結果発生を「困難にした可能性」がある場合には不作為による幇助犯と解すべきとする見解も主張されている（西田⑩439-40頁）。しかし，作為正犯者の犯行を阻止しなかった不作為者に同時正犯が成立しない場合であっても，作為者との共同正犯が成立する余地を認める立場からは，作為の共同正犯との対比から，不作為による共同正犯の成立に確実な犯罪阻止可能性まで要求すべきではないこととなろう（林⑥322頁以下）。

26) もちろん，実力で物理的に犯行を阻止する行為に出る場合であっても，それによって作為者が犯罪遂行意思を喪失した結果，犯罪行為をやめるという場合が多いであろうが，犯行意思が減殺されない場合であっても，物理的に犯行の遂行を不可能にする作為が可能であったのであれば，共同正犯としてよいように思われる。

判例索引

※太字は表題判例

明治

大判明治 24 年 4 月 27 日刑録明 24 年 4 月〜9 月 45 頁 …………………………………… 244

大判明治 29 年 3 月 3 日刑録 2 輯 3 巻 10 頁 …………………………………………… 244

大判明治 32 年 3 月 14 日刑録 5 輯 3 巻 64 頁 …………………………………………… 229

大判明治 37 年 12 月 20 日刑録 10 輯 2415 頁 …………………………………………… 228

大判明治 43 年 4 月 28 日刑録 16 輯 760 頁 …………………………………………… 111

大判明治 44 年 10 月 12 日刑録 17 輯 1672 頁 …………………………………………… 198

大正

大判大正元年 11 月 8 日刑録 18 輯 1445 頁 …………………………………………… 114

大判大正 2 年 11 月 7 日刑録 19 輯 1140 頁 …………………………………………… 236

大判大正 2 年 11 月 8 日刑録 19 輯 1212 頁 …………………………………………… 218

大判大正 3 年 6 月 19 日刑録 20 輯 1258 頁 …………………………………………… 244

大判大正 3 年 7 月 24 日刑録 20 輯 1546 頁 …………………………………………… 202

大判大正 3 年 9 月 25 日刑録 20 輯 1648 頁 …… 68

大判大正 4 年 2 月 10 日刑録 21 輯 90 頁 …………………………………………… 32,34,293

大判大正 6 年 9 月 10 日刑録 23 輯 999 頁 …………………………………………… 196,198,199

大判大正 7 年 11 月 16 日刑録 24 輯 1352 頁 …………………………………………… 178

大判大正 9 年 3 月 29 日刑録 26 輯 4 巻 211 頁 …………………………………………… 115

大判大正 11 年 4 月 18 日刑集 1 巻 233 頁 …… 244

大判大正 13 年 8 月 5 日刑集 3 巻 611 頁 …… 124

大判大正 14 年 12 月 15 日新聞 2524 号 5 頁 …83

大判大正 15 年 12 月 23 日刑集 5 巻 584 頁 …………………………………………… 249

昭和 2〜4 年

大判昭和 2 年 7 月 4 日裁判例（2）刑 17 頁 …………………………………………… 218

大判昭和 2 年 10 月 25 日新聞 2762 号 11 頁 …………………………………………… 215

大判昭和 3 年 3 月 9 日刑集 7 巻 172 頁 …… 292

大判昭和 4 年 9 月 17 日刑集 8 巻 446 頁 …… 214

昭和 11〜13 年

大判昭和 11 年 3 月 6 日刑集 16 巻 272 頁 …218

大連判昭和 11 年 5 月 28 日刑集 15 巻 715 頁 …………………………………………… 245

大判昭和 12 年 6 月 25 日刑集 16 巻 998 頁 …………………………………………… 215,216,217

大判昭和 12 年 9 月 21 日刑集 16 巻 1303 頁 …………………………………………… 218

大判昭和 13 年 11 月 18 日刑集 17 巻 839 頁 …………………………………………… 260

昭和 23〜29 年

最判昭和 23 年 1 月 15 日刑集 2 巻 1 号 4 頁 …………………………………………… 245

最判昭和 23 年 3 月 30 日刑集 2 巻 3 号 273 頁 …………………………………………… 5

最判昭和 23 年 5 月 1 日刑集 2 巻 5 号 435 頁 …………………………………………… 111,114

最大判昭和 23 年 7 月 7 日刑集 2 巻 8 号 793 頁 …………………………………………… 71

最判昭和 23 年 10 月 23 日刑集 2 巻 11 号 1386 頁 …………………………………………… 111,116

最判昭和 23 年 11 月 30 日集刑 5 号 525 頁 …………………………………………… 249

最判昭和 24 年 5 月 17 日集刑 10 号 177 頁 …………………………………………… 210

最判昭和 24 年 7 月 9 日刑集 3 巻 7 号 1173 頁 …………………………………………… 219

最判昭和 24 年 8 月 18 日刑集 3 巻 9 号 1465 頁 …………………………………………… 59

最判昭和 24 年 11 月 10 日集刑 14 号 503 頁 …………………………………………… 249

最判昭和 24 年 12 月 17 日刑集 3 巻 2 号 2028 頁 …………………………………………… 273,274

最判昭和 25 年 4 月 11 日集刑 17 号 87 頁 …………………………………………… 111,114

最判昭和 25 年 7 月 11 日刑集 4 巻 7 号 1261 頁 …………………………………………… 111,114

最判昭和 25 年 8 月 31 日刑集 4 巻 9 号 1593 頁 …………………………………………… 198

東京高判昭和 25 年 9 月 14 日高刑集 3 巻 3 号
407 頁 ………………………………………… 276
最判昭和 25 年 10 月 10 日刑集 4 巻 10 号 1965
頁 …………………………………… 111,114
最判昭和 25 年 11 月 9 日刑集 4 巻 11 号 2239 頁
………………………………………… 14,17
最判昭和 26 年 1 月 17 日刑集 5 巻 1 号 20 頁
………………………………………………… 170
広島高判昭和 26 年 3 月 8 日判特 20 号 12 頁
………………………………………………… 85
最判昭和 26 年 11 月 15 日刑集 5 巻 12 号 2354
頁 …………………………………………… 124
仙台高判昭和 27 年 2 月 29 日判特 22 号 106 頁
………………………………………………… 229
仙台高判昭和 27 年 9 月 27 日判特 22 号 178 頁
………………………………………………… 229
東京高判昭和 27 年 12 月 26 日高刑集 5 巻 13 号
2645 頁 …………………………………… 124
福岡高判昭和 28 年 1 月 12 日高刑集 6 巻 1 号 1
頁 ……………………………………… 276,278
福岡高判昭和 28 年 11 月 10 日判特 26 号 58 頁
……………………………………… 198,200
最決昭和 28 年 12 月 24 日刑集 7 巻 13 号 2646
頁 …………………………………… 167,169
最大判昭和 29 年 1 月 20 日刑集 8 巻 1 号 41 頁
………………………………………………… 210
最判昭和 29 年 3 月 2 日集刑 93 号 59 頁
……………………………………… 292,294
福岡高判昭和 29 年 5 月 29 日判特 26 号 93 頁
………………………………………………… 219
東京高判昭和 29 年 6 月 16 日東高刑時報 5 巻 6
号 236 頁 ………………………………… 199
大阪高判昭和 29 年 7 月 14 日高刑特 1 巻 4 号
133 頁 ……………………………………… 49
広島高松江支判昭和 29 年 12 月 13 日高刑集 7
巻 12 号 1781 頁 ………………………… 229

昭和 31～39 年

名古屋高判昭和 31 年 2 月 10 日高刑集 9 巻 4 号
325 頁 ……………………………………… 293
名古屋高判昭和 31 年 4 月 19 日高刑集 9 巻 5 号
411 頁 ………………………… 166,168,169,170
大阪高判昭和 31 年 4 月 26 日高刑集 9 巻 3 号
317 頁 …………………………………… 112,114
広島高判昭和 31 年 6 月 18 日高刑特 3 巻 12 号
625 頁 ……………………………………… 87
東京高判昭和 31 年 6 月 20 日高刑特 3 巻 13 号
646 頁 ……………………………………… 219
水戸地土浦支判昭和 31 年 7 月 1 日（刑集 13 巻
1 号 12 頁）………………………………… 83
最判昭和 32 年 1 月 22 日刑集 11 巻 1 号 31 頁
………………………………………………… 71
最決昭和 32 年 9 月 10 日刑集 11 巻 9 号 2202 頁
………………………………………………… 219
最決昭和 32 年 10 月 18 日刑集 11 巻 10 号 2675
頁 …………………………………………… 260
仙台高判昭和 32 年 10 月 22 日高刑特 4 巻 20 号
542 頁 ……………………………………… 85
東京高判昭和 33 年 2 月 24 日高刑集 11 巻 1 号
43 頁 ……………………………………… 83
浦和地判昭和 33 年 3 月 28 日判時 146 号 33 頁
………………………………………………… 262
最大判昭和 33 年 5 月 28 日刑集 12 巻 8 号 1718
頁 ……………………………… 244,245,249,251,252
大阪高判昭和 33 年 6 月 10 日高刑特 5 巻 7 号
270 頁 ……………………………………… 219
最判昭和 33 年 9 月 9 日刑集 12 巻 13 号 2882 頁
………………………………………………… 293
最判昭和 34 年 2 月 5 日刑集 13 巻 1 号 1 頁
………………………………………… 82,86,88
福岡地飯塚支判昭和 34 年 2 月 17 日下刑集 1 巻
2 号 399 頁 ……………………………… 219
広島高判昭和 34 年 2 月 27 日高刑集 12 巻 1 号
36 頁 ……………………………………… 263
大阪地判昭和 34 年 4 月 15 日下刑集 1 巻 4 号
1026 頁 …………………………………… 87
福岡高判昭和 34 年 5 月 22 日判時 193 号 33 頁
………………………………………………… 87
最判昭和 34 年 7 月 24 日刑集 13 巻 8 号 1163 頁
……………………………………………… 32,293
最大判昭和 34 年 8 月 10 日刑集 13 巻 9 号 1419
頁 …………………………………………… 246
広島高判昭和 35 年 6 月 9 日高刑集 13 巻 5 号
399 頁 ……………………………………… 96
佐賀地判昭和 35 年 6 月 27 日下刑集 2 巻 5＝6
号 938 頁 ………………………………… 219
東京高判昭和 35 年 7 月 15 日下刑集 2 巻 7＝8
号 989 頁 ………………………………… 114
最決昭和 35 年 9 月 29 日集刑 135 号 503 頁
……………………………………… 37,111,114,262
最決昭和 35 年 10 月 18 日刑集 14 巻 12 号 1559
頁 …………………………………………… 201
盛岡地一関支判昭和 36 年 3 月 1 日下刑集 3 巻
3＝4 号 252 頁 …………………………… 96
広島高判昭和 36 年 7 月 10 日高刑集 14 巻 5 号
310 頁 ……………………………………… 202
東京高判昭和 36 年 7 月 18 日高刑集 14 巻 4 号
250 頁 ……………………………………… 202

判例索引　*307*

甲府地判昭和36年7月19日下刑集3巻7＝8号715頁 …………………………………… 68
最判昭和37年3月23日刑集16巻3号305頁 ……………………………… 196, 201
東京高判昭和37年4月24日高刑集15巻4号210頁 ………………………………… 199
横浜地判昭和37年5月30日下刑集4巻5＝6号499頁 …………………………………… 32
東京高判昭和39年8月5日東高刑時報15巻7＝8号173頁 ……………………… 219
静岡地判昭和39年9月1日下刑集6巻9＝10号1005頁 ………………………………… 188

昭和40～49年

高松高判昭和40年1月12日下刑集7巻1号1頁 ……………………………………… 294
最決昭和40年3月9日刑集19巻2号69頁 ………………………………… 178, 179
大阪地判昭和40年4月23日下刑集7巻4号628頁 ………………………………… 19
東京地判昭和40年4月28日下刑集7巻4号766頁 ……………………………… 212
大阪高判昭和40年6月7日下刑集7巻6号1166頁 …………………………… 49, 50
東京高判昭和40年9月30日下刑集7巻9号1828頁 ……………………………… 33
最決昭和41年7月7日刑集20巻6号554頁 ……………… 91, 93, 100, 101, 104, 105
東京地八王子支判昭和41年10月15日（刑集22巻2号70頁） ……………………… 158
東京高判昭和41年10月26日（刑集21巻8号1123頁） ………………………………… 6
大阪高判昭和42年3月30日下刑集9巻3号220頁 ……………………………… 87
東京高判昭和42年6月23日（刑集22巻2号74頁） ……………………………… 159
岐阜地大垣支判昭和42年10月3日下刑集9巻10号1303頁 ……………………… 32
最決昭和42年10月24日刑集21巻8号1116頁 ……………………… 4, 6, 7, 9, 10, 12
最決昭和43年2月27日刑集22巻2号67頁 …………………………………… **158**
大阪地判昭和43年4月26日判タ225号237頁 ……………………………………… 200
名古屋地岡崎支判昭和43年5月30日下刑集10巻5号580頁 …………………… 33
大阪高判昭和44年4月8日判時575号96頁 ……………………………………… 294
盛岡地判昭和44年4月16日刑月1巻4号434頁 ……………………………………… 33
名古屋地判昭和44年6月25日判時589号95頁 ……………………………………… 179
東京高判昭和44年9月17日高刑集22巻4号595頁 ……………………………… 124
大阪高判昭和44年10月17日判タ244号290頁 ………………………… 216, 217
高松高判昭和44年11月27日高刑集22巻6号901頁 ……………………………… 169
最判昭和44年12月4日刑集23巻12号1573頁 ……………………………… 63, 93
福岡地飯塚支判昭和45年3月25日刑月2巻3号292頁 ………………… 112, 114
大阪地判昭和45年6月11日判タ259号319頁 ……………………………………… 180
最決昭和45年7月28日刑集24巻7号585頁 ……………… 178, 179, 180, 182, 183
名古屋高判昭和45年8月25日刑月2巻8号789頁 ……………………………… 101
浦和地判昭和45年10月22日刑月2巻10号1107頁 ……………………………… 32
福岡地久留米支判昭和46年3月8日判タ264号403頁 ……………………………… 33
東京高判昭和46年4月6日東高刑時報22巻4号156頁 ……………………………… 279
前橋地高崎支判昭和46年9月17日判時646号105頁 ………………………… 33, 35
最判昭和46年11月16日刑集25巻8号996頁 ……………………………… 59, 61, 69
最決昭和47年4月21判時666号93頁 ……… 5
広島高判昭和47年12月20日判月4巻12号1995頁 ……………………… 14, 17, 18, 20
東京高判昭和48年3月26日高刑集26巻1号85頁 ……………………………… 264
広島地判昭和49年4月3日判タ316号289頁 ……………………………………… 188
名古屋地判昭和49年11月20日判月6巻11号1125頁 ………………………… 231, 232

昭和50～59年

最判昭和50年11月28日刑集29巻10号983頁 …………………………………… 62
浦和地判昭和51年3月1日公刊物未登載 ………………………… 207, 221
大阪地判昭和51年3月4日判時822号109頁 ………………………… 167, 169, 170
最判昭和51年3月16日刑集30巻2号146頁 ……………………… 193, 201
東京高判昭和51年6月1日高刑集29巻2号

301 頁 ……………………………… 124
東京高判昭和 51 年 7 月 14 日判時 834 号 106 頁
　………………………………………… 207
松江地判昭和 51 年 11 月 2 日刑月 8 巻 11＝12
　号 495 頁 ……………………………… 276,278
東京地判昭和 51 年 12 月 9 日判時 864 号 128 頁
　…………………………………………… 279
鹿児島地判昭和 52 年 7 月 7 日刑月 9 巻 7＝8 号
　439 頁 ……………………………… 112,114
最決昭和 52 年 7 月 21 日刑集 31 巻 4 号 747 頁
　……………………………… 59,69,70,71,72
横浜地川崎支判昭和 52 年 9 月 19 日刑月 9 巻 9
　＝10 号 739 頁 ………………………… 219
大阪地判昭和 52 年 12 月 26 日判時 893 号 104
　頁 ……………………………………… 49,50
最決昭和 54 年 3 月 27 日刑集 33 巻 2 号 140 頁
　…………………………… 108,112,113,114,115,117
最決昭和 54 年 4 月 13 日刑集 33 巻 3 号 179 頁
　………………………………… 37,113,262
東京高判昭和 54 年 5 月 15 日判時 937 号 123 頁
　…………………………………………… 170
岡山地津山支決昭和 55 年 3 月 25 日（刑集 34
　巻 6 号 402 頁）………………………… 41,50
広島高岡山支決昭和 55 年 6 月 25 日（刑集 34
　巻 6 号 406 頁）………………………… 41,50
東京高判昭和 55 年 9 月 26 日高刑集 33 巻 5 号
　359 頁 …………………………………… 124
東京高判昭和 55 年 11 月 12 日判時 1023 号 134
　頁 ………………………………………… 87
最決昭和 55 年 11 月 13 日刑集 34 巻 6 号 396 頁
　…………………………………………… 40
東京地判昭和 56 年 3 月 11 日刑月 13 巻 3 号
　188 頁 …………………………………… 14,16
横浜地判昭和 56 年 7 月 17 日判時 1011 号 142
　頁 ……………………………… 263,264,265
大阪高判昭和 56 年 9 月 30 日高刑集 34 巻 3 号
　385 頁 …………………………………… 169
京都地判昭和 57 年 2 月 17 日判タ 468 号 173 頁
　…………………………………………… 85
大阪地判昭和 57 年 4 月 6 日判タ 477 号 221 頁
　…………………………………………… 181
東京地八王子支判昭和 57 年 12 月 22 日判タ
　494 号 142 頁 …………………………… 33
横浜地判昭和 58 年 7 月 20 日判時 1108 号 138
　頁 ………………………………………… 188
大阪高判昭和 58 年 8 月 23 日判時 1106 号 158
　頁 ………………………………………… 200
最決昭和 58 年 9 月 21 日刑集 37 巻 7 号 1070 頁
　……………………………… 227,230,232,233
大阪高判昭和 58 年 10 月 21 日判時 1113 号 142
　頁 ………………………………………… 87
宮崎地都城支判昭和 59 年 1 月 25 日判タ 525 号
　302 頁 …………………………………… 219
千葉地判昭和 59 年 2 月 7 日判時 1127 号 159 頁
　………………………………………… 90,93
大阪高判昭和 59 年 6 月 21 日判タ 537 号 256 頁
　…………………………………………… 216
最決昭和 59 年 7 月 6 日刑集 38 巻 8 号 2793 頁
　…………………………………………… 17
札幌地判昭和 59 年 9 月 3 日刑月 16 巻 9＝10 号
　701 頁 ……………………… 122,131,133,134
東京高判昭和 59 年 11 月 22 日高刑集 37 巻 3 号
　414 頁 ………………………… 91,93,105,106

昭和 60〜63 年

札幌高判昭和 60 年 3 月 12 日（刑集 41 巻 5 号
　247 頁）…………………… 122,130,131,133,134
東京高判昭和 60 年 6 月 20 日判時 1162 号 168
　頁 ………………………………………… 70
福岡高判昭和 60 年 7 月 8 日刑月 17 巻 7＝8 号
　635 頁 …………………………………… 70
横浜地川崎地判昭和 60 年 8 月 20 日刑集 40 巻
　4 号 287 頁 ……………………………… 107
東京高判昭和 60 年 12 月 27 日刑集 40 巻 4 号
　291 頁 …………………………………… 107
福岡高判昭和 61 年 3 月 6 日高刑集 39 巻 1 号 1
　頁 ………………………………………… 219
最決昭和 61 年 6 月 9 日刑集 40 巻 4 号 269 頁
　…………………………………………… 107
浦和地判昭和 61 年 6 月 10 日判時 1199 号 160
　頁 ………………………………………… 70
大阪地判昭和 61 年 9 月 26 日公刊物未登載
　…………………………………………… 255
仙台地判昭和 62 年 2 月 18 日判タ 632 号 254 頁
　…………………………………………… 52
最決昭和 62 年 3 月 26 日刑集 41 巻 2 号 182 頁
　…………………………………………… 90
大阪高判昭和 62 年 7 月 10 日高刑集 40 巻 3 号
　720 頁 …………………………………… 255
最決昭和 62 年 7 月 16 日刑集 41 巻 5 号 237 頁
　…………………………………………… 120
東京高判昭和 62 年 7 月 16 日判時 1247 号 140
　頁 ……………………………… 212,213,219
東京地判昭和 62 年 7 月 27 日（刑集 43 巻 6 号
　575 頁）………………………………… 268
大阪高判昭和 62 年 10 月 2 日判タ 675 号 246 頁
　……………………………………… 292,294,298
岐阜地判昭和 62 年 10 月 15 日判タ 654 号 261

判例索引　*309*

頁 ……………………………………… **191**
最判昭和 63 年 1 月 29 日刑集 42 巻 1 号 38 頁
……………………………………… **181**
東京地判昭和 63 年 4 月 5 日判タ 668 号 223 頁
………………………………………… **69**
東京高判昭和 63 年 7 月 13 日高刑集 41 巻 2 号
259 頁 ……………………………… **268**

平成元〜9 年
最決平成元年 6 月 26 日刑集 43 巻 6 号 567 頁
……………………………………… **268**
大阪高判平成 2 年 1 月 23 日高刑集 43 巻 1 号 1
頁 ………………………………… **293, 294**
名古屋高判平成 2 年 7 月 17 日判タ 739 号 243
頁 ………………………………… **213, 219**
最決平成 2 年 11 月 20 日刑集 44 巻 8 号 1116 頁
………………………………… **4, 9, 10, 11**
長崎地判平成 4 年 1 月 14 日判時 1415 号 142 頁
………………………………… **170, 187**
浦和地判平成 4 年 2 月 27 日判タ 795 号 263 頁
……………………………………… **219**
最決平成 4 年 12 月 17 日刑集 46 巻 9 号 683 頁
………………………………………… **12**
東京地判平成 5 年 1 月 11 日判時 1462 号 159 頁
……………………………………… **105**
津地判平成 5 年 4 月 28 日判タ 819 号 201 頁
………………………………………… **85**
東京高判平成 6 年 5 月 31 日判タ 1534 号 141 頁
………………………………………… **87**
最判平成 6 年 12 月 6 日刑集 48 巻 8 号 509 頁
………………………………… **84, 280, 281**
大阪高判平成 7 年 3 月 31 日判タ 887 号 259 頁
………………………………………… **70**
名古屋地判平成 7 年 6 月 6 日判時 1541 号 144
頁 …………………………………… **114**
名古屋地判平成 7 年 7 月 11 日判時 1539 号 143
頁 …………………………………… **87**
東京地判平成 7 年 10 月 9 日判タ 1598 号 155 頁
………………………………… **271, 272**
東京地判平成 7 年 10 月 13 日判時 1579 号 146
頁 …………………………………… **280**
大阪高判平成 7 年 11 月 9 日高刑集 48 巻 3 号
177 頁 ……………………………… **231**
東京地判平成 8 年 2 月 7 日判時 1568 号 145 頁
………………………………………… **70**
東京地判平成 8 年 3 月 28 日判時 1596 号 125 頁
………………………………… **217, 219**
東京高判平成 8 年 8 月 7 日東高刑時報 47 巻
1〜12 号 103 頁 …………………… **266**

大阪地判平成 8 年 11 月 12 日判時 1590 号 159
頁 …………………………………… **87**
最判平成 8 年 11 月 18 日刑集 50 巻 10 号 745 頁
……………………………………… **129**
東京高判平成 8 年 11 月 19 日東高刑時報 47 巻
1〜12 号 125 頁 …………………… **261**
東京地判平成 9 年 2 月 19 日判時 1610 号 151 頁
………………………………………… **87**
最判平成 9 年 6 月 16 日刑集 51 巻 5 号 435 頁
………………………………………… **87**
大阪高判平成 9 年 6 月 18 日判時 1610 号 155 頁
……………………………………… **219**
大阪高判平成 9 年 6 月 25 日判タ 985 号 296 頁
……………………………………… **101**
大阪高判平成 9 年 8 月 29 日判タ 983 号 283 頁
………………………………………… **87**
東京地判平成 9 年 9 月 5 日判タ 982 号 298 頁
………………………………………… **87**

平成 11〜19 年
東京高判平成 11 年 1 月 29 日判時 1683 号 153
頁 …………………………………… **293**
釧路地判平成 11 年 2 月 12 日判時 1675 号 148
頁 ………………… **288, 292, 293, 294, 296, 297, 298**
福岡高判平成 11 年 9 月 7 日判時 1691 号 156 頁
……………………………………… **212**
最決平成 11 年 11 月 13 日刑集 43 巻 10 号 823
頁 …………………………………… **94**
富山地判平成 11 年 11 月 25 日判タ 1050 号 278
頁 …………………………………… **84**
東京地判平成 12 年 1 月 27 日（刑集 55 巻 6 号
534 頁）……………………………… **224**
大阪地判平成 12 年 2 月 24 日判時 1728 号 163
頁 …………………………………… **153**
東京地判平成 12 年 3 月 6 日（刑集 57 巻 5 号
575 頁）……………………………… **241**
札幌高判平成 12 年 3 月 16 日高刑速（平 12）
227 頁 ……………………………… **288**
大阪高判平成 12 年 6 月 2 日判タ 1066 号 285 頁
………………………………… **101, 105**
大阪高判平成 12 年 6 月 22 日判タ 1067 号 276
頁 …………………………………… **69**
東京地判平成 12 年 7 月 4 日判時 1769 号 158 頁
……………………………………… **276**
東京地判平成 12 年 8 月 29 日判時 1811 号 154
頁 …………………………………… **84**
東京高判平成 12 年 9 月 25 日（刑集 55 巻 6 号
540 頁）……………………………… **225**
東京地判平成 13 年 3 月 28 日判時 1768 号 17 頁

··152
札幌高判平成13年5月10日判タ1089号298頁··220
福岡高判平成13年6月14日判タ1134号313頁··70
大阪高判平成13年6月21日判タ1085号292頁··292,298,300
東京地判平成13年9月28日（刑集62巻4号791頁）································142,145,147,148,150,154
東京高判平成13年10月16日（刑集57巻5号586頁）··241
最決平成13年10月25日刑集55巻6号519頁
··**224**
東京地判平成14年1月22日判時1821号155頁··213
千葉地判平成14年2月5日判タ1105号284頁··25,34,35
長野地松本支判平成14年4月10日（刑集57巻7号973頁）··2
仙台地判平成14年5月29日（刑集58巻3号201頁）··173
大阪高判平成14年8月21日判時1804号146頁··153
名古屋高判平成14年8月29日判時1831号158頁··282,283,284
大阪高判平成14年9月4日判タ1114号293頁··95
東京高判平成14年11月14日高刑集55巻3号4頁··2,15
大阪地判平成14年11月27日判タ1113号281頁··212
大阪高判平成14年12月3日（刑集59巻9号1467頁）··70
福岡高宮崎支判平成14年12月19日判タ1185号338頁··293
最決平成15年5月1日刑集57巻5号507頁
··**240**
東京高判平成15年6月26日（刑集59巻6号450頁）··25,34,35,36
仙台高判平成15年7月8日（刑集58巻3号225頁）··173
最決平成15年7月16日刑集57巻7号950頁
··**1**
広島高判平成15年12月22日公刊物未登載··70
最決平成16年2月17日刑集58巻2号169頁··11
最決平成16年3月22日刑集58巻3号187頁
··**172**

広島地判平成16年4月7日公刊物未登載··292,295
東京高判平成16年12月1日東高時報55巻1〜12号107頁··15,16,17,18
東京高判平成17年3月25日（刑集62巻4号1187頁）································142,145,148,151,155
最決平成17年7月4日刑集59巻6号403頁
··**24**,262
名古屋高判平成17年11月7日高刑速（平17）292頁··292,295
最決平成17年11月8日刑集59巻9号1449頁··70
最決平成17年11月29日集刑288号543頁··252,253,254
最決平成18年3月27日刑集60巻3号382頁··12
東京地八王子支判平成18年7月19日（刑集62巻6号1794頁）··55,71
神戸地判平成18年7月21日判タ1235号340頁··280
仙台地判平成18年10月23日判タ1230号348頁··70
東京高判平成18年11月29日（刑集62巻6号1802頁）··56,71,73
名古屋高判平成19年2月16日判タ1247号342頁··184
静岡地沼津支判平成19年8月7日（刑集62巻6号1866頁）··76
最決平成19年11月14日刑集61巻8号757頁··249,250
東京高判平成19年12月25日（刑集62巻6号1879頁）··77

平成20〜21年
最決平成20年3月3日刑集62巻4号567頁
··**138**
東京高判平成20年3月19日高刑集61巻1号1頁··264
最決平成20年5月20日刑集62巻6号1786頁
··**55**
東京高判平成20年6月11日判タ1291号306頁··292,299,301
東京高判平成20年10月6日判タ1309号292頁··292,300,301
最決平成20年6月25日刑集62巻6号1859頁
··**75**,187
東京高判平成20年10月6日判タ1309号292頁··286,292,300,301
大阪高判平成21年1月20日判タ1300号302

頁………………………………………124	………………………………………277,279
最決平成21年2月24日刑集63巻2号1頁 ………………………………86,87,88,187	最判平成21年10月19日集刑297号489頁 ………………………………250,252,253,254
最決平成21年6月30日刑集63巻5号475頁	

編者・執筆者紹介 （＊編者）

＊松原　芳博　（まつばら　よしひろ）　早稲田大学大学院法務研究科教授

　杉本　一敏　（すぎもと　かずとし）　早稲田大学大学院法務研究科准教授
　渡邊　卓也　（わたなべ　たくや）　姫路獨協大学大学院法務研究科准教授
　佐藤　陽子　（さとう　ようこ）　熊本大学大学院法曹養成研究科准教授
　岡本　昌子　（おかもと　あきこ）　京都産業大学大学院法務研究科准教授
　井上　宜裕　（いのうえ　たかひろ）　九州大学大学院法学研究院准教授
　森永　真綱　（もりなが　まさつな）　甲南大学法学部准教授
　一原亜貴子　（いちはら　あきこ）　岡山大学法学部准教授
　專田　泰孝　（せんだ　やすたか）　岡山大学大学院法務研究科准教授
　古川　伸彦　（ふるかわ　のぶひこ）　名古屋大学大学院法学研究科准教授
　南　　由介　（みなみ　ゆうすけ）　鹿児島大学大学院司法政策研究科准教授
　佐藤　拓磨　（さとう　たくま）　慶應義塾大学法学部准教授
　和田　俊憲　（わだ　としのり）　慶應義塾大学大学院法務研究科准教授
　内海　朋子　（うつみ　ともこ）　横浜国立大学国際社会科学研究科准教授
　岡部　雅人　（おかべ　まさと）　姫路獨協大学法学部准教授
　亀井源太郎　（かめい　げんたろう）　慶應義塾大学法学部教授
　照沼　亮介　（てるぬま　りょうすけ）　筑波大学法科大学院准教授
　齊藤　彰子　（さいとう　あきこ）　名古屋大学大学院法学研究科准教授

（執筆順）

刑法の判例〔総論〕
2011年10月1日 初 版第1刷発行

編　者　松　原　芳　博

発行者　阿　部　耕　一

〒162-0041　東京都新宿区早稲田鶴巻町514番地
発行所　株式会社　成　文　堂
電話 03(3203)9201(代)　FAX 03(3203)9206
www.seibundoh.co.jp

製版・印刷　三報社印刷　　　　　製本　弘伸製本
©2011 Y. Matsubara　　Printed in Japan
☆落丁本・乱丁本はおとりかえいたします☆
ISBN978-4-7923-1919-9 C3032　　検印省略

定価(本体2800円+税)